NACKT
Die Ästhetik der Blöße

LES COURTISANES.
SUITE·D'ESTAMPES·DECORATIVES
Nº2 – PHRYNE·

NACKT

Die Ästhetik der Blöße

Herausgegeben von Wilhelm Hornbostel und Nils Jockel

Mit Beiträgen von Athina Chadzis, Hannelore Dreves, Alexis von Dziembowski, Martin Faass, Mechthild Fend, Sabine Fendt, Eberhard Hempel, Andreas Hoffmann, Nils Jockel, David Klemm, Carlos Obergruber-Boerner, Claudia Gabriele Philipp, Ulrich Rüter und Michaela Völkel

Prestel

München · London · New York

Dieses Buch erschien anlässlich der Ausstellung
›NACKT. Die Ästhetik der Blöße‹ im Museum für Kunst
und Gewerbe Hamburg (MKG)
vom 1. Februar bis 28. April 2002.

Herausgeber: Wilhelm Hornbostel und Nils Jockel
Buchkonzept: Athina Chadzis, Nils Jockel, Carlos Obergruber-Boerner
Fachliche Mitarbeit: Sabine Fendt
Mitarbeit: Gwendolyn Sebald, Silke Reißer

Frontispiz: Paul Berthon, *Les Courtisanes, Nr. 2 – Phryne*,
Paris 1899, MKG

Fotonachweis siehe Seite 192

Die Deutsche Bibliothek – CIP-Einheitsaufnahme
Ein Titeldatensatz für diese Publikation ist bei
der Deutschen Bibliothek erhältlich.

Prestel Verlag
Mandlstraße 26 · 80802 München
Telefon 089/381709-0 · Fax 089/381709-35
www.Prestel.de
e-mail: info@Prestel.de

Lektorat: Gabriele Ebbecke

Grafische Konzeption und Umschlaggestaltung: Gesa Denecke, Hamburg
Produktion: Iris von Hoesslin, München
Reproduktionen: reproteam siefert, Ulm
Druck: Jütte Druck GmbH, Leipzig
Bindung: Kunst- und Verlagsbuchbinderei, Leipzig

Gedruckt auf chlorfrei gebleichtem Papier
Printed in Germany

ISBN 3-7913-2635-X

	7	Nils Jockel **So viel Nacktheit war nie!** **Die Ästhetik der Blöße zwischen Kulturgeschichte** **und medialer Allgegenwart**
Studium	13	Athina Chadzis **Das ideale Maß** **Aktstudium und Körperideal**
Kirche	25	David Klemm **Nacktheit im Kirchenraum**
Geschlechter	35	Carlos Obergruber-Boerner **Menschenpaare**
	45	Claudia Gabriele Philipp **Schöne Männer und starke Frauen** **Fotografische Visionen der Vollständigkeit**
	57	Mechthild Fend **Mann, Frau usw.** **Visuelle Inszenierungen von Körper und Geschlecht**
Weiblichkeit	69	Carlos Obergruber-Boerner **Verfügbarkeit und Verweigerung** **Bildtypen des weiblichen Akts**
Männlichkeit	79	Andreas Hoffmann **Vom Kraftprotz zum Lustobjekt** **Idealbilder männlicher Nacktheit im Wandel**
Dekor	89	Sabine Fendt **Vom ornamentalen Körper zum Körperornament**
Gewalt	99	Carlos Obergruber-Boerner **Die Ästhetisierung der Tragödie** **Sinnlichkeit, Macht und Moral** **in Darstellungen der Gewalt**
Japan	113	Hannelore Dreves **Der erotische Körper – wirklich nackt?**
Utopie	124	Installation mit Nackten Ein Erfahrungsbericht
	127	Martin Faass **Lichtgestalten in der Landschaft** **Die Nacktkultur und ihre Folgen**
Inszenierung	137	Michaela Völkel **Verhüllen und Enthüllen des Körpers** **Gedanken zu einer erotischen** **und ästhetischen Strategie**
Werbung	154	Schwarz und weiß: Ein strittiges Plakat
	157	Ulrich Rüter **Sex sells** **Nacktheit in der Plakatwerbung:** **Lifestyle-Träume zwischen Beauty und Bulimie**
Tabu	167	Nils Jockel **Flügel oder Bremse?** **Tabus der Nacktheit als Gestaltungsgegenstand** **im Medienzeitalter**
	178	Etappen der Entblößung
Grenzen	181	Alexis von Dziembowski **Kunst und Pornografie**
	189	Zu den Herausgebern und Autoren
	190	Literatur

So viel Nacktheit war nie!

Nils Jockel

**Die Ästhetik der Blöße
zwischen Kulturgeschichte
und medialer Allgegenwart**

Eine Einführung

*Die Helden der alten Mythen waren fast nackt,
die Helden der heutigen sind völlig nackt.*
Stanislaw Jerzy Lec, polnischer Satiriker (1909–1966)

Regiert uns ein Blößenwahn? Vorbei die Zeiten, als öffentlich inszenierte Nacktheit nur der Kunst vorbehalten war und allein das Wort ›Striptease‹ den schockierenden Zauber des Frivolen auslöste, als entblößte Leiber in Kinofilmen die Gemüter erhitzten und Bilder von nackten Kommunarden das so genannte Establishment um den Fortbestand der bürgerlichen Ordnung fürchten ließ. Die Allgegenwart von inszenierter Nacktheit ist heute weitgehend akzeptiert. Kulturwissenschaftler sehen sie als Ausdruck einer ›Exhibitionistischen Gesellschaft‹, die von einer »Ideologie der Intimität« (Richard Sennett) bestimmt ist. Bildschirme sind die modernen Schlüssellöcher, durch die man im Medienzeitalter Einblicke in die Intimsphäre gibt und erhält – mit stetig abnehmender Scheu. Die Interaktivität der elektronischen Medien bietet die kommunikative Dynamik, das selbst bestimmbare Maß an Distanz und Nähe, das der Einzelne im Zustand weltweiter Vernetztheit braucht, um seinem Bedürfnis nach intimer Kommunikation in aller Öffentlichkeit nachgehen zu können, sich zu inszenieren, zu beobachten und zu bespiegeln. Das voyeuristische und selbst entblößende Verhalten birgt im medialen Raum längst nicht jene Risiken der Stigmatisierung, wie sie in realen Situationen gegeben ist. Ohne physisch anwesend zu sein und ohne die sozialen Folgen seines Verhaltens tragen zu müssen, kann das vernetzte Individuum sich vor allen entblößen und die Nacktheit der anderen erspähen.

Die Grenzen zwischen Privatheit und Öffentlichkeit verschwimmen, und das Individuum sucht seine Unverwechselbarkeit im globalen Netz. Insbesondere die Jugend entdeckt sich auf der Suche nach Identität mit allem, was sie äußerlich zu bieten hat, als potentiellen Kommunikationsgegenstand: durchgestaltet vom Scheitel bis zum Schamhaar, mit tätowierten Signalen und intimen Schmucksensationen, mit trainiertem Körper und einstudierten Bewegungen. Doch auch in den Feldern von Sport und Politik, in der Kultur wie im Boulevard gerät der öffentliche Blick in die Intimsphäre zur verbreiteten Unterhaltungskultur, werden Selbstentblößung und Indiskretion – einstmals verfemt – zu Verhaltensstilen, deren raffinierte Beherrschung Teilhabe an, wenn nicht gar Erfolg in der Mediengesellschaft verspricht. Offenbar wird der nackte Körper im Zuge des Körperkults, in dem Idealmaße zur Norm stilisiert werden, immer weniger als naturgegeben und immer mehr als durch den Menschen gestaltbar aufgefasst. Nicht länger ist allein die ›zweite Haut‹, die Kleidermode, »neueste Verpackung für die alte Ware« (Helmar Nahr). Zunehmend wird auch die erste, die organische Haut zum Gegenstand von Kommunikation und Gestaltung. Sie wird zum Medium, mit dessen Hilfe der Mensch sich über die Begrenztheiten seines organischen Daseins hinwegsetzen und in neuen Dimensionen kommunizieren kann – nicht etwa im Sinne biochemischer Prozesse, sondern in der Art, wie Medien sich über Echtzeit und Raum, über die Grenzen von Privatheit und Öffentlichkeit, Realität und Virtualität hinwegsetzen: anonym, global und computergeneriert.

Wie, wann und ob der sich medial vermittelnde nackte Körper wirklich existiert, verliert an Bedeutung. Wichtig ist vor allem, ob er nach den Gesetzmäßigkeiten der Medien vermittelbar ist, ob er mediale Qualität entwickelt und sein Publikum findet. Und da wir als Angehörige der Mediengesellschaft immer mehr gewohnt sind, in ihren Regeln zu denken und zu handeln, machen wir uns ihre Sichtweisen zu eigen, betrachten und leben Nacktheit aus medialer Perspektive.

Diese Entwicklungen werfen die Frage auf, ob das heutige, medienbestimmte Verhältnis zur Nacktheit eine neue Qualität hat, die sich zunehmend von allem löst, was in der Geschichte – insbesondere der christlich-abendländischen Kultur – den Umgang mit Nacktheit geprägt hat, ihre Schönheitsideale und Bildtraditionen, ihre Bewertungen und Tabus.

Als Bob Dylan 1968 in seinem Song *It's Alright, Ma (I'm Only Bleeding)* schrieb: »But even the president of The United States sometimes must have to stand naked« wurden diese Worte von der damals für Aufklärung und Transparenz auf allen gesellschaftlichen Feldern kämpfenden Jugend geradezu hymnisch aufgenommen. Sie hatten ein Tabu gebrochen, indem sie dem obersten Repräsentanten der Weltmacht Amerika die Aura des Unantastbaren, Übermenschlichen nahmen, ihn für fehlbar erklärten wie jeden anderen Menschen auch. Gut drei Jahrzehnte später wurde wieder an einem Präsidenten Amerikas ein Tabu gebrochen. Auch er wurde öffentlich entblößt, doch nicht durch die Worte eines rebellischen Sängers, die sich auf die Funktion eines Politikers bezogen, sondern durch ein weltweites Medienspektakel, das sich auf die Intimsphäre eines Politikers stürzte. Seine sexuellen Gewohnheiten wurden ausgespäht und der Medienöffentlichkeit plastisch vor Augen geführt.

Verschobene Schamgrenzen

Auf dem Höhepunkt dieses Spektakels entstand die Idee zu diesem Buch. Der öffentliche Umgang mit den sexuellen Intimitäten eines staatlichen Repräsentanten provozierte die Frage, ob sich Schamgrenzen und Tabus im Zuge der Medialisierung unseres Lebens grundlegend verschoben haben. Tabus haben die Funktion, Bereiche zu schützen, deren Antastung die Gemeinschaft in Gefahr bringen könnte. Tabus bewusst zu übertreten kann Ausdruck einer Reifung sein, die ein Individuum oder eine ganze Gemeinschaft in Richtung einer Mündigkeit macht, die ohne Verbote auskommt. Tabuverletzungen können aber auch entweihen, können im Falle der Nacktheit etwas entblößen, dessen geheimnisvolle, erregende und inspirierende Kraft mit der Enthüllung verloren geht. So ist die Frage nach der Verschiebung der Schamgrenzen auch von der Sorge begleitet, ob das rasche Tempo, in dem sie sich vollzieht, das Empfinden für den Reichtum und die Qualität zerstören könnte, in der Nacktheit in der Vergangenheit – auch unter der Herrschaft vieler Tabus – dargestellt worden ist.

Die Sammlungsbestände des Hamburger Museums für Kunst und Gewerbe bilden die Grundlage des Buches, das die gleichnamige Ausstellung begleitet. Ihre Vielfalt – von Vasenmalerei und Skulpturen des klassischen Altertums bis zum modernen Grafikdesign, von ostasiatischer Kunst und mittelalterlicher Plastik bis zu aktueller Fotografie – bietet eine solche Fülle nackter Motive, dass das Thema nicht nur über die Spanne von mehr als drei Jahrtausenden, sondern auch in den unterschiedlichsten Kunstgattungen und Verwendungszusammenhängen untersucht werden kann.

Die Besonderheit dieser Publikation liegt darin, dass sie nicht chronologisch vorgeht, sondern epochenübergreifend Bedeutungs- und Funktionszusammenhänge herausstellt, in denen Nacktheit immer wieder inszeniert wurde und wird. Viele Objekte des Museums für Kunst und Gewerbe – insbesondere die in höherer Auflage produzierten – sind im Hinblick auf ihre Anwendung ent-

9

standen. Deshalb sind ihre Auftraggeber und Gestalter, ihre Verbreitungswege, Verwertungsstrategien und Rezeptionsbedingungen meist gut dokumentiert, zumindest nachvollziehbar. Das gilt für Objekte, die Nacktheit inszenieren, wegen der Anstößigkeit des Themas in besonderem Maße.

Nicht die Nacktheit als sozialwissenschaftliches oder ethnologisches Phänomen ist Gegenstand der Betrachtungen, sondern allein ihre im weitesten Sinne gestalterische, in den meisten Fällen künstlerische Inszenierung. Irritierend ist dabei die Tatsache, dass die bloße Definition von Nacktheit als Zustand des Völlig-unbekleidet-Seins kaum hilfreich ist, um Darstellungen zu erfassen, die gerade durch gestalterische Mittel wie Verhüllungen, Abstraktionen oder Ausschnitte Nacktheit imaginieren, ohne dass viel nackte Haut zu sehen sein muss. Wann ein Körper als nackt, wie und in welcher Weise er als nackt empfunden wird, hängt von dem Sinnzusammenhang ab, in den er – ob als Ganzes oder in Details – gestellt ist. Dabei können die Funktionen der Darstellung sehr unterschiedlicher Art sein. Sie können sinnlich erregend oder sachliches Dokument sein, Verweis auf Tod und Vergänglichkeit oder Erinnerung an das Paradies, Verherrlichung idealer Schönheit oder künstlerische Studie, Werbung für ein Produkt oder Veranschaulichung einer Ideologie.

Inszenierte Nacktheit hat viele Facetten

Art und Ausmaß der Empfindungen gegenüber dargestellter Nacktheit hängt zu einem erheblichen Maß auch von den ganz persönlichen, aber auch den kulturellen Bedingungen ab, unter denen sie wahrgenommen wird. Das Bildnis eines nackten Kindes – ob als Amateurfoto oder als anspruchsvolle künstlerische Fotografie – kann den Zauber paradiesischer Unschuld haben. Dasselbe Foto kann aber auch schreckliche Gedanken an Sexualstraftaten wachrufen. Gewalt, die ein antiker Heros in machtvoller Pose einer mythischen Frauengestalt antut, mag für einen Kunstliebhaber, der aggressiver Gelüste völlig unverdächtig ist, Erhabenheit ausstrahlen. Ein Foto dagegen, das nackte männliche Gewalt über Frauen verherrlicht, wird Widerstand und Abscheu auslösen.

Dass die Kunst sich in so vielfältiger Weise der Darstellung von Nacktheit widmet, ist nicht zuletzt in der Gegensätzlichkeit begründet, in der unser körperlicher Urzustand bewertet wird. Spätestens seit dem Einfluss des Christentums ist er in unserem abendländischen Kulturkreis ambivalent zwischen Verdammung und Aufwertung angesiedelt. Unverhüllte Nacktheit ist einerseits – als Folge der Erbsünde – unzüchtig, schamlos und schuldig und andererseits – als Zustand ursprünglicher Reinheit – natürlich, gesund und authentisch.

Je mehr die künstlerische Darstellung in der Vergangenheit Nacktheit hervorgehoben und aufgewertet hat, desto mehr bedrohte und verletzte sie geltende Tabus. Welcher Körperteil in welchem Zusammenhang als nackt galt, wann und unter welchen Umständen Nacktheit öffentlich gezeigt werden durfte, war lange Zeit durch gesellschaftliche Tabus mehr oder weniger genau definiert. Sie markierten die Schwelle von Privatheit und Öffentlichkeit. Je öffentlicher im Zuge der globalen Medialisierung das Private und je privater das Öffentliche wird, desto mehr verschwimmen die Grenzen und mit ihnen auch die nur deskriptive Funktion des Begriffs Tabu. Mittlerweile verkehrt sich seine Bedeutung zuweilen ins Gegenteil: Die Umgangssprache verwendet das Wort in jüngerer

Zeit auch schon im vorwurfsvollen Sinn und bewertet dagegen Ausdrücke wie ›tabulos‹, ›Tabubruch‹ und ›enttabuisieren‹ positiv. Je weniger nun Nacktheit mit Tabus belegt ist, desto vielfältiger und spielerischer wird sie zum gestalterischen Mittel und Motiv – in der Mode wie in der Werbung, in der bildenden wie in der angewandten Kunst.

Spannend bleibt die Frage, ob Nacktheit, wenn sie nicht mehr vor dem Hintergrund von Sünde, Schuld und Scham inszeniert wird, wenn sie nicht mehr als paradiesischer Urzustand beschworen wird, weil sie im digitalen Zeitalter beliebig generierbar ist, ob Nacktheit also heute neue Bewertungen erfährt und ob ihre künstlerische Darstellung an Kraft und Differenziertheit verliert. Die folgenden Beiträge, die vor allem Ursprünge und Merkmale historischer Darstellungen von Nacktheit behandeln, erlauben neue Blickwinkel auf die Blößen der Gegenwart.

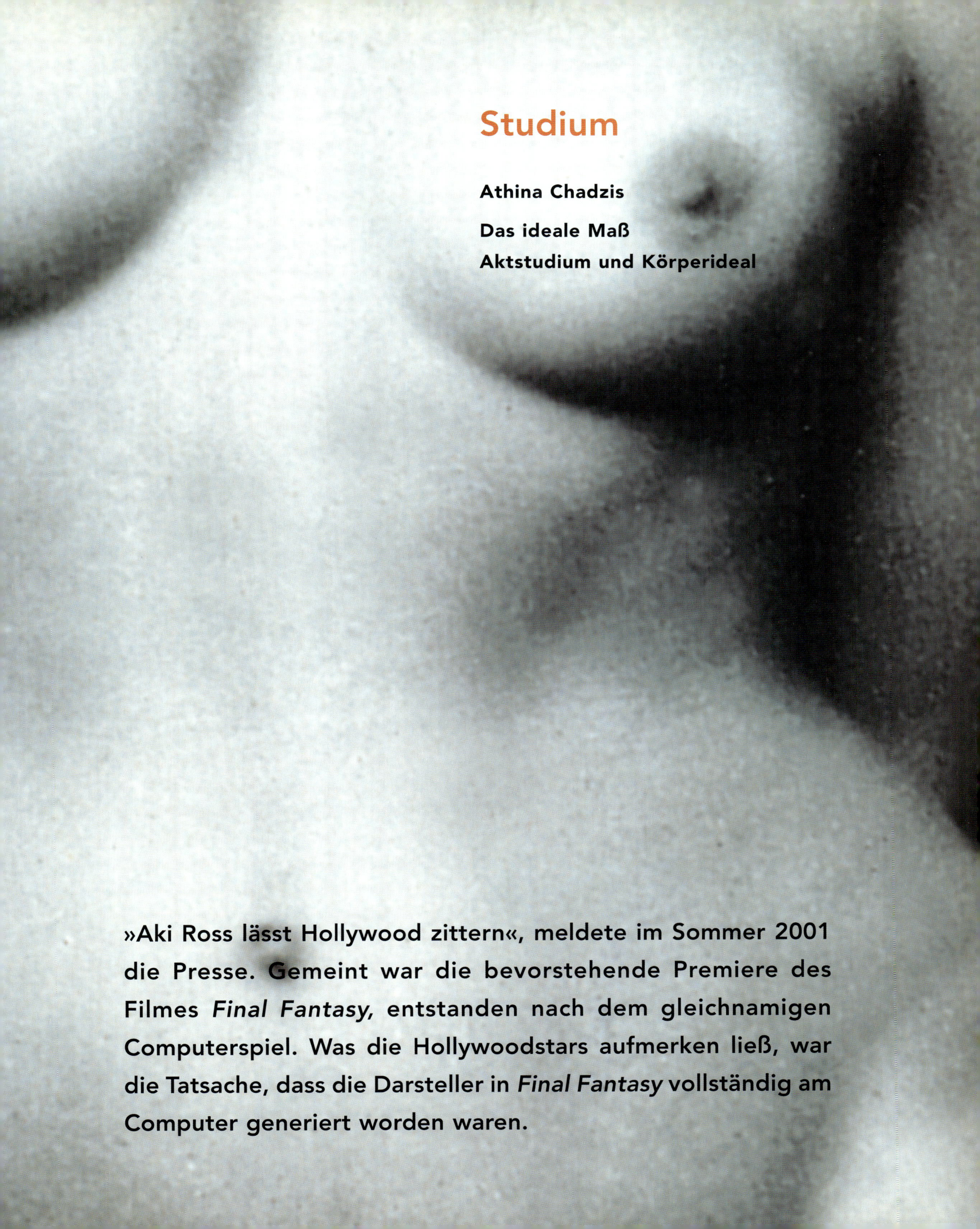

Studium

Athina Chadzis

Das ideale Maß

Aktstudium und Körperideal

»Aki Ross lässt Hollywood zittern«, meldete im Sommer 2001 die Presse. Gemeint war die bevorstehende Premiere des Filmes *Final Fantasy*, entstanden nach dem gleichnamigen Computerspiel. Was die Hollywoodstars aufmerken ließ, war die Tatsache, dass die Darsteller in *Final Fantasy* vollständig am Computer generiert worden waren.

Kaum ein Filmstar kommt heute noch ohne kosmetische Korrekturen aus – durch das Messer des Chirurgen oder in der Nachbearbeitung am Computerbildschirm. Doch an die körperliche Perfektion der digitalen ›Person‹ vermag ein Mensch nicht heranzureichen. Davon konnte man sich vorab in dem Männermagazin *Maxim* überzeugen, in dem ein Bikini-Bild der ansonsten im Overall agierenden Cyber-Schönheit in der Liste der 100 schönsten Frauen auf Platz 51 rangierte (Abb. unten).

Obwohl die Leinwand für diese Art von künstlichen Körpern noch ein recht neues Medium ist, hat das Bestreben, täuschend echt wirkende oder gar ideale menschliche Körper abzubilden und für diese Darstellungen anwendbare Messwerte zu ermitteln, eine lange Tradition. So gesehen ist die Figur der Aki Ross mit ihren perfekten Körpermaßen und -bewegungen nicht erst ein Produkt des Computerzeitalters. Sie ist vielmehr das Ergebnis jahrtausendelanger künstlerischer und wissenschaftlicher Erforschung der menschlichen Anatomie. Die für diese Figur benutzten Daten stellen den derzeit modernsten Proportionskanon dar. Wie um einen Pionier der künstlerischen Erforschung des menschlichen Körpers zu zitieren, schmückt Leonardo da Vincis Lächeln der *Mona Lisa* ihr Gesicht.

Die künstlerische Darstellung von Nacktheit hing immer auch von der jeweils herrschenden Weltanschauung ab. Motive, in denen der nackte Körper eine Rolle spielt, muss man im Mittelalter beispielsweise meist illustrativ verstehen.

Das Aktstudium in der künstlerischen Ausbildung

Darstellungen des gekreuzigten Christus sind in dieser Zeit häufig anatomisch unkorrekt und beeindrucken mehr durch die überzeugende Verbildlichung der körperlichen Leiden und seelischen Demütigungen als durch die realistische Wiedergabe des gepeinigten Körpers (Abb. rechts). »Wenn Du einen Akt malst, beginne mit den Knochen, füge dann die Muskeln hinzu und bedecke darauf den Körper mit Fleisch. (...) Es mag dagegen eingewendet werden, dass ein Maler nicht darstellen könne, was man nicht sieht, aber dieses Verfahren entspricht dem Zeichnen des Aktes, den man dann mit Draperien bedeckt.«[1] Diese Anweisung des italienischen Künstlers und Baumeisters Leon Battista Alberti stammt aus seinen *Zwei Büchern von der Malerei* aus dem Jahr 1436. Sie zeugt vom Beginn eines Prozesses, in dem der Mensch mehr und mehr in den Mittelpunkt künstlerischen Interesses rückte. Als Ort für diese Studien entstanden Akademien, an denen die Künste im Verein mit anderen Wissenschaften gelehrt wurden. In der Folge bestimmte das Aktstudium gar über die Zulassung zum Studium: Noch Anfang des 20. Jahrhunderts wurde Frauen aufgrund der ›unzüchtigen‹ Aktstudien der Zugang verwehrt. Dort, wo sich dieses Verbot lockerte – z. B. in Russland –, erwartete man von den künftigen Studentinnen bereits in der Aufnahmeprüfung fundierte anatomische Kenntnisse (Abb. S. 16 links).

Doch auch für ihre männlichen Kollegen galten Einschränkungen. Bis ins 19. Jahrhundert hielt sich das Verbot des Aktstudiums an weiblichen Modellen. Viele Künstler griffen also auf die Frauen im eigenen Familienkreis zurück und verbreiteten so in ihren Werken schnell einen einzigen Frauentypus. Zu anatomischen Erkenntnissen über den unterschiedlichen Körperbau der Geschlechter hat dies sicher nicht sehr viel beigetragen, eher zur Stilbildung.

Aki Ross als Pin up in der Zeitschrift *Maxim*, Juni 2001, Computer-Ausdruck aus dem Internet

Kruzifixus, Holz mit farbiger Fassung, Höhe 187,5 cm, Italien, 14. Jh., MKG

Abgesehen von diesen Einschränkungen ist die Qualität des angestrebten Ergebnisses abhängig von seinen Hilfsmitteln – vom Talent und der Erfahrung des Künstlers oder Kunsthandwerkers einmal abgesehen. Hierzu gehören neben dem nach idealen oder durchschnittlichen Messwerten entwickelten Proportionskanon (Abb. S. 16 rechts) die Möglichkeit des Aktstudiums am lebendenModell (Abb. S. 17). Als Einstieg eignete sich die plastische Vorbildsammlung in Form von Gipsabgüssen antiker Statuen (Abb. S. 18 oben), von anatomischen Modellen (Abb. S. 18 unten, vgl. auch S. 40), die aus Wachs oder ähnlich naturgetreu wirkendem Material gefertigt wurden, sowie medizinische Lehrbücher, wie beispielsweise das berühmte, 1543 in Padua erschienene, von Künstlern bebilderte siebenbändige Werk des Brüsseler Arztes Andreas Vesalius.

15

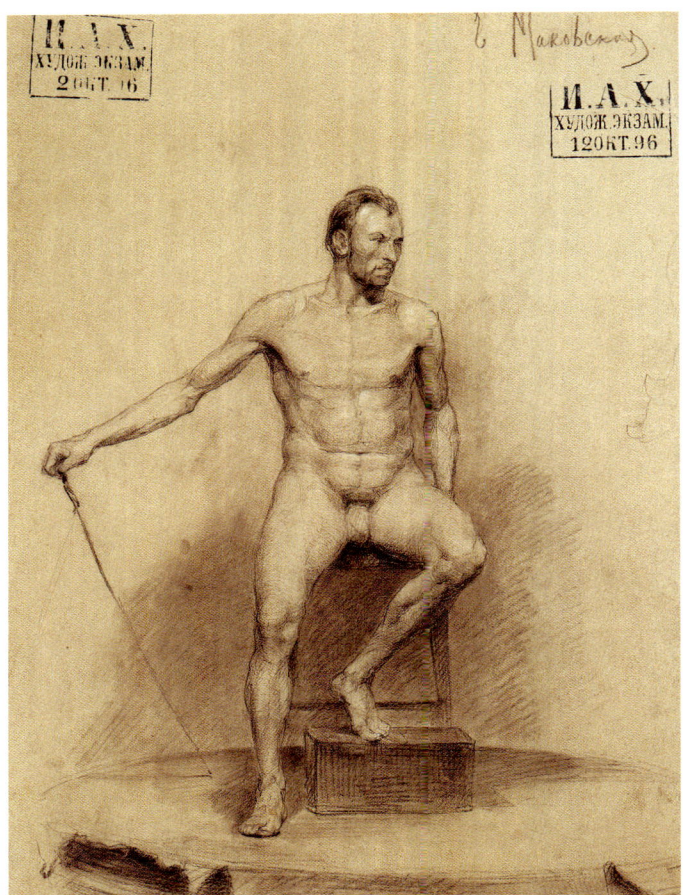

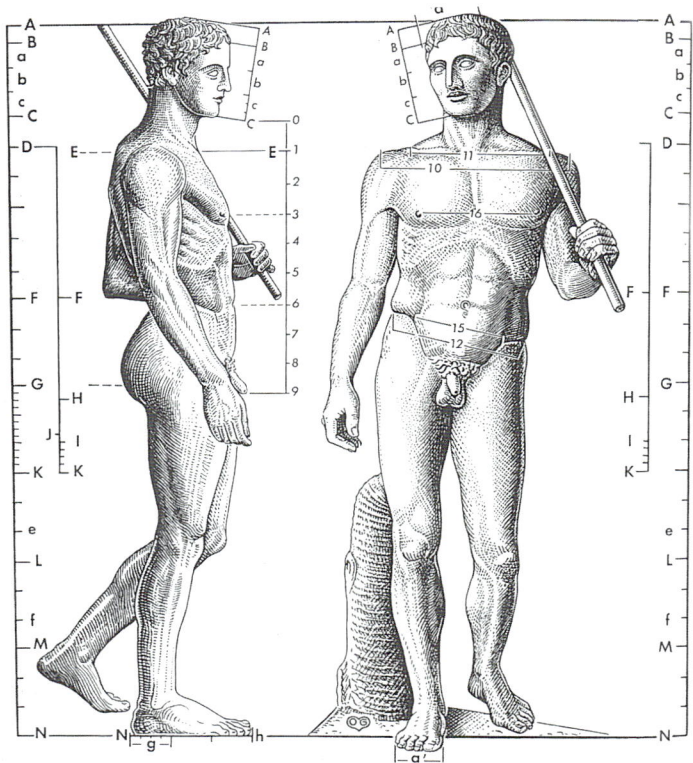

Elena Luksch-Makowsky (1878–1967), *Prüfungszeichnung*, Bleistift, 1896, Hamburg, Privatbesitz
Elena Luksch-Makowsky beweist in ihrer Prüfungszeichnung bereits geübten Blick und sichere Hand, was darauf schließen lässt, dass die Künstlerin schon in Privatinitiative Aktstudien betrieben hatte. Sie hatte sich mit Studien in Irrenanstalten und Krankenhäusern auf die künstlerische Darstellung nackter Körper vorbereitet.

Proportionskanon, Schematische Darstellung des *Doryphoros*, schematische Zeichnung, 1990
Die Maßverhältnisse des *Doryphoros* von Polyklet galten als ideal und dienten Bildhauern und Malern zur Überprüfung oder Anleitung bei ihren eigenen Werken.

Als unterstützende Werkzeuge kamen Messzirkel, Rastergitter, und in jüngster Zeit die fotografische Vorlage und Bewegungsstudie (Abb. S. 19) oder der Computer hinzu. Entscheidend für die Übertragung und Vervielfältigung war die Vereinheitlichung der Maßeinheiten durch Einführung des metrischen Systems.

Über die Vor- und Nachteile der Methoden wurde oft gestritten. Viele befürchteten, dass der Unterricht nach Vorbildern die eigenständige künstlerische Entwicklung verhindere, und forderten das Studium nach der Natur. Andere setzten Erstere voraus.

In der Geschichte der künstlerischen Darstellung des menschlichen Körpers lassen sich drei Bestrebungen beobachten:

1. Die Ermittlung idealer Körpermaße und deren Einsatz zur Schaffung idealisierter, perfekter Körper.
2. Die Erfassung durchschnittlicher Körpermaße.
3. Die naturgetreue, individuelle Abbildung des lebenden Modells.

Wenige Künstler vereinigten alle drei Studienschwerpunkte in ihrem Werk. Als Beispiele für Künstler, die sich exzessiv dem Studium der menschlichen Gestalt verschrieben, seien hier Leonardo da Vinci (1452–1519) und Albrecht Dürer

Heinrich Zille (1858–1929), *Aktstudie*, Fotografie, 24 x 30 cm, 1900/03, MKG
In einer Fotoserie zeigt Heinrich Zille Aktmodelle in Ateliersituationen. In diesem Fall hat das Modell nicht, wie häufig üblich, eine

Pose nach dem Vorbild klassischer antiker Skulpturen eingenommen. Die kniende Haltung ist anpruchsvoll und durch die optischen Verkürzungen schwierig umzusetzen.

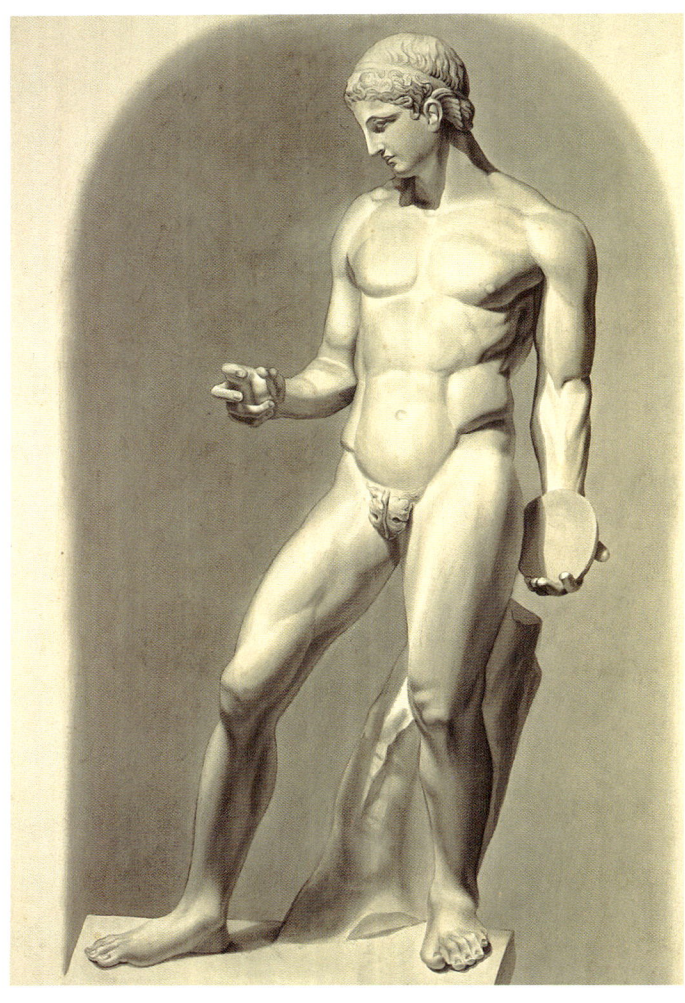

Julius D. Brauer (tätig um 1850), *Diskobol*
(nach Gipsabguss), Bleistift und Tusche auf
Papier, 1854, MKG

Anatomisches Lehrmodell, Elfenbein und
Schildpatt, Länge 16,2 cm, Deutschland 1740,
Hannover, Kestner Museum
Nimmt man die Bauchdecke der liegenden
Frau ab, bietet sich ein Blick in das Innere des
Körpers, wie er sonst nur bei Operationen
oder beim Sezieren von Leichen möglich ist.

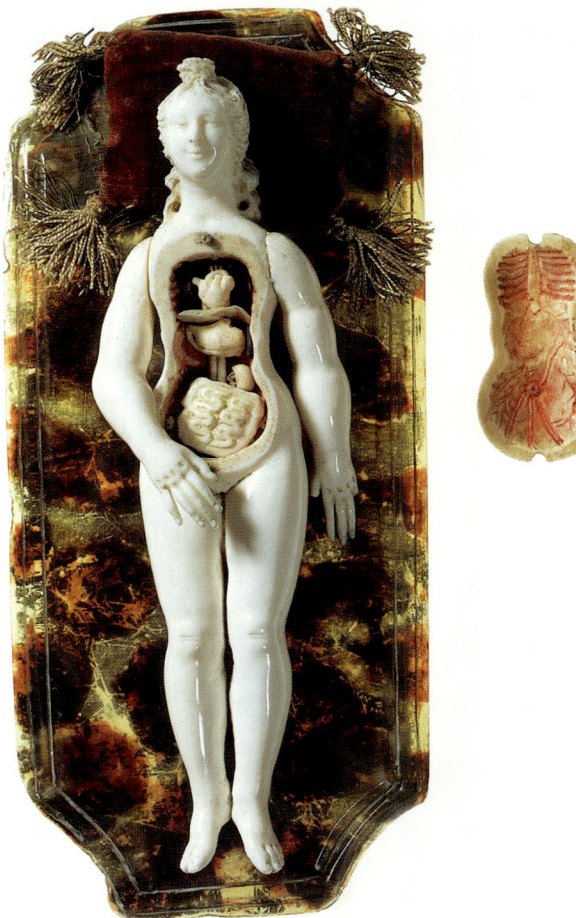

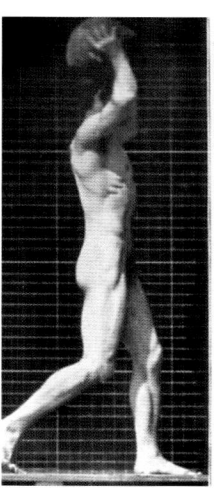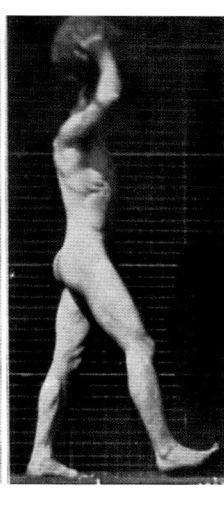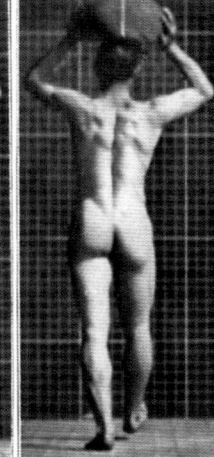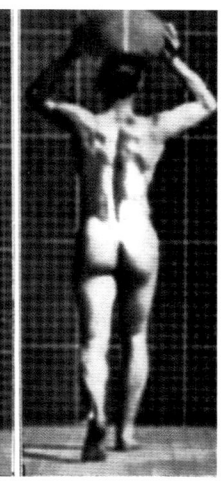

(1471–1528) genannt. Besonders das Werk Leonardos zeigt einen in diesem Umfang bis dahin nicht gekannten Diskurs der Wissenschaften. Seine Zusammenarbeit mit dem Arzt Marcantonio della Torre ging über die bloße zeichnerische Dokumentation der medizinischen Forschungsergebnisse hinaus.

Wahrheit – Ideal – Durchschnitt

Leonardo, so heißt es, habe zu diesem Zweck über 30 Körper eigenhändig seziert.[2] Seine Erkenntnisse trugen zu einem besseren Verständnis des Knochen- und Bewegungsapparates bei. Er ging damit weit über die Studien Sport treibender nackter Männer hinaus, die in der Antike bereits zu beachtlichen künstlerischen Ergebnissen geführt hatten.

Trotz bildtechnischer Fortschritte sind im Übrigen noch heute Künstler an medizinischen Publikationen beteiligt – besonders wenn es um schematische Darstellungen geht. Aus dieser Tradition kommt auch die an sich makabre Zurschaustellung menschlicher Präparate in der in den letzten Jahren um die Welt tourende Ausstellung ›Körperwelten‹, die wie eine Kunstausstellung aufgenommen und vermarktet wird.

Ein wichtiges Ergebnis der Studien Leonardo da Vincis und anderer Künstler der Renaissance war die Annäherung an die anatomische Wahrheit und eine Abkehr von dem antiken Anspruch, einen allgemein gültigen, idealen Körperbau zu entdecken und wiederzugeben. Denn zunächst waren die Interessen auf das Studium antiker Kunstwerke gerichtet, die im Vergleich zu den Darstellungen des Mittelalters auf dem Gebiet der Aktdarstellungen ein erstaunliches künstlerisches Niveau aufwiesen. Angeregt wurde sie nicht zuletzt durch theoretische Schriften wie das um 500 v. Chr. entstandene, *Kanon* betitelte Lehrbuch des griechischen Bildhauers Polyklet. Die in diesem Werk getroffene Aussage, anhand von Zahlenverhältnissen einen Schlüssel für die Gestaltung *des* idealen Körpers zu erhalten, regt noch heute Archäologen an, nach einer verschollenen, offenbar diese Theorie illustrierenden männlichen Bronzeskulptur zu suchen.

Von einer solchen war in vielen Schriften die Rede, doch erst 1862 wurde eine bereits bekannte Marmorstatue als Kopie des *Doryphoros* (Lanzenträger) identifiziert (vgl. Abb. S. 84 links). Die vielen Rekonstruktionsversuche und

Eadweard Muybridge (1830–1904), *The Human Figure in Motion*, publiziert London 1901, MKG

Eadweard Muybridge wurde durch seine ab 1878 entstandenen fotografischen Bewegungsstudien bekannt. Er stellte 24 Kameras nebeneinander auf, die durch einen ausgeklügelten Mechanismus von den sich bewegenden Objekten selbst ausgelöst wurden. Die so entstandenen Bilderserien von Menschen und Tieren bildeten fast lückenlos Bewegungsabläufe ab.

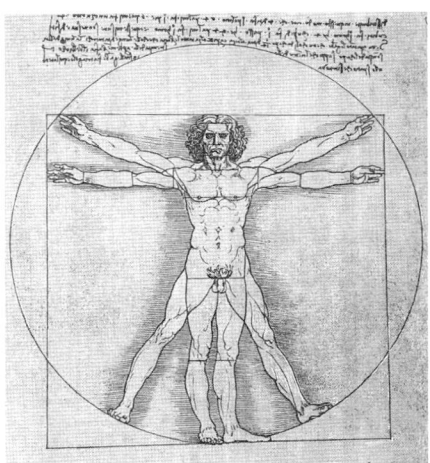

Leonardo da Vinci (1452–1519), *Proportions-zeichnung nach Vitruv*, um 1505

Messungen an antiken Statuen, die dieser Wiederentdeckung vorausgingen und folgten, lassen sich kaum beziffern.[3]

Eine weitere verbreitete Quelle, derer sich viele Künstler bedienten und die durch die danach entstandene Proportionszeichnung Leonardos berühmt wurde (Abb. links), ist das um 23 v. Chr. verfasste Buch *Über die Baukunst* des römischen Architekten Vitruv. Seine Definition guter Architektur und menschlicher Schönheit über Zahlenwerte zeugt von der antiken Verbindung von – oftmals monumentaler – (Bau-)Plastik und Architektur. Skulpturen wurden demnach auch nach perspektivischen Gesichtspunkten gestaltet. Aus der arithmetischen Reihe (10:8:6:4, entsprechend Körperlänge = 10 Gesichtslängen oder 8 Kopflängen usw.), die Vitruv, offenbar in Anlehnung an Polyklet, aufstellte, ließ sich jedoch keine genaue Anleitung entnehmen. Seine ideale Proportionierung der Gliedmaßen enthielt noch keine Aussage über die natürliche Gestaltung der Körperstruktur, der Muskeln, Sehnen und des Knochenbaus.[4] Erst die anatomische Beobachtung ermöglichte die individuelle Darstellung feinster körperlicher Regungen bis hin zur Mimik.

Während die Suche nach einer idealen Formel noch über Jahrhunderte fortgesetzt wurde, stellten erste Künstler fest, dass solche Regelwerke nur zu Durchschnittswerten führten, mit denen sie der individuellen, subjektiven Schönheit, die beim Einzelnen zu finden war, nicht gerecht wurden. Auch Albrecht Dürer erkannte als Ergebnis seiner Studien die Vielfalt der menschlichen Gestalt an. Er ordnete schließlich die Körperbauformen den vier häufigsten Typen ›schlank‹, ›dick‹, ›muskelkräftig‹ und ›hochwüchsig‹ zu, von denen er keinem den Vorzug geben mochte, sondern ihre Mannigfaltigkeit lobte. Zwei Darstellungen von Adam und Eva zeigen diesen Schritt: vom klassischen, idealisierten Körperbau in einem Kupferstich von 1504 hin zu durchschnittlichen, dem Zeitgeschmack entsprechenden Körpern in seiner Federzeichnung von 1510 (Abb. rechts). Dürers positive Auffassung unterschiedlicher menschlicher Körperformen hat sich allerdings nicht durchgesetzt. Bis heute gab es immer wieder künstlerische Tendenzen und in dieser Richtung geführte Forschungen, die die These vertraten, dass körperliche und geistige Leistungsfähigkeit des Menschen und sein Charakter an seinem Äußeren erkennbar seien. Diese Annahme mag auf die Tradition der künstlerischen Form der Allegorie zurückzuführen sein. Schon die Statuen antiker Götter und Helden waren in diesem Sinne idealistisch überhöht worden. Und ihre jeweiligen Eigenschaften wurden durch Attribute, vor allem aber durch ihre äußere Erscheinung, versinnbildlicht. Erst im Klassizismus, in der Zeit des gesellschaftspolitischen Umschwungs um 1800, bewertete man das Bild des idealen Körpers nach einer langen Phase eher spielerischer Allegorien wieder höher.

Gegen Ende des 19. Jahrhunderts hatten die aufblühenden Wissenschaften in Europa und Amerika zahlreiche einflussreiche Bioanthropologen hervorgebracht. Ihre Reihenuntersuchungen führten zum Teil zu heute absurd erscheinenden Theorien und Typologien – die künstlerische Gattung der Karikatur bediente sich hieraus, indem sie zum Zwecke der Polarisierung die positiven wie negativen Abweichungen und Abnormalitäten hervorhob. Ähnliche Überzeichnungen weist die sich später durchsetzende Comic-Kultur mit ihren Supermännern und Gnomen auf.

Die in Deutschland entstandenen Studien von Otto Ammon um 1890 und nach ihm Ernst Kretschmer um 1920 enthielten Anregungen zur physiognomischen

Selektion, aus denen sich die Rassenideologie der Nazis weiterentwickelte.[5] Im ›Dritten Reich‹ finden wir die vorerst letzte ausgeprägte Verbreitung idealer nackter Körper in der bildenden Kunst. Stand noch um 1900 nackte Haut – mittlerweile in erster Linie die von weiblichen Modellen – stellvertretend für Sinnenfreude, verlangte die auf Krieg ausgerichtete Diktatur wieder nach fast übernatürlichen Helden und machte den nackten Körper zum Werkzeug der politischen Propaganda.

Während das Studium des nackten Körpers in der bildenden Kunst im Zuge stilistisch bedingter Vereinfachungen und gesellschaftlicher Umbrüche im Verlauf des 20. Jahrhunderts an Bedeutung verlor, entstand in anderen Bereichen zunehmend Interesse an der Erforschung der menschlichen Anatomie und ihrer naturgetreuen oder schematisierten Darstellung.

Körperstudien in der angewandten Kunst

Mit dem Beginn der Industrialisierung und der Produktion von Massenartikeln wuchs vor allem der Bedarf an Standardisierungen. Für die Gestaltung von Gebrauchsartikeln wie Möbeln und Kleidung benötigt man genaue Kenntnisse über den durchschnittlichen menschlichen Körper. Im Möbel-, Werkzeug- und Fahrzeugdesign gehört die körper- und funktionsgerechte Form der Objekte, die Ergonomie, mittlerweile zu den wichtigen Gestaltungsprinzipien (Abb. S. 22 oben).

Mit seinem Werk *Der Modulor. Darstellung eines in Architektur und Technik allgemein anwendbaren harmonischen Maßes im menschlichen Maßstab* knüpfte 1948 der Architekt und Möbeldesigner Le Corbusier theoretisch und praktisch an historische Vorbilder wie Alberti und Palladio an. Die Maße seines nach diesem Prinzip gebauten Wohnhochhauses leitete er – vereinfacht gesagt – von den Proportionen des Menschen und dem Goldenen Schnitt ab (Abb. S. 22 unten). Mit der Entwicklung der Konfektionsmode führte die Bekleidungs-

Albrecht Dürer (1471–1528), *Adam und Eva* (*Der Sündenfall*), Kupferstich, 1504, Hamburger Kunsthalle
In der linken Darstellung lässt sich Dürer von den Proportionsvorbildern der klassischen Antike leiten. Die Wirkung der idealisierten Körper wird durch die Haltung im klassischen Kontrapost unterstützt.

Albrecht Dürer, *Adam und Eva*, Zeichnung, 1510, Wien, Graphische Sammlung Albertina
Dürers Abkehr von der klassischen Proportionslehre wird in der rechten Version sichtbar, in der Adam und Eva in inniger Umarmung und mit eher durchschnittlichem Körperbau abgebildet werden. Eva hat einen für den Zeitgeschmack typischen vorgewölbten Bauch und ein rundliches Gesäß.

21

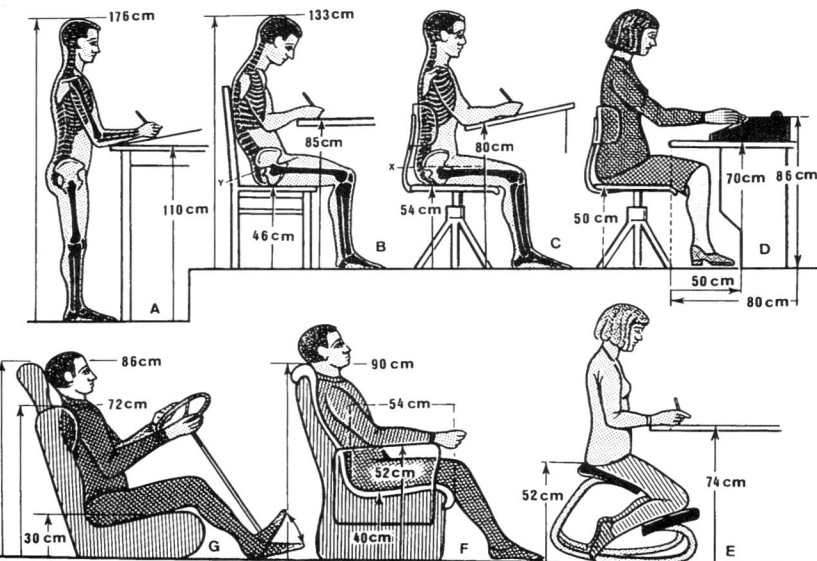

Ergonomiestudie für Möbelbau, Schematische
Zeichnung, Deutschland, um 1990
Langes Sitzen oder Stehen und sich häufig
wiederholende Bewegungsabläufe kennzeich-
nen viele moderne Arbeitsplätze. Mit ergono-
mischer Gestaltung von Arbeitsmöbeln und
-gerät sollen Gesundheitsschäden vorgebeugt
werden. Voraussetzung hierfür sind umfassende Kenntnisse der menschlichen Anatomie.

Le Corbusier (1887–1965), Zeichnung aus dem
Modulor, um 1951

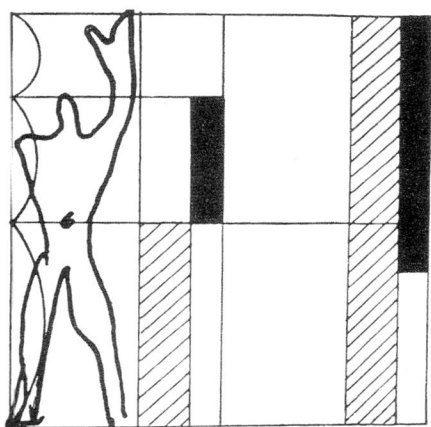

industrie in Abständen stattfindende groß angelegte Reihenmessungen ein.
Die Tatsache, dass sich die durchschnittlichen Körpermaße von Land zu Land
unterscheiden können und sich diese insgesamt durch stetiges Wachstum der
Bevölkerung nach oben verschieben, behindert bislang noch international gül-
tige Normen. Aus der allgemeinen Standardisierung unserer Umwelt gehen
allerdings Adaptionsprobleme vor allem für diejenigen hervor, die etwa durch
großes Übergewicht, körperliche Versehrtheit, extreme Über- oder Untergröße
den errechneten Maßen nicht entsprechen.

Dass besonders für die Werbung der Modebranche meist Körper gewählt werden, die diese Normen deutlich über- oder unterschreiten, führt zusätzlich zu
Irritationen. Obwohl die Konfektionsgrößen heute nahezu jeden Körperbau
berücksichtigen, hungern und trainieren viele, um in eine kleinere Größe zu passen. Fehlte nur noch der maßgeschneiderte Mensch. Doch auch der ist mittlerweile formbar: je nach Geschmack, nach durchschnittlichen Werten bzw.
nach künstlichen oder künstlerischen Vorbildern.

Der *Herkules Farnese* – ein Held, der mit übernatürlichen Kräften ausgestattet ist? Tarzan oder Superman, überdimensionierte Muskelpakete aus der fan-
tastischen Welt des Comics? Ganz und gar nicht, denn diese Visionen werden
heute durch gezieltes Training und Kraftnahrung auch von ursprünglich
schmächtig gebauten Menschen eingeholt (Abb. rechts). Über Jahrhunderte
hat der Künstler den Körper zum Maßstab genommen, um ihn schließlich auf
höchstem Niveau in seinem Werk künstlerisch und künstlich zu überhöhen. So
wird heute der Körper immer mehr zum eigenständigen, maßgeblichen *Kunst*-
werk gemacht

Bodybuilder, Plakat für den Süssstoff ›Prevent‹
der Firma Biskin, Offset, 103 x 146 cm, Tokyo
1994

Ausruhender Herkules (sog. Herkules Farnese),
Bleistift, Höhe 37 cm, Deutschland 1. Hälfte
18. Jh., MKG
Vorbild für die Statuette ist die 1546 in Rom
aufgefundene Kolossalstatue des *Herkules
Farnese*.

1   Quelle: Gottfried Bammes, *Das zeichneri-sche Aktstudium*, Leipzig 1968, S. 16.

2   Zu diesem Thema siehe: M. Kemp/M. Wal-lace, *Spectacular Bodies. The Art and Scien-ce of the Human Body from Leonardo to Now*, Berkley University Press 2000.

3   Vgl. German Hafner, *Polyklet Doryphoros. Revision eines Kunsturteils*, Frankfurt am Main 1997. Darin wird auch die Haltung dis-kutiert, die zunächst erstaunte: Die ruhende Schrittstellung mit dem schweren Speer in der linken Hand über dem freien, unbelas-teten Spielbein erscheint auf den ersten Blick schwach gelöst.

4   Eine ausführliche Darstellung der seit der Antike aufgestellten Proportionslehren bie-tet: Karl Herzog, *Die Gestalt des Menschen in der Kunst und im Spiegel der Wissen-schaft*, Darmstadt 1990.

5   Siehe hierzu: George L. Hersey, *Verführung nach Maß. Ideal und Tyrannei des perfekten Körpers*, (dt.) Berlin 1998, S. 106 ff.

Kirche

David Klemm

Nacktheit im Kirchenraum

Am 31. Oktober 1541, am Vorabend des Festes Allerheiligen, wurde Michelangelos Fresko des *Jüngsten Gerichts* in der Sixtinischen Kapelle im Vatikan enthüllt. Schon kurz danach erhoben sich zahlreiche kritische Stimmen. So mokierte sich der päpstliche Zeremonienmeister Biagio da Cesena gegenüber dem Papst, dass es »wider alle Schicklichkeit (sei), an einem so heiligen Ort so viel nackte Gestalten zu malen, die aufs Unanständigste ihre Blößen zeigen, und dass das kein Werk für die Kapelle des Papstes, sondern für eine Badestube oder Kneipe sei«.[1]

Michelangelo Buonarroti (1475–1564), Detail aus dem *Jüngsten Gericht*,
Fresko, Vatikan, Sixtinische Kapelle, um 1533–41

Tatsächlich vereinte Michelangelo wie wohl kaum ein Maler vor ihm eine Vielzahl von nackten Menschen auf einem großformatigen Bild. Mit aufreizender Selbstverständlichkeit hatte er nicht nur pralle Brüste, sondern auch männliche Geschlechtsteile unverhüllt dargestellt (Abb. links). Einzelne Heilige – wie die sich nach vorn beugende Katharina – waren nach Auffassung der Kritiker in geradezu wollüstiger Haltung gezeigt. In der Summe addierten sich diese ›Obszönitäten‹ derart, dass das Werk auf dem Konzil von Trient vorrangig behandelt wurde. Und bereits 1564 forderte ein Dekret die Bedeckung der als anstößig geltenden Teile. Diese und nachfolgende Verhüllungsaktionen belegen die anhaltende Irritation, die das von allen Kunstkennern stets geschätzte Werk aus moraltheologischen Überlegungen hervorrief.[2]

Die Aufsehen erregende Geschichte des Freskos verstellt allzu leicht den Blick auf seinen entwicklungsgeschichtlichen Ort. Denn unabhängig vom überragenden künstlerischen Rang ist Michelangelos Werk in Bezug auf die Darstellung nackter Menschen keineswegs neuartig. Es fügt sich vielmehr schlüssig in eine lange Kette von Nacktdarstellungen in europäischen Kirchenräumen. Die biblischen Erzählungen und Heiligenviten handeln sehr häufig – so z. B. beim Sündenfall der Ureltern, bei der Schande Noahs oder beim Martyrium Sebastians – vom Schicksal nackter Menschen. Und da die kirchlichen Auftraggeber von der Frühzeit des Christentums an mehr oder weniger kontinuierlich eine Verbildlichung dieser Ereignisse wünschten, waren im Laufe der langen Geschichte der abendländischen Kirchenkunst nackte menschliche Körper nicht nur vereinzelt, sondern in Tausenden von Beispielen in den Gotteshäusern zu sehen.[3]

Dabei fällt eine genauere Bewertung einzelner Kunstepochen aufgrund der ganz ungleichen Objektüberlieferung schwer. Hinzu kommt, dass wiederholt allzu anzüglich erscheinende Darstellungen übermalt, umgestaltet oder gar zerstört worden sind.[4] Dennoch lässt sich – mit gebührender Vorsicht – vor allem für die Spätgotik und Renaissance ein vergleichsweise starkes Interesse an Nacktdarstellungen feststellen. Dies verwundert kaum angesichts des sich damals wandelnden Körperverständnisses im Zuge der ›Entdeckung des Menschen‹. Seit 1530 führte jedoch die Reformation mit ihrer tendenziellen Bilderfeindlichkeit zu einem Rückgang von Nacktdarstellungen. Martin Luther kritisierte die freizügige Darstellung Mariens, indem er bekannte: »(...) aber ich mag Mariens Brüste noch Milch nicht; denn sie hat mich nicht erlöset, noch selig gemacht.«[5] Nacktdarstellungen abträglich waren auch die Vorgaben des Konzils von Trient (1545–1563), nach denen die religiösen Bilder ohne Sinnlichkeit und verführerische Reize ausgestattet werden sollten. Unverkennbar ist daher seit Mitte des 16. Jahrhunderts ein Ansteigen der Schamschwelle, wodurch Nacktdarstellungen dem religiösen Raum entzogen und ins Private verlagert wurden. Allerdings verloren die Konzilsbeschlüsse spätestens seit Anfang des 17. Jahrhunderts an Wirkung. So finden sich denn bis zur Aufklärung und Säkularisierung im späten 18. Jahrhundert wiederum zahlreiche Nacktdarstellungen in den Kirchenräumen. Für das 19. und 20. Jahrhundert lassen sich dagegen im Zuge eines allgemein stark rückläufigen Interesses an religiöser Malerei nur noch wenige markante Beiträge zu diesem Themenkomplex nachweisen.[6]

Ihrer erotischen Anziehungskraft halber und zum Teil auch wegen ihrer Anzüglichkeit war Nacktheit im Kirchenraum lange vor Michelangelos *Jüngstem*

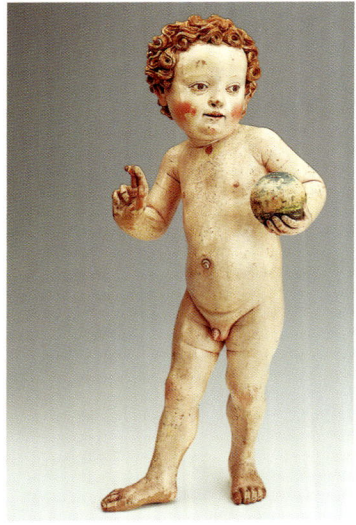  

Gregor (ca. 1465–1540) oder Michel Erhart
(tätig 1469–1522), *Segnendes Christkind*,
Lindenholz gefasst, Höhe 56,5 cm, um 1500,
MKG

Lübecker Bildschnitzer, *Christus im Elend*, um
1410, Lübeck, Museum für Kunst und Kulturgeschichte

Gnadenstuhl (Mittelteil aus dem Marien-Altar
des Nonnenchores), um 1519, Kloster
Wienhausen bei Celle

Gericht ein viel diskutiertes Problem. Die geistlichen Herren fürchteten nicht ohne Grund eine Verweltlichung des Sakralen, die auch Erotisierung und Versinnlichung einschloss. So berichtete der italienische Kunsthistoriker Giorgio Vasari von Kirchenbesucherinnen, die angesichts eines von Fra Bartolommeo gemalten Hl. Sebastians gesündigt hätten.[7] Und auch der bilderfeindlich eingestellte Huldrych Zwingli hörte die »Pfaffen« klagen, dass ein »Sebastion, Mauritius und der fromm Johanns evangelist so jünckerisch, kriegisch, kuplig (erschienen), dass die wyber davon ze bychten gehet (...)«.[8]

Von besonderer Bedeutung und Brisanz war in diesem Zusammenhang die Darstellung der wichtigsten christlichen Gottheiten. Dabei war Gottvater offensichtlich unantastbar, so dass er stets völlig bekleidet dargestellt worden ist. Dagegen lassen sich von Maria zahlreiche Bildbeispiele anführen, auf denen sie eine oder sogar beide Brüste entblößt hat.[9] Die größte Bedeutung für das Thema christlicher Nacktdarstellungen im Kirchenraum kommt jedoch unbestritten Christus zu. Sein Leben bot von der Kindheit, über die Passion bis zur Himmelfahrt das reichste motivische Material, wobei vor allem die Kreuzigung in keiner Kirche fehlen durfte.[10]

Moraltheologisch am unverfänglichsten war sicherlich die Darstellung des nackten Christkindes. Eines der schönsten Beispiele dieser Gruppe bildet eine von Gregor oder Michel Erhart um 1500 für das Zisterzienserinnen-Kloster Heggbach (Oberschwaben) geschaffene Skulptur (Abb. oben links). Sie betont mit den geröteten Wangen und Gesäßbacken nicht nur kindlichen Liebreiz, sondern weist mit der Kugel in der linken Hand von Jesus bereits auf seine zukünftige Rolle als Erlöser und Herrscher der Welt. Diese und ähnliche Figuren wurden als Andachtsbilder zu bestimmten Anlässen in kostbare Kleider gehüllt, doch lässt der emailartige Schmelz der überaus feinen Fassung den Schluss zu, dass auch das völlig unbekleidete Kind Ziel der Verehrung war.[11] Dass derartige Darstellungen von Christkindern in den Nonnenklöstern durchaus auch erotische Bedeutung erlangen konnten, kritisierte der elsässische Volksprediger Geiler von Kaysersberg: »Kein maler kann kein iesusknaben ietz malen on ein Zeserlin. Es muss ein Zeserlin haben also sprechen unser begeinen und nunnen.«[12]

Michelangelo Buonarroti (1475–1564), *Christus mit Kreuz*, Marmor, Höhe 208 cm, 1519/20, Rom, Santa Maria sopra Minerva

Seit den Anfängen des Christentums war die angemessene Darstellung des völlig nackten, erwachsenen Christus heftig umstritten. Vor allem im ausgehenden Mittelalter stellte dieses Thema ein gewichtiges moraltheologisches Problem dar, wie zahlreiche Traktate und Schriften aus dem Bereich der Erbauungsliteratur belegen. Befürworter wie Gegner der Nacktdarstellung brachten mehr oder weniger überzeugende Argumente vor, doch konnte der Streit nicht eindeutig entschieden werden.

Diese Unschlüssigkeit lässt sich auch am erhaltenen Bestand von Kreuzigungsdarstellungen ablesen.[13] Zwar trägt Christus auf dem überwiegenden Teil der Gemälde und Skulpturen einen undurchsichtigen Lendenschurz. Doch gibt es daneben auch zahlreiche Beispiele, bei denen sein Schambereich von einem durchsichtigen Tuch oder gar nicht bedeckt ist. Innerhalb dieser Gruppe ist das Geschlecht auffallend selten sichtbar.[14]

Diese tendenziell geschlechtsneutrale Darstellung Christi findet sich auch bei anderen ikonographischen Themen. Besonders eindrucksvoll ist die um 1410 für das Lübecker Heilig-Geist-Spital geschaffene großformatige Figur *Christus im Elend* (Abb. S. 28 Mitte).[15] Sie zeigt den völlig unbekleideten Gottessohn mit den Geißelwunden und dornengekrönt in der Erwartung des Kreuzestodes. Christus hält die linke Hand vor seinen Schambereich, doch erweist ein genaues Hinsehen, dass das Geschlecht gar nicht ausgeformt wurde. Noch deutlicher ist dieses Phänomen am Marienaltar des Zisterzienserinnen-Klosters Wienhausen zu erkennen (Abb. S. 28 rechts). In der dortigen Darstellung des *Gnadenstuhls* wird der völlig nackte Christus von Gottvater emporgehoben, wobei im ganz frei liegenden Schambereich kein männliches Geschlecht erkennbar ist.[16]

Die wohl Aufsehen erregendste Skulptur des nackten Gottessohnes stellt sicherlich Michelangelos *Christus mit Kreuz* in der römischen Kirche Santa Maria sopra Minerva dar (Abb. S. 29).[17] Die lebensgroße Marmorfigur sollte laut Vertrag aufrecht, mit einem Kreuz im Arme, stehen und nackt (›ignudo‹) sein. Als das Kunstwerk 1521 über der Grablege der Familie Porcari auf einem Altar am linken Chorpfeiler der Dominikanerkirche Aufstellung fand, erregte es sogleich höchste Bewunderung. Christus erscheint hier als ›Neuer Adam‹, der nach der Vorstellung des im Mittelalter weit verbreiteten Nikodemus-Evangeliums bei seiner Höllenfahrt die Seelen der bereits Verstorbenen erlösen wird.[18] Seine makellose Nacktheit steht für die paradiesische Vollkommenheit, die keine Scham kennt, weil es in ihr keine Sünde gibt. Dass bei Michelangelos Bildlösung vor allem die unverhüllte Darstellung des Geschlechts heftige Widerstände hervorrief, belegen zeitgenössische Reproduktionsgrafiken. Auf ihnen ist die Figur bereits mit einem Schurz bekleidet, obgleich sie noch unverhüllt in der Kirche stand.[19] Spätestens 1588 wurde dieser weit reichende Eingriff auch am Original vollzogen. Doch selbst diese Maßnahme konnte nicht verhindern, dass wenige Jahre später ein in seinen religiösen Gefühlen verletzter Mönch das Glied Christi verstümmelte.[20]

Drei Jahrzehnte nach der Aufstellung von Michelangelos Figur plante Benvenuto Cellini für seine Grablege in Santa Maria Novella in Florenz ebenfalls eine großformatige Darstellung des völlig nackten Christus (Abb. links).[21] Mit der Wahl des Themas des Gekreuzigten trat der bedeutendste Goldschmied seiner Zeit in unmittelbaren Wettstreit mit dem in derselben Kirche aufbewahrten berühmten Kruzifix von Brunelleschi. Zudem bedeutete die ungewöhnliche

Verwendung von Marmor eine direkte Herausforderung des in der Bearbeitung dieses Materials als unerreicht geltenden Michelangelo.[22] Doch Cellinis ambitionierte Pläne scheiterten. Zwar vollendete er 1562 seine durch detailscharfe Marmorbehandlung und porzellanhaften Schmelz der Oberfläche ausgezeichnete Figur; doch gelang es ihm nicht, sein bereits mehrfach abgeändertes Grabmalsprojekt zum Abschluss zu bringen. 1565 gelangte das Kunstwerk in den Besitz von Cosimo I. de' Medici in Florenz und bereits 1576 als Geschenk zu Philipp II. in den Escorial. Dort konnte es in der Kapelle des oberen Chores von San Lorenzo keine weitere Wirksamkeit entfalten.

Dass die Verantwortlichen der katholischen Kirche ihre rückwärts gewandten Moralvorstellungen gerade auf Kosten herausragender Künstler durchsetzten, mag auf die Zeitgenossen umso nachhaltiger gewirkt haben. Und tatsächlich lassen sich in der Folgezeit nur noch sehr wenige Beispiele für vollständig nackte Christusdarstellungen nachweisen. Von besonderem Interesse ist dabei eine um 1600 nach einem Entwurf von Giambologna entstandene Bronzefigur des Gekreuzigten, bei der das Geschlecht durch Abnehmen des (originalen?) Lendentuches sichtbar gemacht werden konnte.[23]

Die Darstellung des völlig nackten Christus konnte aber auch außerhalb eines Gotteshauses Aufsehen erregen. Dies belegt die Diskussion um Max Klingers 1891 vollendetes großformatiges Gemälde *Die Kreuzigung Christi* (Abb. oben).[24] Entgegen der traditionellen Ikonographie hatte Klinger das Ereignis in Anlehnung an das Johannes-Evangelium und die Schilderungen der Kirchenväter gestaltet. Der Gekreuzigte hängt nicht überhöht, sondern an einem niedrigen Kreuz mit Sitzbrett (Sedile) und erscheint so mitten unter dem Volk und den Trauernden. Obwohl diese Form des Kreuzestodes durch historische Quellen belegt ist, provozierte die Bildlösung zahlreiche Kritiker. Das Fehlen des ›Herrgottsröckleins‹ als Lendenschurz rief einen Skandal hervor. 1891

Max Klinger (1857–1920), *Die Kreuzigung Christi*, Öl auf Leinwand, 465 x 251 cm, 1890/91, Leipzig, Museum der bildenden Künste, Gemäldegalerie

musste Klinger daher auf der ersten Ausstellung des Gemäldes auf polizeiliche Anordnung hin die untere Hälfte der Christusfigur mit einem Tuch verhängen. Und um eine Schließung der Leipziger Ausstellung von 1894 zu vermeiden, übermalte der Künstler sogar die beanstandete Stelle mit »Ochsen- und mit eigener Galle«.[25]

Klingers auf Quellenkritik beruhende Auffassung der Kreuzigung stellt in mancher Hinsicht einen radikalen Bruch mit der Tradition dar. Er drängt das religiöse Moment zurück und betont gleichzeitig die seelische Größe Christi. Dieser erträgt in stoischer Haltung sein Martyrium und wird damit zum Symbol für die Erlösung durch Selbstaufgabe.[26] Dieses neuartige, stark von der Philosophie Schopenhauers geprägte ästhetische Kultbild entstand nicht im direkten Auftrag einer Kirchengemeinde, sondern auf Klingers eigene Initiative hin. Gleichwohl ist das Bild im formalen Anspruch und seiner inhaltlichen Ausrichtung nach eindeutig auf den öffentlichen Raum hin angelegt. Dabei hat Klinger offensichtlich nie an eine Aufstellung in einer Kirche gedacht; dies wäre angesichts der hartnäckigen Kritik der Zeitgenossen auch wohl undurchführbar gewesen. Doch lange Zeit war es selbst den Museen, den neuen Tempeln des 19. und 20. Jahrhunderts, unmöglich, das Werk zu erwerben. So musste 1899 das Kestner Museum in Hannover seinen Ankauf auf Betreiben der Kirche rückgängig machen.[27]

Die hier nur in knappen Grundzügen skizzierte Geschichte der Nacktheit im Kirchenraum zeigt, dass dieses Thema von kirchlicher Seite keineswegs grundsätzlich als Mittel der Beeinflussung der Gläubigen abgelehnt wurde. Deutlich wird aber auch, dass vor allem in der Darstellung der höchsten christlichen Gottheit Tabugrenzen bestanden, die selbst durch künstlerisch herausragende Leistungen bis heute nicht dauerhaft durchbrochen werden konnten.[28]

1 Zit. nach Peter Prange, Von Feigenblättern und anderen Verhüllungen – Nachrichten aus Moralopolis. In: *Das Feige(n)blatt*, Ausst.Kat. München 2000 (S. 65–120), S. 95.

2 Von den insgesamt über 40 Übermalungen von Geschlechtsteilen wurden bei der letzten Restaurierung 1990–94 nur 15 rückgängig gemacht.

3 Auffallend ist das bislang geringe Interesse der Kunsthistoriker an diesem Thema. Der Autor verdankt vor allem den grundlegenden Arbeiten von Steinberg und Prange zahlreiche Anregungen: Leo Steinberg, *The Sexuality of Christ in Renaissance Art and in Modern Oblivion*, Chicago 1996 (1. Auflage New York 1983); Peter Prange (wie Anm. 1). Im engen Rahmen dieses Beitrages können nur einzelne Aspekte des vielschichtigen Themas angesprochen werden. Eine umfassende Analyse, die vor allem auf die Entstehungshintergründe der Darstellungen genauer eingeht, muss unterbleiben. Auch wurden die Anmerkungen auf das Notwendigste begrenzt. Für freundliche Hinweise sei Jörg Rosenfeld, Olaf Matthes und Carlos Obergruber-Boerner herzlich gedankt.

4 Erinnert sei z.B. an die Übermalung der Fresken von Masolino und Masaccio in Florenz. Vgl. Prange (wie Anm. 1), S. 82.

5 Zit. nach Susan Marti, Daniela Mondini, »Ich manen dich der brüsten min, das du dem sünder wellest milte sin«. Marienbrüste und Marienmilch im Heilsgeschehen. In: *Himmel, Hölle, Fegefeuer. Das Jenseits im Mittelalter*, Ausst.Kat. Zürich 1994 (S. 70–90), S. 84.

6 Vgl. hierzu z.B. Guenter Rombold, Horst Schwebel, *Christus in der Kunst des 20. Jahrhunderts*, Freiburg i.Br. 1983.

7 Zit. nach Prange (wie Anm. 1), S. 92.

8 Ebenda S. 93.

9 Aus Platzgründen muss hier auf eine ausführliche Darstellung dieses Bildtypus verzichtet werden. Vgl. vor allem Marti/Mondini (wie Anm. 5) und Klaus Schreiner, *Maria. Jungfrau, Mutter, Herrscherin*, München 1994. Schwer zu beurteilen sind zwei nur durch Kupferstiche überlieferte Reliefs aus Straßburg und St-Denis, auf denen die offensichtlich nackte Maria bei ihrer Himmelfahrt dargestellt ist. Bei letzterem Beispiel handelt es sich um eine bemerkenswerte Verweltlichung, da die Gottesmutter wie eine ›Venus anadyomene‹ erscheint. Vgl. die Abb. in: *Luther und die Folgen für die Kunst*. Auss.Kat. Kunsthalle Hamburg (Hg. Werner Hofmann), München 1983, S. 579.

10 Vgl. hierzu grundlegend die materialreiche Studie von Steinberg (wie Anm. 3).

11 *Museum für Kunst und Gewerbe*, Handbuch, München 1980, Nr. 133.

12 Zit. nach *Spiegel der Seligkeit. Privates Bild und Frömmigkeit im Spätmittelalter*. Ausst.Kat. Nürnberg 2000, S. 175.

13 Vgl. das reiche Vergleichsmaterial bei Steinberg (wie Anm. 3).

14 Vgl. z.B. das Gemälde *Kreuzigung Christi* von J. van Eyck (Umkreis?) in der Gemäldegalerie Berlin. Vgl. Steinberg (wie Anm. 3), Abb. 147. Als Gegenposition sind Darstellungen des mit einem langen Gewand bekleideten Christus am Kreuz (Volto Santo-Typus) von Interesse. Vgl. Lexikon der christlichen Ikonographie, Bd. IV, Freiburg i. Br. 1972, S. 471.

15 Es handelt sich dabei um eine der ältesten erhaltenen Nacktdarstellungen aus dem Bereich der Skulptur in Nordeuropa. Vgl. *Kirchliche Kunst des Mittelalters und der Reformationszeit. Die Sammlung im St. Annen-Museum Lübeck*. Bearbeitet von Jürgen Wittstock, Lübeck 1981, Nr. 40.

16 Vgl. die Abb. bei Horst Appuhn, *Kloster Wienhausen*, Wienhausen 1986, S. 28. Freundlicher Hinweis von Carlos Obergruber-Boerner.

17 Vgl. Gerda S. Panofsky, Die Ikonographie von Michelangelos ›Christus‹ in Santa Maria sopra Minerva in Rom. In: *Münchner Jahrbuch der bildenden Kunst*. Dritte Folge, Band XXXIX 1988, München 1988 S. 89–112; Joachim Poeschke, *Die Skulptur der Renaissance in Italien*, München 1990, S. 100ff.; Prange (wie Anm. 1), S. 91ff.

18 Vgl. ausführlich Panofsky (wie Anm. 17).

19 Vgl. den Kupferstich von Nicolas Beatrizet, 1530. Abb. bei Prange (wie Anm. 1), S. 93.

20 Dies muss vor 1638 geschehen sein. Vgl. Poeschke (wie Anm. 17), S. 100f.

21 Zur Geschichte des Kruzifix vgl. Poeschke (wie Anm. 17), S. 217 (mit Literatur).

22 Tatsächlich handelt es sich bei Cellinis Werk um das größte aus einem Block gearbeitete marmorne Kruzifix.

23 Vgl. *Dürers Verwandlung in der Skulptur zwischen Renaissance und Barock*, Frankfurt am Main 1981/82, Nr. 161.

24 Vgl. ausführlich *Max Klinger 1857–1920*, Ausst.Kat. Frankfurt am Main 1992, S. 339 ff.

25 Ebenda S. 342. Die Übermalung wurde später wieder entfernt.

26 Vgl. Renate Ulmer, *Passion und Apokalypse. Studien zur biblischen Thematik in der Kunst des Expressionismus*, Frankfurt am Main 1992, S. 32ff.

27 Heute befindet sich das Gemälde im Leipziger Museum der bildenden Künste.

28 Die Aktualität dieser Einschätzung beweist sich auch angesichts des Streits um das Bild *Tanz um das Kreuz*, das Georg Baselitz 1992 der niedersächsischen Gemeinde Luttrum schenkte. Das Gemälde zeigt eine auf dem Kopf gestellte Kreuzigung, wobei der blaue Körper Christi offensichtlich nackt ist. Nach erbitterten Diskussionen wurde das Bild wieder aus der Kirche entfernt.

Geschlechter

Carlos Obergruber-Boerner

Menschenpaare

In der biblischen Schöpfungsgeschichte sind Adam und Eva das erste Menschenpaar. Sie verstoßen gegen das göttliche Gebot und werden aus dem Paradies vertrieben. Darstellungen der beiden zeigen sie in der Regel nackt oder mit den Blätterschurzen bedeckt, die sie sich in plötzlicher Erkenntnis ihrer Blöße angelegt hatten. Als Ureltern sind sie sichtbare Symbole der ganzen Menschheit. Ihr Geschick – Unbotmäßigkeit, Vertreibung, Mühsal und Tod – bestimmt das Schicksal der Menschen.

Die künstlerische Auseinandersetzung mit Adam und Eva war daher immer auch eine Selbstbetrachtung.[1] So kommt es, dass neben der Wiedergabe der biblischen Erzählung und ihrer moralischen Deutung alle Facetten menschlicher Existenz, alle Varianten der Partnerschaft von Mann und Frau dargestellt werden konnten. Ebenso bot sich die Gelegenheit, die menschliche Anatomie mehr oder minder präzise wiederzugeben. Dabei trat der theologische Aspekt zusehends in den Hintergrund und wurde von subjektiven Erfahrungen des Menschseins ebenso ersetzt wie von bloßen, schematischen, fast bindungslos nebeneinander gestellten Bildern eines Mannes und einer Frau.[2] Im Unterschied zu Illustrationen der Schöpfungsgeschichte sind es diese Einzeldarstellungen Adams und Evas, die Rückschlüsse über die Beziehung der Geschlechter im Lichte ihrer jeweiligen Entstehungszeit erlauben.

Als die polnische, in Paris tätige Künstlerin Tamara de Lempicka 1932 ihr Gemälde mit dem Titel *Adam und Eva* schuf, diente ihr das biblische Thema lediglich als Vorwand (Abb. rechts). Mann und Frau erscheinen vor der Kulisse einer Großstadt, die den Garten als Sinnbild des Paradieses abgelöst hat. Die weich schimmernden Körper sind zugleich mit Konturen von metallener Schärfe gebildet. Sie sind in künstliches Licht und tiefe Schatten getaucht und damit organischer Bestandteil der modernen Metropole. Der von beiden fixierte Apfel ist nicht länger unheilvolles Symbol der Sünde, sondern verspricht sexuelle Erfüllung. Der Leib und seine Bedürfnisse erhalten den Rang einer neuen Religion. Dabei entspricht es dem Selbstverständnis der Künstlerin, dass der männliche Körper in Rückansicht betont und als Objekt des Begehrens inszeniert ist. In kokettem Widerspruch hierzu behauptet die von Lempicka selbst berichtete Anekdote, sie habe zuerst nur eine Eva malen wollen. Erst im Atelier sei ihr der Gedanke gekommen, ein Modell für den Adam zu suchen, das sie dann in Gestalt eines jungen Polizisten auf der Straße auch gefunden habe.[3]

Mit ihrem Gemälde hat Lempicka ein luxuriöses Bild geschaffen, das dem hedonistischen Lebensgefühl mondäner Kreise im Paris der dreißiger Jahre Ausdruck verleiht. Obwohl es die erklärte Absicht der Künstlerin gewesen ist, mit ihren Arbeiten neue Wege zu beschreiten, sind in *Adam und Eva* die Vorbilder deutlich zu erkennen. Die dunklere Haut des Mannes und die hellere der Frau entsprechen seit der Antike der künstlerischen Tradition. Auch die Pose der beiden Figuren ist dem antiken Vorbild der *Drei Grazien* entlehnt.[4]

Dieses Rückgriffs bedient sich schon 1910 der Fotograf Frank Eugene Smith (Abb. S. 37). Das Motiv dreier in Vorder- und Rückansicht verschlungener Frauen ist auch bei ihm auf zwei Figuren reduziert und auf Mann und Frau übertragen. Im Gegensatz zu Lempicka erzeugt Smith jedoch eine lyrische Stimmung, die das Paar in selbstvergessener, vom Irdischen losgelöster Liebesbindung zeigt. Das weich zeichnende Spiel von Licht und Schatten ist malerisch zum Verhüllen und Präsentieren der Körper genutzt und trägt zugleich dazu bei, die Liebenden von der Umwelt abzuschirmen. Obwohl sie den ganzen Bildraum ausfüllen und so dem Betrachter eigentlich nahe scheinen, sind sie der Wirklichkeit entrückt. Die Nacktheit des Paares ist dabei nicht als Entblößung – auch nicht im antik-klassischen Sinn –, sondern als der wiedergewonnene paradiesische Urzustand, als Ausdruck der Seelenlage fern von Schuld oder Unschuld, zu verstehen.

Tamara de Lempicka (1898–1980), *Adam et Ève*, Öl auf Leinwand, 118 x 74 cm, 1932, Genf, Musée d'Art Moderne, Petit Palais

Frank Eugene Smith (1865–1936), *Adam and Eve*, Heliogravüre, 1910, MKG
Der Amerikaner Smith gehört zu den Pionieren der Fotografie. In New York und München ausgebildet, ließ er sich ab 1901 endgültig in Deutschland nieder. Das Motiv von Adam und Eva reflektiert die akademischen Malereistudien des Künstlers, der ab 1927 in Leipzig einen der frühen Lehrstühle für Fotografie innehatte.

Den romantischen Anachronismus einer solchen Darstellung veranschaulicht der Vergleich mit einer nur wenige Jahre später entstandenen Radierung Max Beckmanns (Abb. unten). Adam und Eva erscheinen hier wie eine Gruppe aus dem *Jüngsten Gericht*. Die Schlange der Versuchungsszene ist zum Drachen mutiert, der sich sowohl um den Baumstamm als auch um das linke Bein Evas schlingt. Das Paar steht nicht nur körperlich entblößt, sondern auch voller nackter Angst und Verzweiflung vor dem Betrachter.

Die Figuren füllen das gesamte Blatt in drangvoller Enge. Schon in diesem optischen Mangel an Raum sind Unheil und seelische Not angelegt. Im Gesicht Adams spiegeln sich Schrecken und Ausweglosigkeit der Situation. Die Geste Evas, mit der sie Adam nicht den Apfel, die verbotene Frucht, sondern ihre linke Brust anzubieten scheint, wirkt auf den Betrachter geradezu schockierend. Die Reduzierung des Verführungsaktes auf das rein Kreatürliche führt das Paar in erbarmungswürdiger Entfremdung vor. Mann und Frau sind so sehr erstarrt und isoliert, dass sie einander nicht mehr wahrnehmen, sich vor allem in diesem Augenblick nicht als liebende und geliebte Gefährten erkennen können. Angst und Entfremdung wirken hier wie authentische individuelle Erfahrungen.

38

Max Beckmann (1884–1950), *Adam und Eva*, Radierung, 1917, Hamburger Kunsthalle

Gerade deshalb erscheint uns die Darstellung Beckmanns – sie entstand im letzten Jahr des Ersten Weltkriegs – als allgemein gültiger Ausdruck ihrer Zeit.[5] Die frühen mittelalterlichen Darstellungen Adams und Evas sind demgegenüber häufig formelhaft. In herausragenden Positionen – oft mit transitorischem Charakter, d.h. an Übergängen unterschiedlicher Bereiche – vertraten sie das Menschengeschlecht. Sie konnten etwa als flankierende Figuren an Kirchenportalen, also auf der Schwelle von der irdischen zur himmlischen Sphäre, erscheinen, wie die Skulpturen Riemenschneiders am Portal der Marienkapelle in Würzburg.[6] Am romanischen Portal des Wiener Stephansdoms war ihre Anwesenheit sogar auf Abbildungen von Phallus und Vagina reduziert.[7]

Auch in Triumphkreuzen, am Übergang vom weltlichen Kirchenraum zum sakralen Kirchenchor, fanden sie ihren Platz, wie beispielsweise in Bernt Notkes Gruppe im Lübecker Dom.[8] In solchen Kreuzigungsdarstellungen sind Adam und Eva Nachweis dafür, dass der Kreuzestod Christi die gesamte Menschheit erlöst. Zugleich wird durch die inhaltliche Verknüpfung von Altem und Neuem Testament deutlich: Während Adam und Eva mit ihrem Gesetzesverstoß die Menschheit mit der Erbsünde belasten, kann das Opfer Christi die Menschheit davon befreien.

Mit dem neu erwachten Interesse der Renaissance am Studium des menschlichen Körpers wurden Darstellungen des ersten Menschenpaares als willkommene Gelegenheit wahrgenommen, Mann und Frau nackt oder fast nackt nebeneinander zu stellen. Albrecht Dürers berühmter Stich von 1504 ist ein Ergebnis intensiver Anatomiestudien, aber ebenso von der Beschäftigung mit antiker Skulptur (vgl. Abb. S. 21 links). Das linke Standbein Adams trägt das Gewicht eines Körpers von apollinischer Schönheit, während das rechte Spielbein zur Seite gestellt ist wie bei einer klassischen Skulptur. Zwischen den breiten Schultern und schmalen Hüften, zulaufend auf die künstlich verdeckte Scham, spannt sich die Form eines auf die Spitze gestellten Dreiecks. In der Gestalt Evas ist diese geometrische Konstruktion mit schmalen Schultern und breiten Hüften umgekehrt.[9] Der muskulöse Körper Adams suggeriert Aktivität, der weich und schwer gebildete Evas Passivität. Die beiden sind im Begriff, gegen das Gebot Gottes zu verstoßen. Aus dem Maul der Schlange empfängt Eva die verbotene Frucht. Dürer betont in dieser Darstellung des Sündenfalls jedoch besonders den Gewinn der Erkenntnis. Das Paar scheint aus der Dunkelheit eines Waldes, aus finsterer Unwissenheit, hervorgekommen und in das Licht der Erkenntnis getreten zu sein.

Die von Dürer in vorbildlicher Meisterschaft demonstrierte Beschäftigung mit den Körpern von Mann und Frau sowie der Deutung ihres Verhältnisses hat vor allem in der deutschen Druckgrafik der Renaissance, aber auch in der Kleinplastik bis in die Barockzeit ein Echo gefunden.[10] Nachweis eines solchen anatomischen Interesses ist u.a. eine kleine Gruppe von Gliederpuppen, die alle dem Meister I. P. zugeschrieben werden, von dem man annimmt, dass er in der ersten Hälfte des 16. Jahrhunderts in Salzburg, Passau oder Prag tätig war. Diese Gliederpuppen, jeweils Mann und Frau, sind wohl als Kunstkammerstücke entstanden, deren Wertschätzung gleichermaßen der künstlerischen Gestaltung und dem anatomischen Modellcharakter galt.

Zwei heute in unterschiedlichen Sammlungen aufbewahrte Figuren sind vermutlich als zusammengehöriges Paar entstanden (Abb. S. 40).[11] Beide sind in völliger Nacktheit dargestellt. Einzig die Kopfbedeckung der weiblichen Figur deutet Bekleidung an und weist auf deren Ehestand hin. Solche so genannten Frauenhauben wurden in der Regel nur von Verheirateten getragen.[12] Die männliche Puppe ist hager, dabei aber in geschmeidiger Glätte wiedergegeben und bis zu den Geschlechtsmerkmalen detailliert gestaltet. Bei dem weiblichen Gegenstück ist die präzise Formung, insbesondere des Rumpfes, fast lehrbuchhaft schematisiert. Die Vulva – im weiblichen Akt häufig wegstilisiert – wurde annähernd natürlich dargestellt. Dieses der weiblichen Anatomie gewidmete Interesse besaß keine lange Tradition und gehört auch in der Renaissance nicht zu den häufig studierten Themen.

Die Bestimmung der Figuren ist bis heute umstritten. Für die Nutzung als Modelle in einer Skulpturenwerkstatt oder in einem Maleratelier sind sie zu sorgfältig ausgeführt und durch den Bewegungsmechanismus – Körperteile und Gliedmaßen sind durch Katzerdarm flexibel miteinander verbunden – zu empfindlich. Eine bisweilen vermutete Verwendung als galantes Spielzeug ist kaum zu belegen. Die ›Mannequins‹, so die ursprüngliche Bezeichnung, besitzen durch ihre minutiöse Ausarbeitung zwar eine unvermittelt wirkende Körperlichkeit, sind im Ausdruck aber derart neutral, dass die Annahme ihrer Verwendung zur Nachstellung erotischer Posen abwegig erscheint. Auch der »Ausdruck kühler Beherrschtheit« in den Augen des Mannes (Zitat Rasmussen) würde schwerlich dazu passen. Ebenso wenig ist die weibliche Figur in einem Kontext denkbar, der sie mit Unzucht oder Prostitution in Verbindung brächte. Durch die Andeutung ihres Ehestandes ist sie im Gegenteil in die anerkannte soziale Ordnung gestellt.

Ordnet man die Gliederpuppen als bewegliche Skulpturen zwischen unbewegter Plastik und den in der Renaissance so beliebten Automaten oder Ma-

Meister I. P., *Gliedermann*, Buchsbaumholz, Höhe 24 cm, Salzburg (?), um 1520, MKG
Der Meister I. P. ist nur mit diesen Initialen bekannt, zählt aber dennoch zu den bedeutenden deutschen Bildschnitzern in der 1. Hälfte des 16. Jahrhunderts. Die ihm zugeschriebenen Gliederfiguren sind einzigartige Zeugnisse des Interesses, das in der Renaissance an beweglichen Skulpturen und frühen Formen von Spielautomaten bestand.

Meister I. P., *Gliederfrau*, Buchsbaumholz, Höhe 22,5 cm, Salzburg (?), um 1520, Leipzig, Museum für Kunsthandwerk, Grassi-Museum

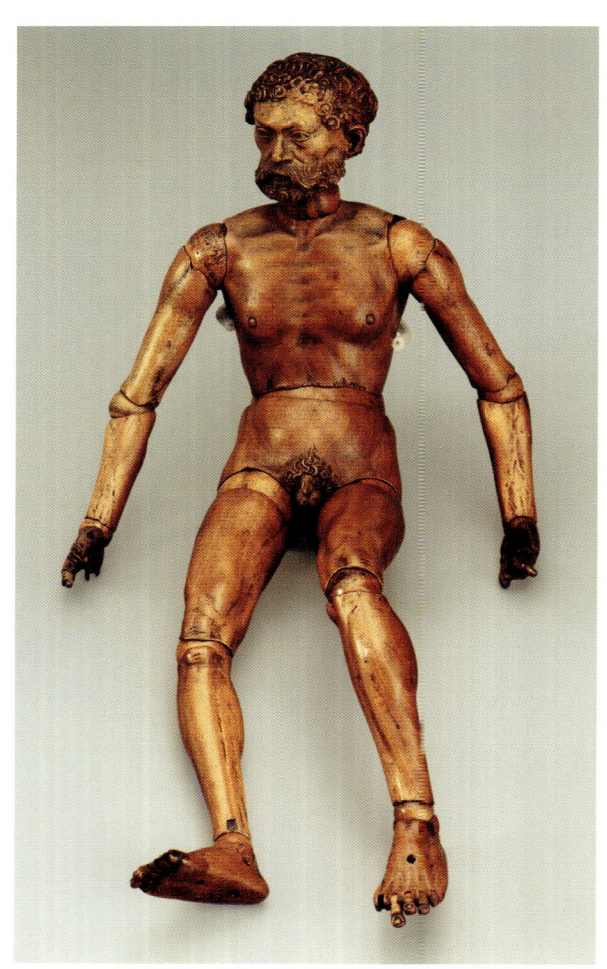
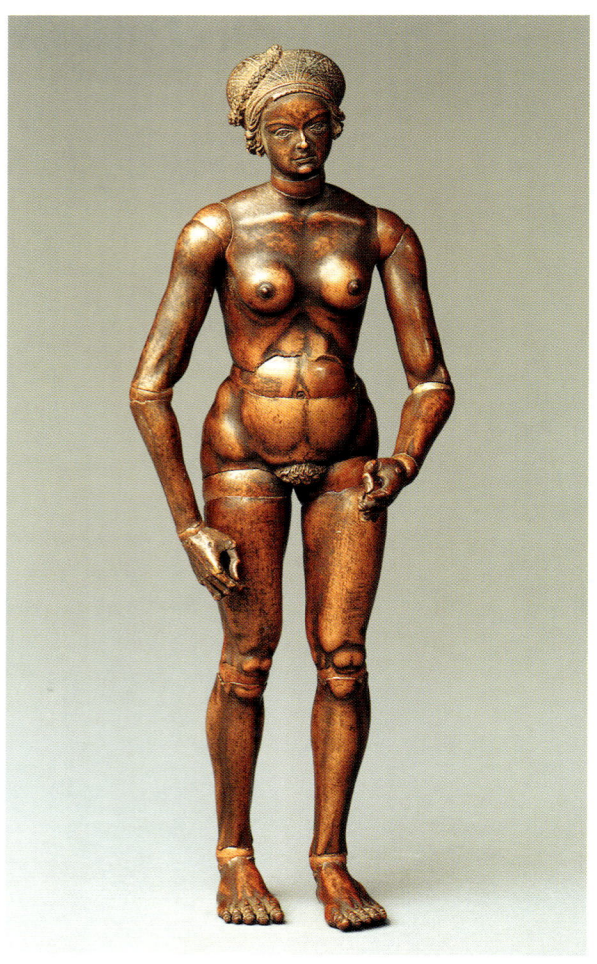

40

Peter Vischer d.J. (1487–1528), *Orpheus und Eurydike*, Bronze, 16,3 x 11,3 cm, um 1516, MKG

schinenerfindungen ein, kommt man ihrer ursprünglichen Bestimmung wohl am nächsten. Das belebte Kunstwerk als eine Art menschlicher Schöpfungsakt nahm im Denken der Zeit großen Raum ein. Dahinter verbarg sich nicht so sehr die Anmaßung göttlicher Fähigkeiten als vielmehr der Wunsch, die Schöpfung nachzuempfinden und dadurch zu begreifen.

Geht man davon aus, dass die Gliederpuppen eine Erfindung des Meisters I. P. sind oder aber von einem Sammler so bei ihm in Auftrag gegeben wurden, bietet sich der Schluss an, dass sie als bewegliche Kleinplastiken in einer Kunst- und Wunderkammer ihren Platz hatten. Dort könnte das erste dieser Paare Besuchern gezeigt worden sein, die dann aus derselben Hand etwas Gleichartiges zu besitzen wünschten. Dies wird wohl auch die Ursache dafür sein, dass sich die erhaltenen Paare einzig auf ein und denselben Künstler zurückführen lassen.

Wie Adam und Eva sind auch die Gliederpuppen des Meisters I. P. Repräsentanten der Menschheit. Anders als die Ureltern jedoch sind sie keine historischen oder mythischen Gestalten. Sie sind allein durch die Zurschaustellung ihrer Anatomie repräsentativ und damit in ihrer Entstehungszeit originell und einzigartig.

Im Gegensatz dazu bedient sich Peter Vischer d.J. in seiner berühmten Plakette mit *Orpheus und Eurydike* eines mythologischen Themas (Abb. oben).[13] Dem jungen Gatten Orpheus wird gewährt, seine geliebte, verstorbene Eurydike aus dem Totenreich zurückzuholen. Mit dem Trauerspiel seiner Lyra hat er das Herz des Totengottes weich gestimmt. Unter der Voraussetzung, dass er sich nicht nach ihr umblickt, darf er Eurydike fortführen. Diese aber ist über die vermeintliche Gleichgültigkeit des Mannes verzweifelt und fleht ihn an, sich ihr zuzuwenden. Als Orpheus ihren Bitten nachgibt, sinkt sie unwiederbringlich ins Schattenreich zurück. Dargestellt ist dieser letzte Blick der Liebenden vor der endgültigen Trennung.

Nicht nur formal gehen die Figuren auf Dürers *Adam und Eva*-Stich zurück. In dem Bitten Eurydikes spiegelt sich die Verführung durch Eva. Angesichts der zahllosen Darstellungen des Sündenfalls muss eine solche Variante um so tieferen Eindruck gemacht haben.

Da Eurydike nichts von dem Gebot des Hades weiß, handelt sie im Unterschied zu Eva schuldlos. Orpheus wird das Gebot brechen und also aus Liebe schuldig werden. Der zeitgenössische Betrachter dieser Plakette hat mit Sicherheit die Verwandlung der biblischen Versuchungsszene in einem Bildwerk nach antikem Mythos begriffen. Der durch die formale Übernahme angeregte inhaltliche Vergleich der beiden ›Versuchungsszenen‹ entsprach ganz der gelehrten, geistigen Atmosphäre des frühen Nürnberger Humanismus.[14]

Selbst die völlige Nacktheit der beiden Figuren ist eine Synthese aus biblischem Vorbild und antiker Tradition. Zwar ist die Blöße der antiken Liebenden ohne formales Beispiel – sie sind niemals nackt dargestellt worden –, in den Augen ihres gebildeten Betrachters vertraten sie jedoch die Antike schlechthin, für die Nacktheit geradezu ein Synonym war. Vischer differenziert dabei männlichen und weiblichen Körperbau in der Exaktheit einer Anatomiestudie. Der hagere Leib des Orpheus ist so definiert, dass einzelne Muskelpartien sichtbar werden. Der Bereich der Rippen unterhalb des rechten Armes und die Akzentuierung der Beckenknochen verraten eine genaue Beobachtung der Natur. Eurydikes Körper ist in weicher Fülle mit einer Betonung des Unterleibs wiedergegeben.

Die Bewegungsmotive interpretieren eine zeitgenössische Auffassung männlicher und weiblicher Verhaltensmuster. Während der Körper des Mannes mit dynamischem Ausschreiten und kraftvoller Drehung des Leibes Aktivität ausstrahlt, verharrt die Frau in fast bewegungsloser Passivität. Sie neigt nur leicht das Haupt und hebt den linken Arm, als wolle sie ihr sterbendes Antlitz verhüllen.

Eine vergleichbare Differenzierung und Deutung des männlichen und weiblichen Körpers zeigt Leonhard Kern in einem seiner Hauptwerke, *Adam und Eva bei der Vertreibung aus dem Paradies* (Abb. S. 43 links).[15] Kern befasste sich in seiner langen Schaffenszeit immer wieder mit dem Thema des Sündenfalls.[16] Die Variationen dieses Themas erlauben es geradezu, sein Nachdenken über das Geschick des Paares, dessen Verhältnis zueinander und zum strafenden Gott nachzuvollziehen. Einmal feiert der barocke Bildhauer seine Figuren als Krone der Schöpfung und in leiblicher Blüte, zum anderen ist es gerade der Ausdruck der nackten Leiber, den er zur Wiedergabe der Seelenlage, von Schrecken und Auflehnung zu nutzen versteht. In der Hamburger Gruppe sind Adam und Eva nicht mehr Jüngling und Mädchen. Vielmehr werden beide in der reifen Ausbildung ihrer Physis geschildert. Selbst wenn die sinnlicherotische Wirkung der Figuren auf den Betrachter durchaus beabsichtigt gewesen sein sollte, tritt sie vor der Stärke des seelischen Ausdrucks in Mimik und Bewegung ganz zurück. Der Betrachter wird zum Zeugen eines Geschehens, das zwei Individuen auch in ihrem Verhältnis zueinander zeigt. Der gemeinsamen Angst und dem Schrecken vor dem zornigen Gott steht das Zugehörigkeitsgefühl von Mann und Frau gegenüber. Adam ist zugleich verschreckte Kreatur und führender Beschützer seiner Gefährtin. Zärtlich hat er seinen rechten Arm um sie gelegt und schirmt ihr Gesicht mit der linken Hand ab.

Auch hier ist dem Mann die aktive, der Frau die passive Rolle zugewiesen. Zugleich ist die Führungsrolle des Mannes, die sich in Größe, Schrittmotiv und Gestik ausdrückt, auf die Spitze getrieben. Ebenso die passive Bedürftigkeit der Frau. Die Schleife, die bei Mann und Frau die Schurze aus Blättern zusammenhält, steht bei Adam prachtvoll empor, während sie bei Eva schlaff herunterhängt. Dieses fast schon humoristische Detail führt die Verteilung der Rollen ad absurdum.

Vielleicht spielt Kern damit auf ein Motiv an, das seit der Renaissance als Umschreibung der Geschlechterollen vorkam. Gemeint ist die in Literatur und bildender Kunst beliebte Umkehrung der herrschenden Rollenzuweisungen, die im Rahmen des Phänomens der ›Verkehrten Welt‹ bisweilen humoristische oder burleske Züge annehmen konnte. Nach traditioneller und im Grunde bis heute nicht wirklich veränderter Vorstellung ist das Männliche stark, das Weibliche schwach. Diese Überzeugung greifen zwei Figuren aus der Werkstatt Kerns auf, um sie in der Verkehrung zu vermitteln (Abb. unten rechts).[17] Das Paar stellt die ägyptische Königin Kleopatra und ihren römischen Geliebten Mark Anton im Augenblick ihres Selbstmords dar.

Die physische Erscheinung des fahnenflüchtigen Mark Anton ist dabei so weit vom Idealbild des Mannes entfernt, dass aus der quasi entstellten Form sein Fehlverhalten ablesbar wird. Schmächtige Brust, weiche Hüften und deutlich reduziert wiedergegebene Geschlechtsteile zeigen ihn als entmännlichten Mann. Mit verzweifeltem Gestus stößt er sich das – heute verlorene – Schwert in die Brust. Die Figur wurde bereits in alten Inventaren nicht mehr als Mark

Leonhard Kern (1588–1662), *Adam und Eva bei der Vertreibung aus dem Paradies*, Elfenbein, Höhe 31 cm, um 1645/50, MKG
Die Figuren gehören zu Kerns bedeutendsten Schöpfungen. Als Stellvertreter der ganzen Menschheit sind Adam und Eva in idealisierter Körperlichkeit gebildet.

Leonhard Kern (Werkstatt), *Antonius und Kleopatra*, Elfenbein, Höhe 27,5 cm, um 1650, MKG
In der Darstellung der ägyptischen Königin und ihres Geliebten, des römischen Feldherrn Mark Anton, sind die Geschlechterollen vertauscht. Kleopatra tritt stark und entschlossen auf, Antonius dagegen in verzweifelter Schwäche.

Anton identifiziert, sondern ›Zwitter‹ genannt. Ein Hermaphrodit ist jedoch eindeutig nicht dargestellt. Ein solcher müsste einen weiblichen Busen besitzen. Der Körper bleibt in allen geschlechtstypischen Partien männlich, allein die Proportionen von Schultern, Rücken und Brustbereich wie auch der Beckenzone verfremden das eigentlich Maskuline des Leibes. In betontem Gegensatz zu dieser Verformung des Männerkörpers ist die Gestalt der Kleopatra kraftstrotzend und in barock blühender Präsenz gezeigt. Zwar nimmt auch sie sich das Leben – sie hielt einst eine gleichfalls verlorene Schlange in der Hand –, aber sie tut dies mit herrischer Gebärde und entschlossenem Gesichtsausdruck. Außerdem ist die Schlange ein Symbol des ägyptischen Königtums, so dass Kleopatra hier noch im Tode als Fürstin und Herrscherin erscheint. Dem Künstler gelang es, die Figuren durch die Bewegungsmotive – insbesondere der Arme – in Beziehung zu setzen. Zugleich erleben sie das tragische Geschehen des Sterbens isoliert und allein. Während Antonius im Selbstmord versagt, triumphiert Kleopatra im Tode.

Von den mythologischen Figuren wieder zum biblischen Urelternpaar zurückkehrend, sei Folgendes angemerkt: Adam und Eva stehen für das Leben und die Lebensführung des Menschen überhaupt. Sie sind zwar zwei Wesen, doch in unserem Bewusstsein immer nur als Paar vorstellbar. Zwar kennen wir sie auch als Eltern von Kain, Abel und Seth, aber die Genesis berichtet nicht, ob und wie sie ihre Söhne erziehen, formen und in das Leben führen. Die Erzählung von der Erschaffung des ersten Menschenpaares endet mit der Vertreibung aus dem Paradies, der Bericht über die Söhne ist die Geschichte des Bruderzwists. Die ersten Menschen bilden in den biblischen Berichten keine Familie.

Nur dadurch können Adam und Eva in der Vorstellung überhaupt als Menschenpaar – und nur als solches – figurieren. Wären sie in einer vollständigen Biografie und nicht in der uns vertrauten Abstraktion geschildert, verlören sie ihre zeichenhafte Bedeutung als Mann und Frau. Künstlerisch gesehen sind Adam und Eva keine Menschen, sondern Allegorien des Menschlichen. Als solche und um ihr Wesen und ihre Beziehung zueinander frei und unverfälscht darstellen zu können, müssen sie nackt sein.

1 Entscheidende Anregungen für diesen Aufsatz verdanke ich Bernhard Heitmann.

2 Vgl. Abb. S. 66 rechts.

3 Gilles Néret, *Tamara de Lempicka*, Köln 1990, S. 60.

4 Vgl. die Abb. S. 74 unten: *Die Drei Grazien*, Meissen, um 1800.

5 Siehe hierzu auch Beckmanns Kriegstagebücher: Erhard Göpel (Hg.), *Tagebücher 1940–1950*, Frankfurt am Main 1965.

6 Hans Wernfried Muth, Toni Schneiders, *Tilmann Riemenschneider und seine Werke*, Würzburg 1982.

7 K. Donin, *Der Wiener Stephansdom und seine Geschichte*, Wien 1956.

8 Karlheinz Stoll, Ewald M. Vetter, Eike Oellermann, *Das Triumphkreuz im Dom zu Lübeck. Ein Meisterwerk Bernt Notkes*, Wiesbaden 1977.

9 Zu Dürers Proportionsstudien vgl. u.a. Fedja Anzelewsky, *Dürer. Werk und Wirkung*, Erlangen 1988, S. 97ff.

10 Siehe hierzu Sabine Bark, *Auf der Suche nach dem verlorenen Paradies. Das Thema des Sündenfalls in der altdeutschen Kunst (1495–1545)*, Universität Hamburg, Diss. 1994.

11 Jörg Rasmussen, *Deutsche Kleinplastik der Renaissance und des Barock*, Bilderheft 12 des MKG, 1975, Nr. 6, S. 85f.; dort weitere Literatur. Zur weiblichen Gliederpuppe im Grassi-Museum Leipzig vgl. zuletzt Ausst.Kat. Berlin 1977, *Der Mensch um 1500. Werke aus Kirchen und Kunstkammern*, S. 166ff.; vgl. auch S. Epple, *Die Leipziger Gliederpuppe*, Führungsblatt des Grassi-Museums Leipzig, 1993.

12 Das Synonym ›unter die Haube kommen‹ für Heiraten leitet sich hiervon ab.

13 Jörg Rasmussen (wie Anm. 11), Nr. 3, S. 82f.

14 Vgl. *Nürnberg 1300–1550. Kunst der Gotik und Renaissance*, Ausst.Kat. Nürnberg 1986.

15 Bernhard Heitmann, *Leonhard Kern. Die Vertreibung aus dem Paradies*, Heft 29 der Kulturstiftung der Länder, Hamburg 1992, S. 6–33. Ders., Erwerbungsbericht 1990–1991. In: *Jahrbuch des Museums für Kunst und Gewerbe Hamburg*, N.F., 9/10, 1993, S. 287ff. (dort weitere Literatur).

16 *Leonhard Kern (1588–1662)*, Ausst. Kat. Schwäbisch Hall 1988, und *Leonhard Kern. Neue Forschungsbeiträge*, Folgeband zur Ausstellung von 1988, Sigmaringen 1990.

17 Bernhard Heitmann, Erwerbungsbericht 1995 in: *Jahrbuch des Museums für Kunst und Gewerbe Hamburg*, N.F., 14, 1997, S. 126–130.

Geschlechter

Claudia Gabriele Philipp
Schöne Männer und starke Frauen
Fotografische Visionen der
Vollständigkeit

Das Interesse am männlichen oder weiblichen Körper wandelt sich im Laufe der Geschichte. Heutzutage assoziieren wir mit dem Wort ›Akt‹ in erster Linie das Bild einer nackten Frau. Die Kunstgeschichte der letzten 200 Jahre ist reich an mehr oder minder bekleideten Frauenkörpern. Fast zwei Jahrtausende lang dominierte allerdings der männliche Akt, von den nackten Göttern und Athleten der Antike bis zu Michelangelos sinnlichen Männerkörpern.[1] Eine spannungsreiche Entwicklung wiederum führt von den olympischen Helden zu den durch Bodybuilding und Schönheitsoperationen geformten Amazonen der Gegenwart.

Gerade die Darstellung des nackten Körpers belegt Geschlechterverhältnisse in den sich wandelnden Vorstellungen des Männlichen und Weiblichen. Nackt gesehen, »ist der Mensch niemals nur Mensch, ist er immer Mann oder Frau, ist er immer Geschlechtswesen«.[2] Betrachterin und Betrachter werden stets auf das eigene Körperbild verwiesen. Es gibt keine neutrale Position der Betrachtung. Aus diesem Grund ist eine sprachliche Differenzierung in die männliche *und* weibliche Form an dieser Stelle zwingend. Eine Frau sieht einen Frauen- oder Männerakt anders als ein Mann. »Indem eines der beiden Geschlechter sich auf sich selbst bezieht, bezieht es sich immer auch auf das andere.«[3] Zu unterscheiden sind Nacktheit und Aktdarstellung. »Als Akt wird man von anderen nackt gesehen und doch nicht als man selbst erkannt. Ein nackter Körper muss als Objekt gesehen werden, um zu einem Akt zu werden. (Betrachtet man ihn als Objekt, fördert man damit seinen Gebrauch als Objekt.) Nacktheit enthüllt sich selbst; ein Akt wird zur Schau gestellt.«[4] Sehen erzeugt Distanz.

Der von Jürgen Habermas beschriebene Strukturwandel der Öffentlichkeit[5] im Übergang von der feudalen, höfisch bestimmten zur bürgerlichen Gesellschaft brachte auch die Neugier hervor auf die Intimität des weiblichen Körpers als etwas Privates und deshalb von der herrschenden Sexualmoral Tabuisiertes. In besonderer Weise eignete sich im 19. Jahrhundert die Fotografie (eine genuin bürgerliche Erfindung) wegen ihrer medialen Qualitäten zur Offenbarung nackter Tatsachen. Ein um 1855 anonym als Stereodaguerreotypie aufgenommener *Stehender nackter Mann* (Abb. S. 47 oben) erweist sich als Akt im ursprünglichen Sinn. Solche, als ›Akademien‹ bezeichneten Bilder nutzten Künstler zum Studium des menschlichen Körpers.

Als Lustobjekt ganz das Gegenteil, bedient die in derselben Zeit ebenfalls anonym entstandene Daguerreotypie *Nackte Frau mit Schleier* (Abb. S. 47 unten rechts) auf reizvollste Weise die Phantasie des Betrachters. Die nur scheinbar verhüllte Nacktheit generiert zusammen mit dem schamhaft gesenkten Blick des Modells das Verführerische der Szene. Unser Blick durchdringt problemlos den durchsichtigen Stoff, der wie ein Brautschleier Unschuld vorgibt und gewissermaßen als Hymen beim Akt des Betrachtens fungiert.

Das Geschäft mit dieser Art Daguerreotypien – meist als Stereobilder in Paris angefertigt –, das von offenherzigsten Präsentationen von Weiblichkeit bis zu direkt pornografischer Darstellung des Geschlechtsverkehrs alles bot, blühte wegen des geltenden Paragraphen im Strafgesetzbuch anonym im Verborgenen. Sowohl Herstellung als auch Vertrieb und Besitz standen unter Strafe.[6]

Dieser repressiven Rechtslage wegen keinesfalls unangefochten, wagte sich um 1880 die homoerotische Vorliebe für den Männerkörper in der Fotografie erstmals im Gewand künstlerischer Legitimation an die Öffentlichkeit. Wilhelm von Gloeden komponierte nach klassischen antiken Vorbildern arkadische Szenen (Abb. S. 47 unten links), deren detailgetreue Wiedergabe männlicher Geschlechtsteile für den damaligen Betrachter den Kitzel fotografischer Wahrhaftigkeit (und damit moralischer Anfechtbarkeit) hervorrief. Aus heutiger Sicht erscheint dieses naturalistische ›punctum‹ – um einen zentralen Begriff von Roland Barthes[7] zu zitieren – eher kontraproduktiv. »Auf einer Photographie wird ein Penis immer *punctum* sein ein Blickfang, der zu Wünschen, Vergleichen, Abscheu, Mitleid, Neid herausfordert, ganz gewiss aber Neugier weckt.«[8] Die Darstellung antikisierender Nacktheit führt nicht automatisch zur höheren

Anonym, *Stehender nackter Mann*, Stereodaguerreotypie, je 6,4 x 5,7 cm, Paris, um 1855, MKG

Wilhelm von Gloeden (1856–1931), *Ohne Titel*, Albuminabzug, um 1900

Anonym, *Nackte Frau mit Schleier*, Daguerreotypie, vermutlich Paris, um 1855, MKG

48

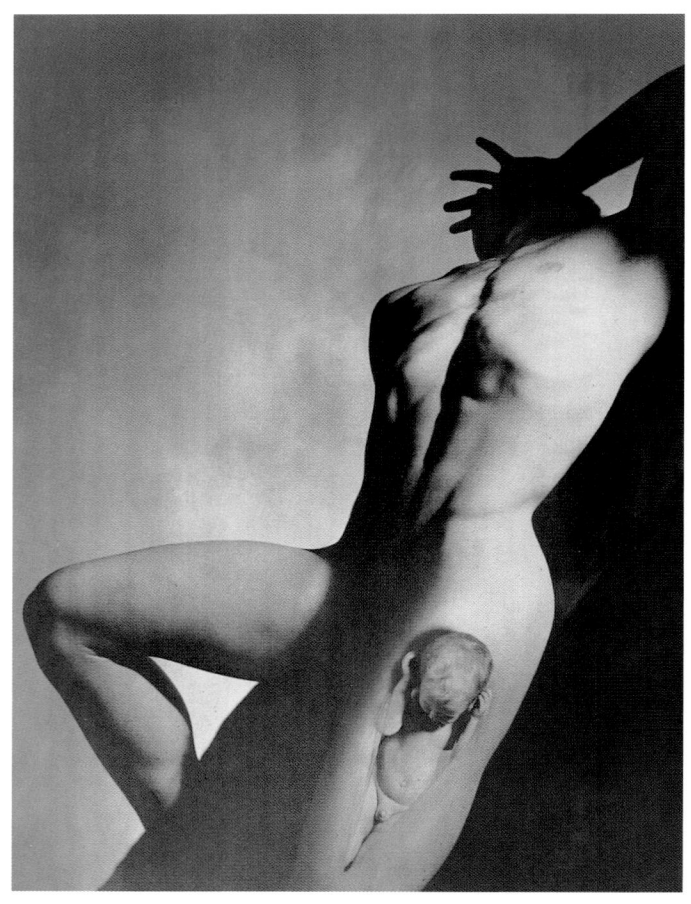

Wahrhaftigkeit der Kunst, wie eine andere Rücküberführung griechischer Kunst
in ein technisches Medium demonstriert. In ihrem zweiteiligen Olympia-Film
(1936–38) überblendete Leni Riefenstahl in dem von ihrem Kameramann
Willy Zielke (1902–1989) gedrehten Prolog[9] antike Statuen mit den Körpern
lebendiger Athleten (Abb. S. 48 oben). Das Vexierspiel zwischen menschlichem
Körper und Skulptur oder Puppe findet sich als modernes Pygmalionmotiv
häufig in der Fotografie der dreißiger Jahre. Insbesondere der Surrealismus
lotete dieses Thema aus.

Begründet in der eigenen, gelebten Homosexualität richteten George Hoyningen-Huene und George Platt-Lynes ihr Interesse auf den Männerkörper,
dessen Schönheit mittels sorgfältig arrangierter Haltungen in Szene gesetzt
wurde (Abb. S. 48 unten links). Vom Studiolicht sind männliche Körper – oftmals als Torsi – zu feinsinnigen Kunstwerken modelliert, fernab heroisierender
Härte, wie sie das nationalsozialistische Idealbild in der Bildhauerei dieser Jahre forcierte. Doch zeigen Platt-Lynes Adaptionen mythologischer Themen
(Abb. S. 48 unten rechts) wiederum die Grenzen direkter Symbolisierung in der
Fotografie. Herbert List gelang in seinem Werk die sublimierte Ästhetik des
schönen Jünglings (Abb. unten). Der Zyklus ›Licht über Hellas‹ ist die glanz-
volle, überzeitliche Apotheose des jugendlichen Körpers, entsprechend dem
Denken des antiken Griechenland auf Kosten der als niedrig bewerteten
reproduktiven Geschlechtlichkeit.

Das Interesse an der Kunst dieser Epoche mit ihrem idealen Männerkörper entstand im Zusammenhang mit einer mehr oder minder repressiven Rücknahme

Herbert List (1903–1975), *Unter dem Posei-
dontempel*, Sunion 1937

49

der Freizügigkeit der Weimarer Jahre entweder ins Private oder ins Politische. Die Emanzipation der Neuen Frau in den zwanziger Jahren hatte dem symbolisch aufgeladenen Frauenbild der Kunstfotografie um 1900, beispielsweise von Annie W. Brigman in *The Cleft of the Rock* (Abb. rechts), vorerst ein aufgeklärtes Ende gesetzt. Die Freilichtakte von Raoul Hausmann (Abb. S. 51) lassen zu Beginn der dreißiger Jahre eine lebendige Sinnlichkeit spürbar werden, in der Fotograf wie Abgebildete sich selbstbestimmt verwirklichten.[10] Die Männer- und Frauenbilder in der Aktfotografie einer jeweiligen Epoche offenbaren in frappanter Deutlichkeit gesellschaftliche Positionen der Geschlechtersymmetrie. Bedeutsam für das wandelbare Bild des Männlichen und Weiblichen ist die Frage, »inwiefern das soziale Geschlecht (*gender*) die Beschreibungs- und Wahrnehmungskategorien für das biologische Geschlecht (*sex*) vorgibt oder anders gesagt: dass ›sex‹ tatsächlich immer schon auch ›gender‹ ist, nämlich kulturell konstruiert.«[11]

Wie ein Amalgam verband Horst P. Horst im *Mainbocher Corset* (Abb. S. 52 links), das er 1939 als Modeaufnahme für die Pariser *Vogue* gestaltete, Elemente des Neuen Sehens mit dem Glamourstil der Studios der dreißiger Jahre zu faszinierender Mehrdeutigkeit. Die marmorartige, mit der Makellosigkeit der menschlichen Haut korrespondierende Balustrade wehrt die Zudringlichkeit des potentiellen Betrachters ebenso ab wie der uns zugekehrte Rücken und der gesenkte Blick. Alles in allem erscheint die Frau auf sich selbst bezogen. Die Verschnürung des Korsetts ist gelöst, Nacktheit entsteht, der Körper beginnt sich aus den Fesseln des modischen Diktats zu befreien. Die unbedeckte Rückenpartie nimmt die Form eines Torsos an und erinnert mit sanftem Muskelspiel an den die Weltkugel tragenden Atlanten. Eine männliche Konnotation eröffnet sich hier (zumal nicht die weibliche Büste dargeboten wird). Nicht von ungefähr waren Platt-Lynes, Hoyningen-Huene, Horst oder Man Ray als Modefotografen mit der Herstellung von schönem Schein und Sein beschäftigt. Die männlich bestimmte surrealistische Bewegung verwies das weibliche Element erneut in die Rolle sphingenhafter Unergründlichkeit und suchte den bedeutsamen Ausweg in die Androgynität. Die bedrohliche Potenz männlicher wie weiblicher Anteile erscheint ironisch gebannt in der 1933 entstandenen Serie *Érotique voilée* (Abb. S. 52 Mitte) von Man Ray.

Sein gesamtes Werk ist ein beständiges Ringen mit dem Bild der ›phallischen Frau‹. Was wir in der um 1930 entstandenen Aufnahme (Abb. S. 53 Mitte) auf Anhieb zu erkennen glauben, scheint ein erigierter Penis zu sein – der Phallus an sich. Jedoch verdrängen wir beim Anblick von Fotografien allzu gerne, »dass die Phantasie unsere zweite, wenn nicht gar unsere erste ›Natur‹ ist. Oder anders gesagt: Was wir sehen, hängt davon ab, was es für uns bedeutet.«[12] Man Rays Modell für sein Bild ist tatsächlich weiblich, wie ein größerer Bildausschnitt beweist (Abb. S. 53 rechts). In Wahrheit ist es die Manifestation des symbolischen ›Phallus‹. »In der imaginären Konstellation erscheint der Phallus – der nicht mit dem Penis, einem Organ, identisch ist – als Signum der Vollständigkeit und der Allmacht.«[13] Die Subjektwerdung des Menschen beginnt mit dem so genannten Spiegelstadium, wie es von dem Psychoanalytiker Jacques Lacan beschrieben wird. »Die Wurzeln des Ich (bzw. Selbst) entspringen also der Identifizierung mit einem Selbstbild, das in seiner Kohärenz und Geschlossenheit schon als gegeben repräsentiert, was dem Menschen noch von Grund auf fehlt.«[14] Ein Aspekt der ödipalen Entwicklung ist die »Kas-

Annie W. Brigman (1869–1950), *The Cleft of the Rock*, Heliogravüre aus *Camera Work*, April 1912, MKG

Raoul Hausmann (1886–1971), *Akt*, Ostsee 1930/31

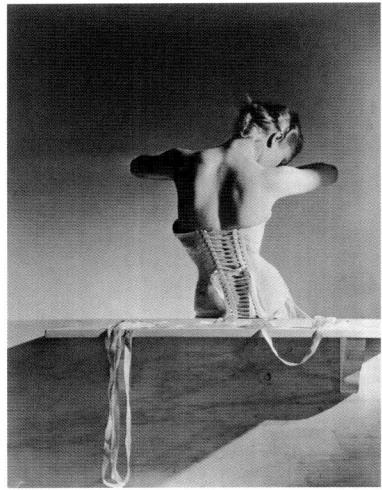  

tration als symbolische Operation«.[15] Die Phantasie wünscht und imaginiert (jedoch) Vollständigkeit. »Das imaginäre Objekt ist der phantasmatische Phallus als Signum der Vollständigkeit, der Ganzheit und der Allmacht, und die Kastration bedeutet die Einführung des Phallus als Signifikant des Mangels und der Abwesenheit (und insofern des Signifikanten schlechthin). Der Junge muss akzeptieren, dass er den Phallus nicht hat, das Mädchen, dass es der Phallus nicht ist – weder für sich, noch für den Anderen.«[16]

Wenden wir uns mit diesen Überlegungen erneut unseren Bildern zu. Die *Anatomie* (so der spätere Titel) steht auf einer Doppelseite in dem 1934 erschienenen Buch *Man Ray Photographies 1920–1934 Paris* dem Bildnis einer ›schönen Frau‹ gegenüber (Abb. S. 53 links). Diese wiederum »*ist* (psychoanalytisch gesehen) genau das, was dem Mann fehlt und was er nur in der Frau ›besitzen‹ kann: der ›Phallus‹, das phantasmatische Objekt der Vollständigkeit«.[17] Wie ein Signum stellte Man Ray seinen ›Phallus‹ mitten zwischen die verschiedenartigsten Varianten von Weiblichkeit und spielte zumindest als Produzent der Bilder – er *ist* ihr Erzeuger – den aktiven Part in diesem Reigen. Man könnte auch sagen: Er lebte seine weiblichen Anteile im kreativen Akt der Bildschöpfung aus.

Ein halbes Jahrhundert später demonstrierte die erste amerikanische Bodybuilding-Weltmeisterin (Titel 1979) Stärke vor der Kamera von Robert Mapplethorpe. Lisa Lyon bot mit ihrer lustvoll-ironischen Fähigkeit zur Selbstdarstellung die ideale Ergänzung zu Mapplethorpes formal strengen Männerakten und seinen provokant hyperrealistischen Inszenierungen harter SM-Praktiken. Die Entstehung des Zyklus *Lisa Lyon* (Abb. oben rechts) zwischen 1980 und 1982 verdankte sich der gleichberechtigten Zusammenarbeit zweier starker Partner: Mapplethorpe, der intensive Beziehungen zu beiden Geschlechtern lebte, Lyon, die den Prototyp der Frau der achtziger Jahre als »weder feminin noch maskulin, sondern *felin*«[18] schuf. Gemeinhin als männlich definierte Kraft transformierte sie in ihrem weiblichen, bewusst trainierten und phantastisch inszenierten Körper zu höherer Wahrheit: »Ihre Verherrlichung des Körpers ist ein Willensakt, ein trotziger Widerstand gegen Nihilismus und Abstraktion, eine Umkehrung der Geschichte der modernen Kunst.«[19]

Links: Horst P. Horst (1906–1999), *Mainbocher Corset*, 1939, MKG

Mitte: Man Ray (1890–1976), *Érotique voilée*, 1933

Rechts: Robert Mapplethorpe (1946–1989), *Lisa Lyon*, 1980/82

Die Kunstfigur *Lisa Lyon* ist ebenso auf der Folie der neueren Frauenbewegung zu begreifen, wie die Serie *Big Nudes* (Abb. S. 54 oben rechts) von Helmut Newton, die uns weitere Einsichten im Kampf um die ›phallische Frau‹ ermöglichen und an die Gegenwart heranführen. Newton benutzte Profimodelle zur Darstellung dieser Männerphantasien. Als Fotograf behielt er stets die Oberhand. Promotet von seiner Frau June (Künstlername Alice Springs), spielt er seit den siebziger Jahren den ›nasty boy‹ und geriert sich als Tabubrecher progressiv. »Newtons Bilder kokettieren mit dem Verbotenen, von dem aber auch jeder mitkriegen soll, dass es etwas Verbotenes ist.«[20] Die Faszination liegt in der ästhetischen Vollendung scheinbarer Unberührbarkeit; die Nacktheit wirkt monströs. Der untersichtige Kamerastandpunkt sowie die Größe der Abzüge steigern die Hypersexualisierung der zunehmend aseptisch inszenierten Akte (Abb. S. 54 oben links) ins Heroische. »Newtons Fotografien sind perfekt – so wie die Körper seiner Modelle. Die Kälte der Schönheit schafft Distanz, die Szenerien sind befremdlich, so dass die Kunstfertigkeit der newtonschen Fotografie leicht mit Kunst verwechselt wird.«[21]

Vordergründung gibt er sich als Freund der Frauen (so die Selbstdarstellung) ihrer Kraft und Schönheit hin. Tatsächlich inszeniert er die Überschreitung von Tabus als bildliche Inbesitznahme der ›phallischen Frau‹. »Bei ihm wird die Angst des Mannes vor der Kastration auf die Frau projiziert, eine Angst, die jedoch durch die fetischistische Perfektion der Inszenierung und durch die erotische Zurschaustellung und bildhafte Verfügbarkeit des weiblichen Körpers auch wieder zurückgenommen wird.«[22] Newton führt seine Amazonen der *Big Nudes* als Paradebeispiele für die aggressive, da »eigenverantwortliche, zur Lust fähige Frau«[23] vor. Hinter einem solchen Blickwinkel steckt die Reduktion auf ›guten Sex‹, den frau heutzutage verlangt und der für ›man‹ einen Leistungs- und Leidensdruck hervorruft, der ihm zweifellos Angst machen kann. »Wer den ›Phallus‹ hat, ist dem sozialen Geschlecht nach eine ›Mann‹: mächtig, selbstbestimmt, aktiv. (...) Eine Frau, die tun und lassen kann, was sie will, ist eine ›phallische Frau‹: Sie hat zwar ein weibliches Geschlecht (sex), ist aber im Besitz des ›Phallus‹ (des idealen sozialen Geschlechts).«[24]

Für die Botschaft der Bilder ausschlaggebend ist die zivilisatorische Überformung der *Big Nudes*. Ihre Nacktheit ist zugerichtet durch Styling der Frisuren, das äußere Geschlecht gibt sich gezähmt durch Trimmung der Schamhaare. Auch »die fetischistische Garnierung, wie die Stöckelschuhe, (...) dient immer der Erhöhung des erotischen weiblichen Reizes.«[25] Der Akt wird eindeutig zu einer Form der Bekleidung. »Nacktsein bedeutet, man selbst zu sein. Ausgestelltsein bedeutet, die Oberfläche der eigenen Haut, die Haare des eigenen Körpers zu einer Verkleidung werden zu lassen, die – in dieser Situation – nicht mehr abgelegt werden kann.«[26] Die »heikle Sexualisierung der Macht«[27], mit

Links und Mitte: Man Ray (1890–1976), Zwei auf einer Doppelseite gezeigte Fotografien aus: *Man Ray Photographies 1920–1934*

Rechts: Man Ray, *Anatomie*, um 1930

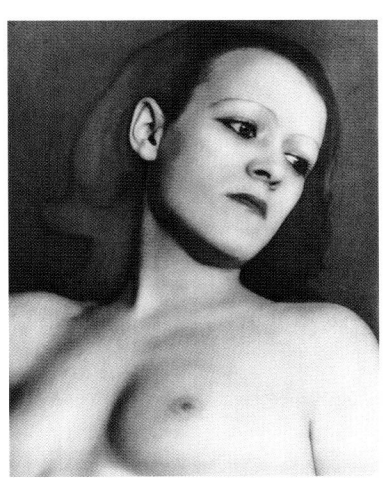
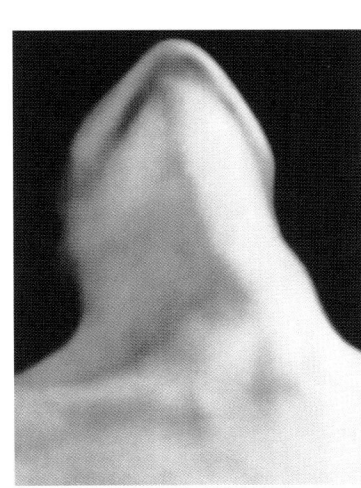
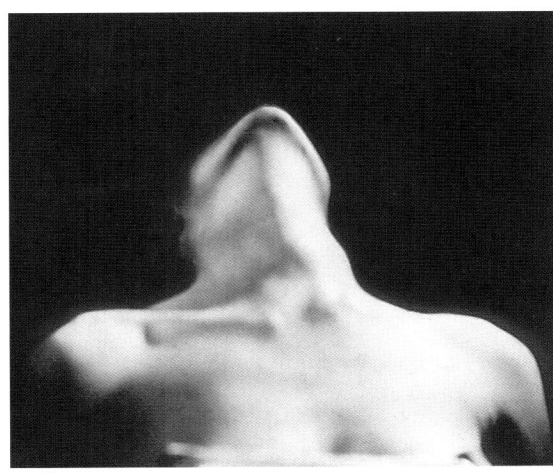

der Newton kokettiert, ist in ihrer politischen Dimension erschreckend: »Zu den ›Big Nudes‹ inspirierte mich 1980 eine deutsche Zeitschrift mit ihrem Artikel über die Spezialeinheit der Polizei, die mit der Terroristenverfolgung, in erster Linie der Jagd auf die Baader-Meinhof-Bande, beauftragt war. In den Diensträumen dieser Anti-Terror-Einheit hingen Fahndungsfotos, die die Verdächtigen vom Scheitel bis zur Sohle und in Lebensgröße zeigten. Bevor sie zu den ›Big Nudes‹ wurde, trug diese Akt-Serie lange Zeit den Arbeitstitel ›The Terrorists‹.«[28]

Ganz offensichtlich paaren sich unbewusst gehaltene Ängste vor der ›phallischen Frau‹ mit der Furcht vor politischem Terror. Im Sinne einer »Tyrannei der Intimität«.[29] beim Verfall und Ende des öffentlichen Lebens in jüngster Zeit verschiebt Newton das Politische ins Private. Nicht von ungefähr verdinglicht der Fotograf deshalb den Frauenkörper im Bild (macht ihn wie einen Verbrecher ›dingfest‹) und benutzt »ihn als Projektionsfläche für Überlegenheits- und Gewaltfantasien«[30]. Aufschlussreich ist in diesem Zusammenhang, wie Helmut Newton *Lisa Lyon in ihrem Studio* (Abb. S. 54 unten links) 1981, parallel zu Mapplethorpes Zyklus, festhielt: als Corpus Christi, an einer Fitnessstange wie am Kreuz hängend. Es herrscht bitterer Ernst im kalten Krieg der Geschlechter seit den achtziger Jahren. »Der Kampf um den ›Phallus‹ ist kein Kampf um Macht und Vorherrschaft, sondern der Kampf um Macht und Vorherrschaft dient umgekehrt vielmehr dazu, in den Besitz des ›Phallus‹ zu gelangen. Wenn ›Phallus haben‹ einerseits bedeutet, im Besitze des vollständigen Geschlechts zu sein, dieser Besitz andererseits Macht und Autorität verleiht, so werden Macht und Autorität ihrerseits wiederum lesbar als Zeichen der (scheinhaften) Vollständigkeit.«[31]

Deutet sich in dem im neuen Jahrtausend entstandenen Bild *Sister* (Abb. S. 54 unten rechts) von Greg Gorman eine zukunftsweisende Vollständigkeit an? Zwei wohlgeformte Frauenkörper – männlich wie weiblich wirkend – verweigern sich in ihrer sinnlichen Präsenz vordergründig sexueller Vereinnahmung. Die erotische Wärme, gepaart mit phallischer Kraft, gelangt zu neuer Harmonie. Oder ist es erneut die altbekannte Idee der Androgynie? Der Fotograf fügt schöne, starke Frauen, deren Nacktheit wie selbstverständlich erscheint, zu einem Wesen zusammen. Aus dem nicht gezeigten Geschlecht erwachsen postmoderne Amazonen ohne von Männern oder Frauen zu begehrendem Unterleib. »Gekämpft wird in erster Linie und primär um das ›ideale Geschlecht‹ selbst, das heißt um den Schein der ›phallischen Vollständigkeit‹. (...) Der Gewinn liegt (...) in der erfolgreichen Verleugnung des Mangels, welche die Tatsache des Geschlechts für das menschliche Subjekt bedeutet, in der Beruhigung, welche diese Verleugnung gewährt.«[32]

Ist der Wunsch nach Vollständigkeit überhaupt in Bildern solitärer Nacktheit erfüllbar? Oder ist diese Art der Darstellung »Symptomträger eines Begehrens, das – ich kann es nur paradox formulieren – das Begehren ist, das Begehren zu vermeiden und mit ihm den Anderen, den differentiellen, mit dem Mangel behafteten Anderen.«[33] Als menschliche Alternative bliebe uns die Erfahrung der eigenen Lebendigkeit im realen Geschlechtsakt, die Begegnung mit dem Anderen in der körperlichen wie seelischen Erfüllung der Liebe. Eine Utopie?

Oben links: Helmut Newton (geb. 1920),
Kristen McMenamy, Monte Carlo 1995

Oben rechts: Helmut Newton,
Big Nude I, Paris 1980

Unten links: Helmut Newton,
Lisa Lyon in ihrem Studio, Venice/Kalifornien
1981

Unten rechts: Greg Gorman (geb. 1949),
Sister, 2001

1 Vgl. Margaret Walters, *Der männliche Akt. Ideal und Verdrängung in der europäischen Kunstgeschichte*, Wien 1986³.

2 Detlef Hoffmann, Der nackte Mensch. Zur aktuellen Diskussion über ein altes Thema. In: *Kritische Berichte. Zeitschrift für Kunst- und Kulturwissenschaften*, 17. Jg., Nr. 3, Marburg 1989 (S. 5–28), S. 5.

3 Ebenda, S. 18.

4 John Berger, *Sehen. Das Bild der Welt in der Bilderwelt*, Reinbek bei Hamburg 1974, S. 51.

5 Vgl. Jürgen Habermas, *Strukturwandel der Öffentlichkeit. Untersuchungen zu einer Kategorie der bürgerlichen Gesellschaft*, Neuwied, Berlin 1962⁵.

6 Vgl. Hans Christian Adam, *Die erotische Daguerreotypie – eine mediengeschichtliche Bestandsaufnahme*, Prag 1998.

7 Vgl. Roland Barthes, *Die helle Kammer. Bemerkungen zur Photographie*, Frankfurt am Main 1985, S. 36: »Das punctum einer Photographie, das ist jenes Zufällige an ihr, das mich besticht (mich aber auch verwundet, trifft).«

8 Edmund White, Freiheit – Sonne – Körper. Die Mittler der Leidenschaft. In: *Herbert List. Die Monographie*, Max Scheler mit Matthias Harder (Hg.), München 2000

9 Vgl. Fritz Kempe, Meister mit der Kamera. Über Willy Zielke und sein Werk, in: *Fotomagazin*, 28. Jg., Nr. 12, München 1976, S. 64–67.

10 Vgl. Viktoria Schmidt-Linsenhoff, ›Körperseele‹, Freilichtakt und Neue Sinnlichkeit. Kulturgeschichtliche Aspekte der Aktfotografie in der Weimarer Republik. In: *Fotogeschichte. Beiträge zur Geschichte und Ästhetik der Fotografie*, 1. Jg., Nr. 1, Frankfurt am Main 1981, S. 41–59.

11 Monika Gsell, *Die Bedeutung der Baubo. Kulturgeschichtliche Studien zur Repräsentation des weiblichen Genitales*, Frankfurt am Main 2001, S. 224.

12 Ebenda, S. 258.

13 Volkhard Knigge, Die Nackten: das Nackte: der Akt. Psychoanalytische Bemerkungen über Imaginäre und Symbolisches am Nackten. In: *Kritische Berichte. Zeitschrift für Kunst- und Kulturwissenschaften*, 17. Jg., Nr. 3, Marburg 1989 (S. 100–114), S. 109.

14 Ebenda, S. 108.

15 Ebenda, S. 109.

16 Ebenda, S. 110.

17 Gsell (wie Anm. 11), S. 145, Hervorhebung im Original.

18 Bruce Chatwin, Auge und Körper. In: Robert Mapplethorpe, *Lady Lisa Lyon*, München 1983 (S. 11–15), S. 13, Hervorhebung im Original.

19 Ebenda, S. 15.

20 Silvia Eiblmayr, Modelle der Weiblichkeit: Zur ›semiologischen Reduktion‹ in den Bildern von Helmut Newton. In: *Kairos. Mitteilungen des Österreichischen Fotoarchivs*, 3. Jg., Nr. 3/4, Wien 1988 (S. 60–66), S. 61.

21 Adrienne Braun (Abdruck *Stuttgarter Zeitung*), in: *Emma*, Jan./Feb. 2001, S. 33.

22 Eiblmayr (wie Anm. 20), S. 62f.

23 François Marquet, Helmut Newton. In: Helmut Newton, *Work*, Köln 2000 (S. 17–21), S. 19.

24 Gsell (wie Anm. 11), S. 225.

25 Eiblmayr (wie Anm. 20), S. 63.

26 Berger (wie Anm. 4), S. 51.

27 Braun (wie Anm. 21), S. 33.

28 Helmut Newton, Big Nudes. In: Newton, *Work* (wie Anm. 23), S. 182.

29 Vgl. Richard Sennett, *Verfall und Ende des öffentlichen Lebens. Die Tyrannei der Intimität*, Frankfurt am Main 1991.

30 Braun (wie Anm. 21), S. 33.

31 Gsell (wie Anm. 11), S. 225.

32 Ebenda, S. 225.

33 Knigge (wie Anm. 13), S. 111.

Geschlechter

Mechthild Fend

Mann, Frau usw.
Visuelle Inszenierungen von
Körper und Geschlecht

»Müssen Frauen nackt sein, um ins Metropolitan Museum zu kommen?« fragte 1989 die Künstlerinnen-Gruppe Guerilla Girls auf einem Poster (Abb. S. 58). Zu sehen ist darauf neben den Worten ein berühmter weiblicher Akt: Ingres' *Große Oda-liske* von 1814. An Stelle des Kopfes der Liegenden jedoch ist eine Gorillamaske montiert, das Markenzeichen, mit dem die Gruppe in Museen und Galerien auftritt, wenn sie gegen die geringe Präsenz von Künstlerinnen – insbesondere schwarzen Künstlerinnen – in diesen Institutionen interveniert.

Die Maske gewährleistet die Anonymität der Aktivistinnen und spielt neben dem Gleichklang von Guerilla und Gorilla mit den Zuschreibungen des ›Primitiven‹ und ›Animalischen‹ an Frauen und Schwarze.[1] Im Fall der Montage auf Ingres' Rückenakt führen die Guerilla Girls damit zudem genau die Aspekte einer triebhaften Körperlichkeit ins Bild zurück, die aus einer idealisierenden Aktmalerei verdrängt werden. Der Ausschluss von Fleischlichkeit, Vergänglichkeit und explizit visualisierter Sexualität erlaubt es erst, eine strenge Grenze zwischen ›nackt‹ und ›Akt‹, wie letztlich zwischen legalisierten Darstellungsformen des Körpers und Pornografie zu ziehen.[2]

Mit einem für die Gruppe charakteristischen Medium, dem Plakat, kritisieren die Guerilla Girls, dass nur 5% der Künstler in der Abteilung Moderne Kunst des New Yorker Museums Frauen sind, hingegen 85% der Akte weiblich. Sie konstatierten damit ein Missverhältnis, auf das auch die feministische Kunstwissenschaft seit den siebziger Jahren aufmerksam gemacht hat, nämlich die Ausschlussmechanismen gegenüber Künstlerinnen in Kunstinstitutionen bei gleichzeitigem Übergewicht von weiblichen Akten. Diese für die Malerei und Skulptur der Moderne getroffene Beobachtung ist für die so genannte angewandte Kunst sicherlich zu modifizieren, vor allem sind hier einzelne Medien zu differenzieren. Für die Fotografie jedenfalls und insbesondere ihren Einsatz in der populären Bilderwelt von Magazinen, Werbeplakaten etc. kann – mit Einschränkungen, von denen später die Rede sein soll – bis heute ein offensichtliches Überangebot nackter, häufig sexualisierter weiblicher Körper konstatiert werden.

Auch wenn das inflationäre Auftreten weiblicher Akte durch die Ankaufs- und Ausstellungspolitik von Museen sicher noch verstärkt wird, lässt sich feststellen, dass die Menge weiblicher Akte entsprechende Repräsentationen des männlichen Körpers um ein Vielfaches übersteigt, so dass die Bezeichnung ›Akt‹ im Verlauf des 19. Jahrhunderts fast zum Synonym für die Darstellung ausschließlich des unbekleideten weiblichen Körpers geworden ist.[3] Das war durchaus nicht immer so. In der klassischen Antike etwa war Nacktheit zunächst auf die Darstellung des männlichen Körpers beschränkt. In der griechischen Skulptur des 6. Jahrhunderts v. Chr. gab es keine weiblichen Akte, und auch im 5. Jahrhundert blieben sie selten.[4] In einer Kultur, in der Beziehungen zwischen Männern, die Erotik und Sexualität einschlossen, nicht nur anerkannt waren, sondern, wie etwa aus Platons *Symposion* hervorgeht, als eine höhere Form der Liebe galten, war der männliche Akt privilegierter Repräsentant von Göttlichkeit, idealer Menschlichkeit *und* begehrenswerter Körperlichkeit

Guerilla Girls, *Do women have to be naked to get into the Met(ropolitan) Museum?*, Postkarte, USA 1989

58

(Abb. S. 59 links). Akzeptiertes Objekt erotischen Begehrens war allerdings nur der Knabe, denn den gesellschaftlichen Konventionen entsprach lediglich die zeitlich begrenzte Beziehung eines älteren, sozial höher gestellten, aktiven Partners zu einem jüngeren Geliebten.[5]

Mit der Aktmalerei der Neuzeit, für die Tizians Venusdarstellungen wichtige Wegbereiter waren, wird der weibliche Körper zum Ort von Sinnlichkeit und Erotik.[6] Besonders das Sujet des Schlafs in der Natur wird meist durch weibliche Beispiele repräsentiert – ausgehend von Giorgiones *Schlafender Venus* in Dresden (um 1508-10). Zu den spektakulären Ausnahmen gehört Girodets *Der Schlaf des Endymion* von 1792 (Abb. S. 60). Diesem Motivkreis entspringt die kleine liegende *Quellnymphe* aus Alabaster, die mit dem aufgestützten Kopf in einer seit der Antike tradierten Geste des Schlafs gezeigt ist (Abb. oben rechts). Vor der Nymphe ist ein Krug platziert, der jedoch mehr als nur Attribut des im Wasser lebenden Naturwesens ist. Das hinter dem Gefäß verlaufende Gewand scheint wie Wasser aus dessen Öffnung zu fließen. Die Najade ergreift das Tuch, wie um eine symbolische Verknüpfung von Wasser und Nymphe – oder allgemeiner, von Frau und Natur – herzustellen. Metaphorisch ist das feuchte Element seit der Antike mit Sexualität und Weiblichkeit verbunden. Dadurch aber lässt sich die Geste, mit der die Alabaster-Nymphe das Tuch vor ihre Scham hält, sehr ambivalent lesen: als Bedecken in der Art einer *Venus Pudica* wie als indirekte Sexualisierung. Denn über das fließende Gewand wird die Öffnung der Schale mit dem Geschlecht verknüpft. Das Beispiel zeigt, dass die Grenze zwischen Kunst und Pornografie weniger durch den Unterschied im Bildinhalt denn den Grad der Symbolisierung gezogen wird. Schlafende sind Blicken wehrlos ausgeliefert, und die Darstellungen von Schlummernden betonen diesen passiven Status des Betrachtetwerdens, der in den dominanten Blickkonstruktionen der neuzeitlichen Kultur ein weiblicher ist, während die Position des Betrachters männlich besetzt ist.[7] Die Inszenierungen sind auf einen implizit männlichen Betrachter hin angelegt, der selbst

Torso eines Knaben, Parischer Marmor, Höhe 73 cm, Griechenland, 4. Jh. v. Chr., MKG

Quellnymphe, Alabaster, Süddeutschland, um 1540/50, MKG

im Bild unsichtbar bleibt. Als schauendes und triebhaftes Subjekt ins Bild gesetzt ist der Mann dagegen in dem Motiv von Nymphe und Satyr, wo eine hinter Büschen oder einem Tuch verborgen Schlafende von dem bocksfüßigen Wesen entdeckt wird. Zumeist handelt es sich um voyeuristische Inszenierungen – mit denen im Übrigen auch Girodet in seinem erwähnten Endymion spielt –, bei denen der weibliche Körper auf eine Weise entblößt ist, die dem Betrachter vor dem Bild die Position des heimlichen Beobachter suggeriert.

Zu dieser Motivik gehört auch die als *Schlummer der Schäferin* bezeichnete Gruppe der Höchster Porzellanmanufaktur, die einem Stich nach Vorlagen Bouchers folgt (Abb. rechts). Wie die meisten Rokoko-Pastoralen zeigt auch diese Szene ein fiktives und bewusst artifizielles Bild des Hirtenlebens. Die Schlafende ist nicht ganz, sondern nur an einem Busen und den Unterschenkeln entblößt, was die Nacktheit der zu dieser Zeit üblicherweise von Kleidung bedeckten, gerade dadurch aber sexualisierten, Körperteile betont. Dabei ist die Geste, mit der der Schäfer zur Ruhe mahnt, nicht nur als innerbildliche Mahnung zu verstehen, den Schlaf zu achten, sondern auch als Aufforderung an den Betrachter, sich auf den Sehsinn zu konzentrieren, sich allein der Schaulust hinzugeben, die hier auf den entblößten Busen fokussiert wird. Zugleich spielt die Komposition mit der expliziten und verschlüsselten Darstellung des Erotischen. Wie in vielen Pastoralen der Zeit ist ins Dekolleté der Schäferin eine Rose gesteckt. Damit ist symbolisch auf die Liebesgöttin Venus verwie-

Anne-Louis Girodet de Roussy-Trioson (1767–1824), *Der Schlaf des Endymion*, Öl auf Leinwand, 198 x 261 cm, 1793, Paris, Musée du Louvre

Der Schlummer der Schäferin, Porzellan,
Höhe 22 cm, Höchst, um 1760/65, MKG

sen und mit dem Doppelsinn des französischen Wortes ›bouton‹ gespielt, das Rosenknospe wie Brustwarze bedeuten kann.[8]

Ins Zentrum gerückt ist der weibliche Körper ebenfalls in einer um 1900 aufgenommenen Fotografie Heinrich Zilles (Abb. S. 62), die den Fokus durch die Rückenansicht dreier zeichnender Männer hindurch auf das frontal posierende weibliche Modell richtet, wodurch das betrachtende Auge in Identifikation mit den Schauenden im Bild in eine privilegierte männliche Blickposition gerückt wird.

Mit den vorangegangenen Bemerkungen zur weiblichen Nacktheit soll nicht behauptet werden, der männliche Akt sei aus der europäischen Bildkultur seit der Renaissance verschwunden. Ihm kommt vielmehr ein anderer Status zu als dem weiblichen, und er besetzt zumeist einen anderen Ort. Während weibliche Akte in der Regel für private Räume geschaffen wurden, beherrschten männliche Akte, wie etwa der berühmte *David* (1501–04) von Michelangelo, den öffentlichen Raum.[9] Als nackte Idealgestalt repräsentiert David, dessen muskulöser Körper Potenz und Handlungsfähigkeit signalisiert, die vermeintlich universellen Werte eines mündigen Republikanertums zu einer Zeit als das Wahlrecht ausschließlich Männern – und unter ihnen auch nur der privilegierten Gruppe zünftig organisierter Handwerker – vorbehalten war.[10]

Als universell betrachtete auch die Anatomie den männlichen Körper, er galt ihr als vollkommene und kanonische Form des Menschen. Das entsprechende, bis ins 18. Jahrhundert vorherrschende Modell der Geschlechterdifferenz, das in einer einflussreichen Version des antiken Arztes Galen tradiert wurde, geht von einem einheitlichen Menschentypus aus, bei dem die Geschlechtsorgane der Frau lediglich die nach innen gestülpten des Mannes sind. Die Frau wird dabei als eine auf Grund geringerer Hitze nicht voll ausgebildete Version des Mannes betrachtet.[11] Seit dem 18. Jahrhundert dagegen erklärte die Medizin Mann und Frau regelrecht zu verschiedenen Spezies und die vergleichende Anatomie macht die Differenzen nicht mehr nur an den Zeugungsorganen, sondern im gesamten Körper fest.[12]

Entsprechend dem älteren Modell der Geschlechterdifferenz, das den männlichen Körper kanonisiert, lehrten auch die Kunstakademien, die staatlichen Institutionen zur Künstlerausbildung, die von Italien ausgehend seit dem 16. Jahrhundert überall in Europa eingerichtet wurden, die Aktdarstellung allein am Modell des männlichen Körpers. Dabei stellte das Studium des lebenden Modells den Kulminationspunkt der künstlerischen Ausbildung dar. Es war den fortgeschrittenen Schülern vorbehalten, die sich zuvor im Zeichnen nach Grafiken und Gemälden berühmter Künstler sowie nach Antiken geübt hatten.[13] Über Jahrhunderte hinweg wurde der Blick auf den nackten Körper geprägt durch das Studium eines Kanons (weiblicher wie männlicher) antiker Skulpturen, die in den Akademien in Form von Gipsabgüssen zur Verfügung standen. Zuweilen diente die Pose der Antiken auch als Grundlage für Muskelfiguren und Illustrationen in anatomischen Atlanten. Geradezu schulbuchartige Zeugen eines akademisch geprägten Aktstudiums, bei dem auch die visuelle Konstruktion männlicher und weiblicher Körper eingeübt wurde, sind die Mitte des 19. Jahrhunderts entstandenen Zeichnungen von Julius D. Brauer. Vorbild einer dieser zum Teil in der Gipssammlung der Hamburger Patriotischen Gesellschaft entstandenen Studien (Abb. S. 63 unten rechts) ist ein Abguss des *Borghesischen Fechters*, so genannt nach der Sammlung Borghese in Rom, wo die Skulptur sich befand, bevor sie unter der Herrschaft Napoleons nach Paris gebracht wurde, um im Louvre präsentiert zu werden. Schon bald nach der Entdeckung der Skulptur zu Beginn des 17. Jahrhunderts zirkulierten in Europa zahlreiche Varianten in Gestalt von Gipsabgüssen und Bronzen. Der französische Chirurg Jean-Baptiste Salvage fertigte nach dem *Borghesischen Fechter* sogar eine Muskelfigur, die seit 1811 für den Unterricht

Gegenüberliegende Seite, oben links: Julius D. Brauer (tätig um 1850), *Liegender weiblicher Akt* (nach lebendem Modell [?] in der Pose der *Odaliske* von Ingres), Bleistift und Tusche auf Bütten, 1853, MKG

Oben rechts: Julius D. Brauer, *Männlicher Rückenakt* (nach lebendem Modell), Bleistift und Tusche auf Papier, MKG

Unten links: Sog. Meister der gesuchten Bewegung, *Tanzender Satyr*, Bronze, Höhe 9,5 cm, Italien, 3. Viertel 16. Jh., MKG

Unten rechts: Julius D. Brauer, *Akt* (nach einem Gipsabguss des sog. Fechters Borghese), Bleistift und Tusche auf Papier, dat. 1851, MKG

Die Motive sind typisch für eine akademische Zeichenausbildung im 19. Jahrhundert. Einige der Zeichnungen geben die Accessoires einer Aktklasse (Stäbe, Tücher, Holzkisten) wieder. Brauer scheint sie nach lebenden Modellen angefertigt zu haben, die Posen antiker Statuen oder berühmter Gemälde einnehmen.

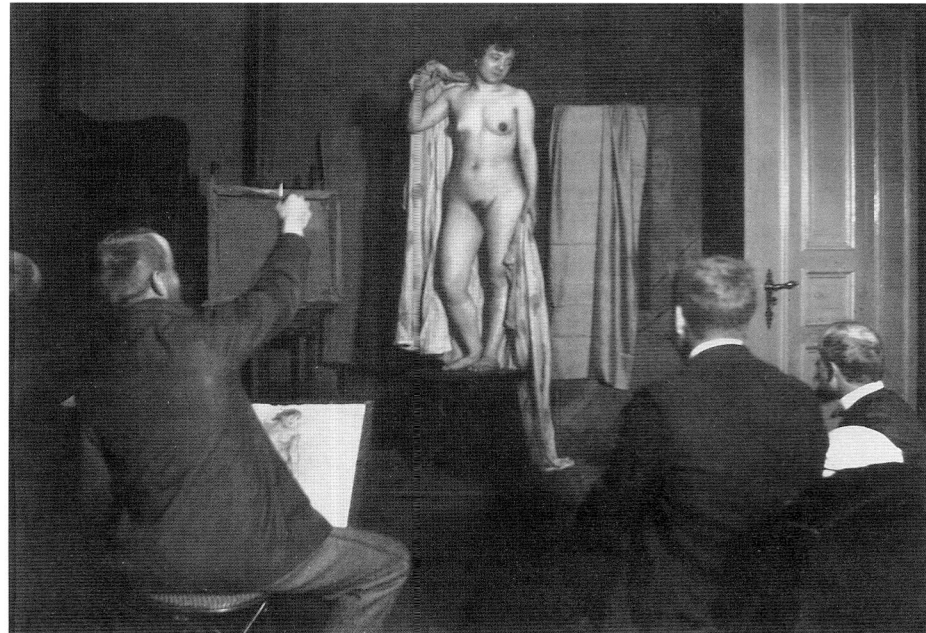

Heinrich Zille (1858–1929), *Im Atelier*, Fotografie, 1900, MKG

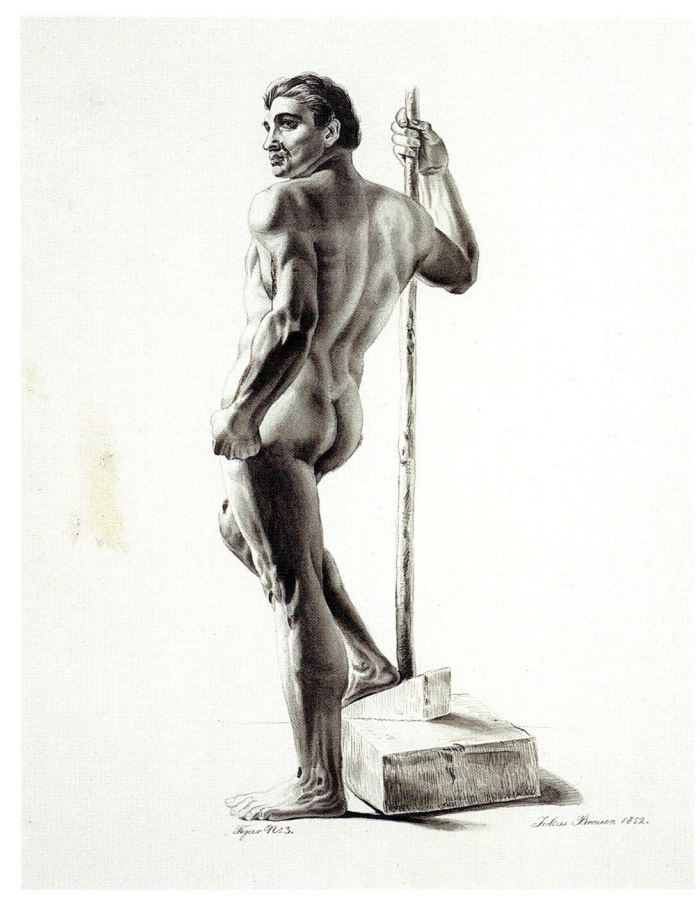

64

Julius D. Brauer (tätig um 1850), *Venus Medici*
(nach Gipsabguss), Bleistift und Tusche auf Bütten,
1853/54, MKG

an der Pariser École des Beaux-Arts verwendet wurde.[14] Nach Muskelfiguren, die nach der französischen Bezeichnung auch ›Écorché‹ (wörtl. Geschundener, Gehäuteter) genannt wurden, studierten Künstler die Anatomie des Bewegungsapparates. Besonders im Florenz des 16. Jahrhunderts demonstrierten Maler und Bildhauer ihre durch entsprechende Studien erworbenen Kenntnisse. Muskeln und Sehnen sind dabei zuweilen so überdeutlich ›herauspräpariert‹, dass, wie bei einer italienischen Kleinbronze des Museums für Kunst und Gewerbe, dem *Tanzenden Satyr* (Abb. S. 63 unten links), in der Schwebe bleibt, ob ein hautloser Muskelmann oder ein muskulöser Mann gezeigt ist. Noch bei Brauers 300 Jahre später entstandener Zeichnung nach dem *Borghesischen Fechter* ist die Muskulatur so prägnant ausgearbeitet, dass von einer Erfahrung mit entsprechenden anatomischen Lehrmitteln ausgegangen werden kann. Solche Studien, bei der anatomisches Wissen und das Vorbild der Antike auf Engste verflochten waren, prägten die Sicht auf den Körper. Der Blick auf das lebende Modell, das die Natur repräsentierte, war also keinesfalls unvoreingenommen, sondern fiel bereits durch das Raster idealer Entwürfe des menschlichen Körpers. So hebt Brauer in einem nach dem lebenden männlichen Modell gezeichneten Rückenakt die Muskulatur durch den modellierenden Einsatz von Licht und Schatten hervor, wobei die Demonstration anatomischen Wissens mit der Konstruktion eines betont maskulinen Körper einhergeht (Abb. S. 63 oben rechts). Diese Körperlichkeit konnte, im narrativen Kontext von Skulpturen oder Historiengemälden eingesetzt, semantisch aufgeladen werden zum Zeichen von Handlungsfähigkeit, Kämpfertum etc. Der männliche Körper stellte also den offiziellen Körper dar. Die enge Verflechtung der Institution mit dem Bild des männlichen Körpers wird in dem französischen Wort ›académie‹ deutlich, das die Körperschaft wie die Aktstudie bezeichnet. Das Studium des Frauenkörpers blieb bis ins 19. Jahrhundert auf die privaten Ateliers der Künstler beschränkt, erst dann wurden (an der englischen Akademie bereits im 18. Jahrhundert) in den staatlichen Ausbildungsstätten weibliche Modelle eingeführt.[15] Zuvor mussten die Akademiestudenten also für die Darstellung von Frauen auf die männliche Anatomie oder auf Vorbilder aus der Kunst, insbesondere die Gipsabgüsse von klassischen Antiken, zurückgreifen. Das Ergebnis dieser Praxis ist, dass weibliche Akte stärker von der Anatomie abstrahierten und weniger über die plastische Struktur der Muskeln, denn über die Umrisslinie definiert waren. Weibliche Écorchés sind nicht bekannt, auch nicht aus der Zeit, als die Medizin seit dem ausgehenden 18. Jahrhundert stärker zwischen männlichem und weiblichem Körper unterschied und Anatomiebücher Skelett und Muskelaufbau der Frau visualisierten.[16] Die institutionellen Bedingungen der Kunstproduktion förderten also die Herstellung von geschlechtlich differenzierten Körpern, was sich noch auf die Sichtweise des lebenden Modells auswirkte. So zeigt auch der weibliche Rückenakt von Julius Brauer nicht mehr Merkmale eines lebendigen Körpers als seine Wiedergabe der *Venus Medici* (Abb. S. 63 oben links und S. 64). Dass es sich um eine Studie nach dem Modell handelt, wird vor allem durch die Holzkästen deutlich, auf dem die Liegende inszeniert ist, ein übliches Hilfsmittel für Posierung und Stützung des Modells, das hier wie ein Realitätseffekt eingesetzt ist. Brauers *Liegende* nimmt seitenverkehrt eine sehr ähnliche Haltung ein wie jene *Odaliske* von Ingres, die auch die Guerilla Girls für ihr Poster verwendet haben, posiert also bereits als ein *Bild* von Weib-

lichkeit und zeigt im Übrigen die stark idealisierende Darstellungsweise dieses Rückenaktes.

Wenngleich die Akademien bis ins 19. Jahrhundert die pointierte Ausarbeitung männlicher und weiblicher Körperformen einübten, gibt es in der bildenden Kunst zahlreiche Beispiele für den spielerischen Umgang mit diesem Repräsentationskanon. So entstehen während des Manierismus neben Figuren, bei denen ausgeprägte Muskeln als Zeichen von Maskulinität eingesetzt sind, Bilder, die einem androgynen Körperideal folgen, wie die Skulpturen Giambolognas. Bei seinen als spiegelverkehrte Pendants gearbeiteten Kleinplastiken *Astronomia* und *Apollo* beschränken sich die Unterschiede zwischen der weiblichen und der männlichen Figur auf die primären und sekundären Geschlechtsmerkmale, wobei viel deutlicher die gleichermaßen eleganten Körperformen ins Augen springen.[17]

In der heutigen visuellen Kultur ist das Bild der Geschlechter noch offensichtlicher in Bewegung geraten. Seitdem auch der Mann in den neunziger Jahren verstärkt als potentieller Konsument von Kosmetikprodukten oder modischer Unterwäsche entdeckt wurde, ist erotisch inszenierte Nacktheit in der Werbung kein weibliches Privileg mehr. Und Androgynie gehört mittlerweile fast selbstverständlich zum Repertoire modischer Körperstile. Dagegen lotet Oliviero Toscani mit einem Plakat für den Bekleidungskonzern Benetton bewusst die Grenzen der Akzeptanz aus (Abb. oben links). Er zeigt einen Zwitter und damit ein Wesen, das in der nachaufklärerischen Geschlechterordnung ebensowenig einen Ort hat wie in der gängigen Aktfotografie und sich somit

Oliviero Toscani (geb. 1942), *Dominic*, Kampagne für das italienische Modehaus Benetton, Offset, 42 x 29,7 cm, 1995, MKG

Werbung für einen Berliner Fitnessclub, Berlin 2001

am Rande des öffentlich Sichtbaren bewegt. Zwar gab es insbesondere in der Antike Darstellungen des Hermaphroditen als mythischem doppelgeschlechtlichen Wesen, doch bezieht sich Toscani mit der Pose des Modells weder auf diese Tradition noch auf medizinische Visualisierungen von Zwittern, für die seit dem 19. Jahrhundert das Medium der Fotografie verwendet wurde. Das Plakat macht den in Zeiten der Bilderflut schwierigen Versuch, Aufmerksamkeit durch etwas noch nicht Gesehenes zu erregen. Es zeigt einen aufrecht stehenden, zarten Körper, der wohl eher einer Frau zugeordnet würde, wäre da nicht jenes Glied in den Mittelpunkt gerückt, das gemeinhin als das Distinktionsmerkmal der Männlichkeit gilt. Die Figur repräsentiert das Singuläre innerhalb einer Massenkultur und steht somit für das Besondere im Uniformen, das auch Käuferinnen und Käufern von maschinell in großer Stückzahl gefertigten Produkten versprochen wird. Laut Toscanis eigener Aussage verweist der Hermaphrodit auf eine (scheinbar ganz ohne soziale Konflikte sich vollziehende) Einheit der Geschlechter, die er der Vereinigung der Rassen vergleicht und auf die ›United Colors of Benetton‹ bezieht.[18] Bilder heterosexueller Paare sind mit solchen Utopien von einer Aufhebung der Geschlechterdifferenz auch im Zeitalter der Reproduktionstechnologie keineswegs obsolet geworden. Selbst dort nicht, wo – wie in der Werbung für einen Berliner Fitnessclub – suggeriert wird, die Erzeugung des Menschen erfolge heutzutage nicht mehr durch sexuelle Fortpflanzung, sondern durch Bodybuilding (Abb. S. 66 rechts). Das großformatige Plakat präsentiert ein unbekleidetes Paar, wobei Mann und Frau vor allem durch den unterschiedlichen Muskelbau sowie die geschlechtstypischen Frisuren charakterisiert sind. Die so genannten primären Geschlechtsmerkmale hingegen sind von einem Schambalken bedeckt, auf dem ein Spruch aus der Genesis steht, der auf die göttliche Schöpfung verweist und das Paar – wohl unfreiwillig – wie eine Karikatur auf ältere Darstellungen von Adam und Eva erscheinen lässt. Wo die (Selbst)Formierung des Menschen in die Hand von Sportgeräten gelegt wird, muss offensichtlich wieder der Verweis auf das erste Menschenpaar der Bibel herhalten, um die vermeintliche Naturgegebenheit der Geschlechterdifferenz zu begründen.

1 Vgl. Rebecca Schneider, *The Explicit Body of Performance*, London und New York 1997, S. 1f.; sowie Bettina Uppenkamp, Körper als politisches Terrain. Cindy Sherman im Rückblick auf die feministische Kunst der siebziger Jahre. In: *Im Blickfeld. Jahrbuch der Hamburger Kunsthalle*, 3,1998 (S. 121–136), S. 133f.; und *The Guerilla Girls (whoever they really are): Confessions of the Guerilla Girls*, New York 1995.

2 So unterscheiden klassische Kommentatoren des Aktes wie Kenneth Clark streng zwischen ›naked‹ und ›nude‹, ›nackt‹ und ›Akt‹. Siehe Kenneth Clark, *Das Nackte in der Kunst*, Köln 1958 (engl. 1953), vor allem S. 3. Vgl. zu einer Kritik an dieser ideologischen Grenzziehung vor allem Lynda Nead, *The Female Nude. Art, Obscenity and Sexuality*, London/New York 1992, S. 12–25, und neuerdings Abigail Solomon-Godeau, Gender, Genre und der fotografische Akt. In: *Image/images. Positionen zur zeitgenössischen Fotografie*, hg. von Johanna Hofleitner, Ruth E. Maurer, Tamara Horakova, Wien 2001. Wie Solomon-Godeau schreibt, lässt sich die Kategorie ›Akt‹ durch das definieren, was sie ausschließt, und verrät als solche einiges über die Ängste, die den Körper umgeben.

   Mit Pornografie ist hier Lynn Hunt folgend die »Abbildung von Geschlechtsteilen oder sexuellen Praktiken (…), die darauf zielen, sexuelle Stimulation zu erzeugen« gemeint. Auch wenn es Darstellungen von Geschlechtsteilen wohl in allen Kulturen gibt und gegeben hat, ist die »Pornographie im Sinne einer juristischen und ästhetischen Kategorie eine Erfindung des Westens«. Es handelt sich um eine Kategorie, die im Wesentlichen über ihr Verbot definiert ist. Lynn Hunt (Hg.), *Die Erfindung der Pornographie. Obszönität und die Ursprünge der Moderne*, Frankfurt am Main 1994, S. 7f.

3 Siehe Solomon-Godeau (wie Anm. 2) und ihre Studie *Male Trouble. A Crisis in Representation*, London 1997.

4 Clark (wie Anm. 2), S. 71f.

5 Vgl. David M. Halperin, *One Hundred Years of Homosexuality and other Essays on Greek Love*, New York 1990, S. 15–40.

6 Daniela Hammer-Tugendhat, Erotik und Geschlechterdifferenz. Aspekte zur Aktmalerei Tizians. In: Daniela Erlach, Markus Reitleitner, Karl Vocelka (Hg.): *Privatisierung der Triebe. Sexualität in der frühen Neuzeit*, Frankfurt am Main 1994, S. 367–446, hier bes. S. 388.

7 Der einschlägige Text zu diesem Thema ist trotz mittlerweile vorgenommener Differenzierungen nach wie vor Laura Mulveys, Visuelle Lust und narratives Kino. In: Liliane Weissberg (Hg.), *Weiblichkeit als Maskerade*, Frankfurt am Main 1994, S. 48–65 (engl. 1975).

8 Siehe zu sexuellen Anspielungen in den Gemälden Bouchers und Fragonards Mary D. Sheriff, *Fragonard. Art and Eroticism*, Chicago und London 1990, vor allem Kap. 3.

9 Sigrid Schade und Silke Wenk, Inszenierung des Sehens: Kunst, Geschichte und Geschlechterdifferenz. In: Hadumod Bußmann, Renate Hof (Hg.): *Genus. Zur Geschlechterdifferenz in den Kulturwissenschaften*, Stuttgart 1995, S. 340–407, hier vor allem S. 383. Die einschlägige Überblicksstudie zum männlichen Akt ist nach wie vor Margaret Walters, *Der männliche Akt. Ideal und Verdrängung in der Kunstgeschichte*, Berlin 1979. Siehe außerdem Marianne Koos und Mechthild Fend, Das ›vollkommene Geschlecht‹ im Wandel. Zur Repräsentation von Männlichkeit in der Kunst. In: *Forschung Frankfurt. Wissenschaftsmagazin der Goethe-Universität Frankfurt am Main*, Heft 4, 2000, S. 67–77.

10 Als »Modell des aufmerksamen Republikaners« und »Symbol des mündigen Bürgers« interpretiert Franz-Joachim Verspohl Michelangelos *David* in seinem Aufsatz ›Der Platz als politisches Gesamtkunstwerk‹. In: Werner Busch (Hg.) *Funkkolleg Kunst. Eine Geschichte der Kunst im Wandel ihrer Funktionen*, München und Zürich 1987, S. 365–391, hier S. 382 und 385.

11 Thomas Laqueur, *Auf den Leib geschrieben. Die Inszenierung der Geschlechter von der Antike bis Freud*, Frankfurt am Main/New York 1992 (engl. 1990).

12 Vgl. Claudia Honegger, *Die Ordnung der Geschlechter. Die Wissenschaften vom Menschen und das Weib*, Frankfurt am Main/New York 1991.

13 Vgl. Carl Goldstein, *Teaching Art. Academies and Schools from Vasari to Albers*, Cambridge 1996, vor allem das Kapitel ›Life Drawing‹, S. 159–185.

14 Siehe zu dem *Gladiateur Borghèse en écorché* von 1804 den Ausstellungskatalog *D'après l'Antique*, hg. von Jean-Pierre Cuzin u.a., Musée du Louvre, Paris 2000, Kat.Nr. 198. Der Chirurg war auch der Verfasser des mit 22 Tafeln illustrierten anatomischen Atlas *Anatomie du Gladiateur combattant applicable aux Beaux-Arts*, der 1812 in Paris erschien. Siehe ebenda Kat.Nr. 199 und den Ausst.Kat. *Spectacular Bodies. The Art and Science of the Human Body from Leonardo to Now*, hg. von Martin Kemp und Marina Wallace, Hayward Gallery, London 2000, S. 89 und Kat.Nr. 266.

15 Vgl. Goldstein (wie Anm. 13), S. 163ff., und Renate Berger, *Malerinnen auf dem Weg ins 20. Jahrhundert. Kunstgeschichte als Sozialgeschichte*, Köln 1982, S. 140.

16 Siehe zu den ersten Darstellungen eines weiblichen Skeletts Londa Schiebinger, Skeletons in the Closet: The First Illustrations of the Female Skeleton in Eighteenth-Century Anatomy. In: *Representations* 14, 1986, S. 42–82.

17 Vgl. mit zahlreichen weiteren Beispielen Karin Orchard, *Annäherungen der Geschlechter Androgynie in der Kunst des Cinquecento*, Münster 1992 (= Diss. Hamburg 1988), zu Giambologna S. 43–46.

18 »You don't choose your own sex. But it happens, at times, that people feel of a different gender from the one which Nature gave them. They then find themselves with both feminine and masculine genders. That's how the beginning of unity occurs, the unification of genders after that of races. That's where the relationship with the United Colors of Benetton has its origins.« So Oliviero Toscani laut Benetton-Webside http://www.benetton.com/wws/aboutyou/ucdo/index.html, last accessed 04.10.01.

Weiblichkeit

Carlos Obergruber-Boerner

Verfügbarkeit und Verweigerung

Bildtypen des weiblichen Akts

Siehe, meine Freundin, du bist schön!
Siehe, schön bist du!
Deine Augen sind wie Taubenaugen
zwischen deinen Zöpfen.
Dein Haar ist wie eine Herde Ziegen,
die gelagert sind am Berge Gilead herab.

Das Hohelied 4.1

Das vierte Kapitel des Hohenliedes Salomos beschreibt die ›Vorzüge der Freundin‹, die Schönheit der Geliebten. Der Autor der poetischen und offenherzigen Schilderung weiblicher Schönheit verbindet ideale Aspekte, z. B. sanfte Augen und zarte Brüste, mit charakteristischen Merkmalen der Freundin, etwa ihrer sonnengebräunten Haut. Wie in allen Darstellungen von Schönheit begegnen sich Wunschbild und Wirklichkeit, Idealisierung und individueller Geschmack. Dabei wird nirgends von der Nacktheit der Geliebten gesprochen. Sie erscheint uns aber deshalb als Akt, weil Salomo sie aus der intimen Kenntnis ihres Körpers darstellt. Das Aktbild einer schönen Frau im Kontext der Bibel ist zunächst ebenso überraschend wie der Umstand, dass die hier beschriebene Freundin gelegentlich mit Maria gleichgesetzt wurde.[1] Tatsächlich enthält die Beschreibung bereits alle Komponenten, die wir im Folgenden als Elemente des weiblichen Akts feststellen werden: den kultischen Ursprung, die Idealisierung und die Individualisierung.

Die frühesten Darstellungen nackter Frauen stammen aus prähistorischer Zeit und scheinen Kultgegenstände gewesen zu sein.[2] Noch ein persisches Idol aus dem 1. Jahrtausend v. Chr. zeigt, wie bei solchen Bildern auf die Betonung bestimmter Körperpartien Wert gelegt wurde (Abb. rechts). Unterleib und Oberschenkel sind kräftig hervorgehoben, Kopf, Arme und Brüste dagegen stilisierend vereinfacht. Nicht Schönheit und Sinnlichkeit des weiblichen Körpers sind in den Vordergrund gestellt, sondern seine Fähigkeit, Leben zu gebären. Der nackte Körper der Frau – vielmehr Teile davon – beschreiben als Symbol das Mysterium der Existenz.

Der Wandel vom Idol zum Abbild der sterblichen Frau vollzieht sich erst später in der griechischen Kunst. Hier ist der weibliche Akt zunächst auf Medien beschränkt, die in die nicht öffentlichen Bereiche des Lebens gehörten, z. B. bemalte Tongefäße oder metallene Bestandteile von Gebrauchsgegenständen. Außerdem konzentrierten sich Aktdarstellungen auf wenige Themenkreise. So wurden mythologische Wesen – wie Najaden und Nereiden, die im Wasser lebenden Naturgottheiten – nackt abgebildet. Ebenso konnten Hetären, die gebildeten Gesellschafterinnen, und auch einfache Prostituierte entblößt dargestellt werden.

In der Öffentlichkeit der griechischen Gesellschaft spielte der männliche Akt eine wichtige ideologische und ästhetische Rolle, der weibliche war dagegen weitgehend tabuisiert.[3] Dementsprechend waren weibliche Kultbilder zunächst stets bekleidet, bis der Bildhauer Praxiteles im 4. Jahrhundert v. Chr. für die Stadt Knidos ein Bildnis der Göttin Aphrodite schuf, das einen Skandal hervorrief. Die in zahlreichen Repliken erhaltene *Aphrodite von Knidos* zeigte die Liebesgöttin erstmals ganz nackt (Abb. S. 71 links). Pilgerströme begannen nach Knidos zu ziehen. Reiseberichte und Gedichte priesen die vollkommene Schönheit der Figur. Die Legende vom Schicksal eines Jünglings entstand, der sich in das Bildnis verliebt, sich nachts im Tempel einsperren lässt und mit der ›Knidia‹ Unzucht treibt.[4]

Praxiteles zeigt die Göttin nach ihrem Bad. Während sie mit einer Hand nach dem Badetuch greift, hält sie die andere vor ihre Scham. Das neben ihr stehende Gefäß und auch das Tuch sind zunächst für die Stabilität eines so großen Bildwerks wichtig, weisen aber zugleich in die Situation ein. Der gleichmütige Blick Aphrodites deutet darauf hin, dass sie sich unbeobachtet oder

Weibliches Idol, Ton, Nordpersien (?), 1. Jt. v. Chr., MKG

ungestört fühlt. Gerade dieser Gleichmut, diese Distanziertheit laden den Betrachter dazu ein, sich ohne Scheu in den Anblick ihrer Schönheit zu versenken. Die Haltung von Schultern, Hüften und Knien versetzt den Körper in sanften Schwung. Unterleib und Oberschenkel sind füllig betont. Kopf und Füße erscheinen im Vergleich klein, ebenso der mädchenhafte Busen.[5] Die Rückansicht offenbart, dass dem üppigen Gesäß besondere Aufmerksamkeit gewidmet wurde (Abb. unten rechts). Eindeutig ist es als erotische Attraktion behandelt. Man vermutet, dass antike Berichte, nach denen sich Männer gegen ein Entgeld an die Rückseite der Statue haben führen lassen, deren tatsächliche Aufstellung in einem Rundtempel spiegeln.[6] Diese Allansichtigkeit der Figur vertieft die Illusion totaler Verfügbarkeit. Zugleich ist der erotischen Phantasie des Betrachters eine entscheidende Grenze gezogen: Die marmorne Schöne besitzt keinen anatomisch korrekt wiedergegebenen Schambereich. Eine glatte und zarte, gleichwohl hermetisch verschlossene Fläche ersetzt die Vulva und macht damit deutlich, dass wir es mit einem Gegenstand des Begehrens aus der Distanz zu tun haben.

Diese Negation der Scham im weiblichen Akt ist fast bis in die Gegenwart als Konvention verbindlich geblieben. Sie ist als Verachtung oder Furcht vor dem Geschlecht der Frau gedeutet worden. Dies trifft zumindest für die *Aphrodite von Knidos* nicht zu. Bei ihr handelt es sich eher um die Darstellung der erotischen Strategie: Verlockung und Verweigerung. Etwa so, wie der Dichter Aristophanes seiner Lysistrata in den Mund legt: »Denn sitzen wir im Hause frisch geschminkt, streichen entlang an ihnen im Hemdchen, halb nackt, schön glattgerupft das Dreieck, und ihnen wird heiß, den Männern, und sie wollen ... Wir aber lassen uns auf gar nichts ein, sondern: Abstand gewahrt! So werden sie in Eile Frieden schließen, glaubt es mir!«[7]

Aphrodite, sog. Aphrodite Braschi, römische Kopie nach der *Knidischen Aphrodite* des Praxiteles von ca. 340 v. Chr., Vorder- und Rückansicht, München, Glyptothek
Das Kultbild der Liebesgöttin, von Praxiteles für die Stadt Knidos geschaffen, war die erste völlig unbekleidete Großplastik einer weiblichen Gestalt.

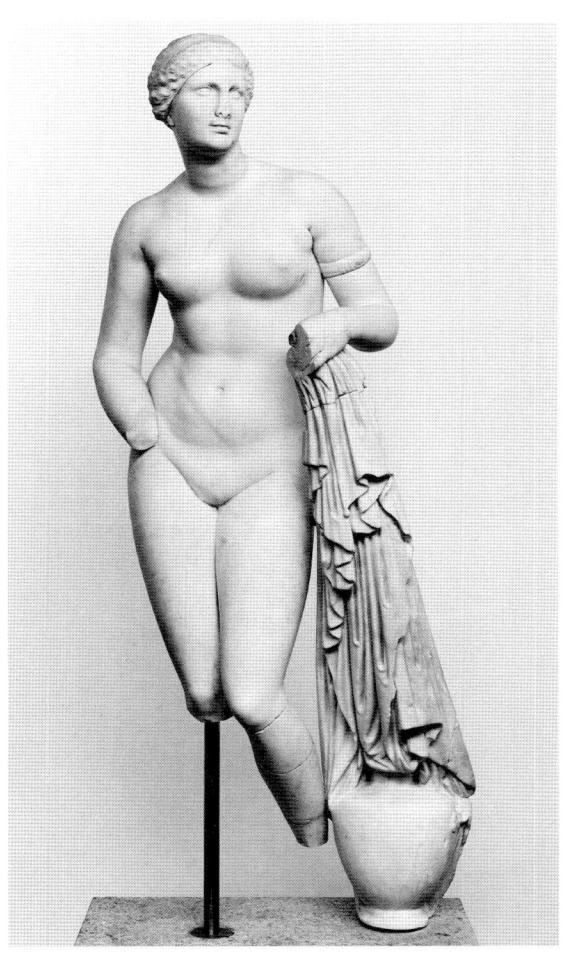
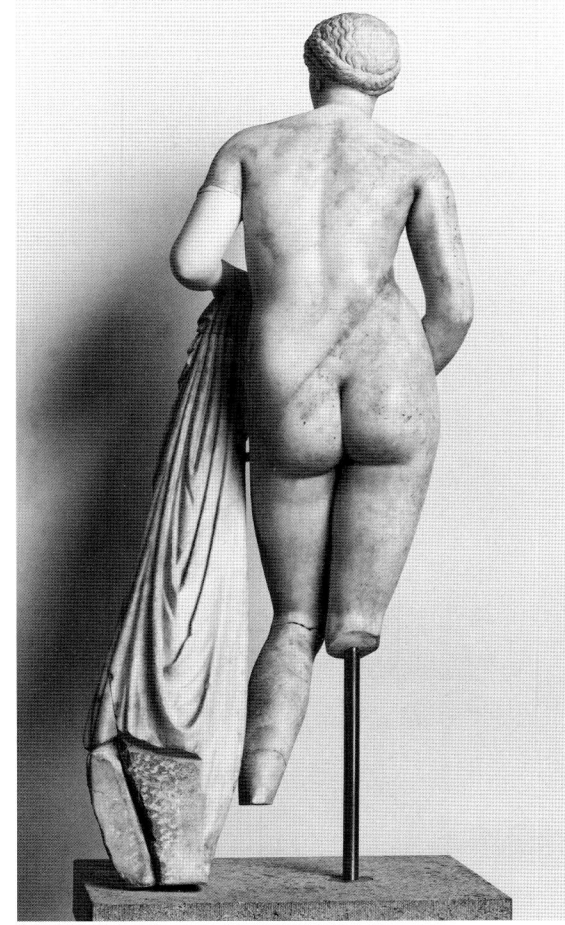

Sandro Botticelli (1445–1510; Werkstatt),
Venus, Öl auf Leinwand, 158 x 68,5 cm,
um 1486/88, Staatliche Museen zu Berlin
Preußischer Kulturbesitz, Gemäldegalerie
Die *Venus* ist eine Wiederholung der Haupt-
figur aus Botticellis Gemälde *Geburt der
Venus* von 1484, das sich heute in den
Uffizien, Florenz, befindet.

Michel Anguier (1612–1686), *Amphitrite*, Vorder- und Rückansicht, Bronze, Höhe 56,6 cm, MKG

Die Wiedergabe und Dämonisierung der Vulva ist ein in der romanischen Bauplastik verbreitetes Phänomen. Berthold Hinz hat dargelegt, dass es Bildnisse der Göttin Aphrodite waren, die in der christlichen Tradition zum Symbol der Wollust wurden.[8] Das christliche Mittelalter ist keineswegs arm an Bildnissen des weiblichen Akts. Besonders Darstellungen des ersten Menschenpaares, Adam und Eva, und des Sündenfalls boten dazu Gelegenheit. Aber auch allegorische Gestalten und sogar christliche Tugenden konnten – besonders in Italien – als nackte Frauen dargestellt werden. Hier jedoch soll der Körpertypus, den wir mit der *Aphrodite von Knidos* kennen gelernt haben, direkt in die Renaissance verfolgt werden.

Mit dem Gemälde *Geburt der Venus* hat Sandro Botticelli die berühmteste neuzeitliche Darstellung der Liebesgöttin geschaffen. Aus seiner Werkstatt stammt eine von insgesamt drei Wiederholungen der zentralen Venusfigur (Abb. links). Botticelli orientierte sich mit seiner Bilderfindung am antiken Typus der *Venus Pudica*, der schamhaften Venus, die mit beiden Händen Brust und Scham zu verbergen sucht.[9] Der Körpertyp ist dabei der gleiche wie jener der ›Knidia‹: üppige Hüften und Schenkel, kleine Brüste und schmale Füße. Das lange blonde Haar entspricht dagegen dem Geschmack des 15. Jahrhunderts. In Florenz trugen es die Frauen in kunstvoll durchflochtenen, mit Hauben und Tüchern bedeckten Frisuren. Aus einer solchen Frisur scheint das Haar der Venus noch nicht ganz gelöst. Es ist nicht nur der intime Moment eingefangen,

Franz Joseph Ignaz Holzinger (1691–1775),
Venus Anadyomene mit Amor, Marmor, Länge
79,2 cm, um 1720–30, MKG

Christoph Gottfried Jüchtzer (1752–1812),
Die Drei Grazien, Biskuitporzellan, Höhe
42 cm, Meißen, um 1785, MKG

in dem eine Frau ihre Frisur aufbindet, sondern auch der Versuch, sich mit den Strähnen zu bedecken. Dieses Motiv ist keusch und sinnlich zugleich. Die Verhüllung entzieht zwar den Intimbereich dem zudringlichen Blick, regt aber auch die Phantasie des Betrachters an. Denn nachdem die Scham sorgfältig von Haaren befreit worden ist, wird sie nun wiederum von Locken bedeckt.[10] Die Phantasie – so das Kalkül des Künstlers – ergänzt keine glatte, hermetisch verschlossene Fläche, sondern die Wirklichkeit.

Großformatige Darstellungen des weiblichen Akts waren im 15. Jahrhundert jedoch keine Selbstverständlichkeit. In der Öffentlichkeit wurden sie kaum geduldet. In Florenz fielen in den letzten Jahren des Quattrocento auch zahllose privat verwahrte Bildnisse den ›Verbrennungen der Eitelkeiten‹ zum Opfer, die der fanatische Bußprediger Girolamo Savonarola ins Werk gesetzt hatte.[11] Kleinformatige Bildwerke, in Italien häufig Bronzen, nördlich der Alpen bevorzugt aus verschiedenen Hölzern, erfreuten sich besonders im 16. und 17. Jahrhundert großer Beliebtheit. Immer wieder griff man dabei auf den großen Schatz mythologischer Überlieferungen zurück oder entwickelte aus diesen neue Themen.

Eine Bronze des französischen Künstlers Michel Anguier aus dem dritten Viertel des 17. Jahrhunderts zeigt die Nymphe Amphitrite (Abb. S. 73). Auf Amphitrite, eine Tochter der Meeresgottheit Nereus, weist der Delphin hin, auf dessen Maul sie einen Fuß gesetzt hat. Die etwas achtlose Geste soll vielleicht darauf anspielen, dass erst ein wortgewandter Delphin die schöne Nereide dazu bewegen konnte, den Meergott Poseidon zu heiraten. Auch der Hummer in ihrer erhobenen linken Hand deutet ihren Rang als Göttin des Meeres und seiner Wesen an.[12] Anguier hat die Fülle der Körpermitte noch gesteigert. Wie Martin Raumschüssel anführt, erzeugt die Komposition aus eng am Körper gehaltenen Armen und bis zu den Knien geschlossenen Beinen einen flächigen, auf frontale Ansicht abzielenden Eindruck.[13] In der Rückansicht wird jedoch auch die erotische Inszenierung des Gesäßes erkennbar. Das herabgesunkene Tuch gibt für den Betrachter einen entsprechenden Ausschnitt vor (Abb. S. 73 rechts).

Kleinbronzen gehörten zum Sammlungsfeld aristokratischer und großbürgerlicher Kunstkenner, die neben den ästhetischen und dekorativen Qualitäten der Objekte vor allem den Anreiz zur Vergegenwärtigung mythologischer oder historischer Zusammenhänge schätzten. Die Figur der Amphitrite gelangte 1699 in den Besitz des sächsischen Kurfürsten August des Starken.[14]

Aus einem ähnlichen Zusammenhang stammt eine Venus des österreichischen Bildhauers Franz Joseph Ignaz Holzinger (Abb. links oben).[15] Holzinger verbindet zwei beliebte Bildtypen miteinander: die aus dem mythologischen Kontext weitgehend befreite *Ruhende Venus*, meist als Idealbild weiblicher Schönheit gedacht, und die *Venus Anadyomene*, die Schaumgeborene. Diese stellt die mythische Geburt der Aphrodite aus dem Schaum des Meeres und den Wellen vor der Insel Kythera dar. Die rau bearbeiteten Marmorpartien, Haare, Gewänder und Wellen sind im fließenden Übergang gestaltet, so dass der Moment, in dem die Wellen Aphrodite an Land tragen, ebenso gemeint ist wie der Anblick einer sich zwischen zerwühltem Bettzeug räkelnden Schönheit. Der seine Mutter kosende Liebesgott Amor und der unterhalb der Büste geschnürte und mit Rosengirlanden behängte Gürtel weisen dagegen eindeutig auf Venus hin. Die helle und duftige Zartheit ihres Körpers ist durch den Gegen-

Richard Luksch (1872–1936), *Zwei weibliche Figuren*, für das Palais Stoclet, Brüssel, Fayence, ca. 205 cm, 1907, MKG

satz polierter und gerauter Partien raffiniert gesteigert. Details, wie die elegante Haltung der Arme, die grazil bewegten Finger und Zehen, kündigen das neue höfische Ideal verspielter Gestik im 18. Jahrhundert an. Als attraktiv wird aber offenbar nach wie vor der weiche und üppige Leib empfunden. Bis zum Ende des Jahrhunderts begegnet man dem aus der Antike tradierten Ideal, belebt wohl auch durch den neu der Antike zugewandten Geschmack des Klassizismus.

Neben den Bildnissen der Liebesgöttin selbst boten vor allem Darstellungen ihrer Begleiterinnen, der *Drei Grazien,* Gelegenheit, den weiblichen Akt zu inszenieren (Abb. S. 74 unten). Seit Hesiod (Theogonie, 907–909; 945–946) werden die Grazien (griech. Chariten) als Aspekte der Schönheit interpretiert, was sich in ihren Namen – Aglaia (die Strahlende), Euphrosyne (die Freude) und Thalia (die Blühende) – wiederspiegelt.

Vorbild sind antike Gruppen, die dem Betrachter ermöglichen, auf einen Blick drei Perspektiven zu betrachten.[16] Dabei besteht der besondere Reiz gerade darin, dass nicht unterschiedliche Körpertypen kombiniert werden, sondern quasi ein Körper in drei Ansichten. Die bei der *Aphrodite von Knidos* für eine Steigerung des Genusses noch erforderliche geringe Mühe des Standortwechsels wird hier aufgehoben. Deutlich wird dadurch aber auch die Festlegung des weiblichen Akts auf einen passiven Typus, der seine einzige Berechtigung in der Verfügbarkeit für den Betrachter hat.

Erst der am Ende des 19. Jahrhunderts einsetzende künstlerische Wandel ermöglicht, auch für den weiblichen Akt andere Ausdrucksformen zu finden. Die
beiden von Richard Luksch 1907 entworfenen Figuren geben zwar immer noch
eine füllige Körpermitte wieder, betonen jedoch gelängte, stilisierte Formen
(Abb. S. 76). Der sinnliche Stimulus liegt nicht in der Passivität, sondern in bewusst gewählten Posen. Obwohl, wie Heinz Spielmann formulierte, beide Figuren ihre »Bindung an die Architektur verraten«, erinnert ihre asymmetrische
Gestik weniger an die Gleichförmigkeit von Bauplastik als vielmehr an das
freiplastische Etappenbild der drei Grazien.[17]

Erich Heckels nur wenige Jahre später entstandener Akt *Stehende mit aufgestütztem Kinn* distanziert sich noch weiter von der hier skizzierten Tradition
(Abb. unten links). Die Abwendung von europäischem und Hinwendung zu afri-
kanischem Formgefühl teilt sich in summarischer und kantiger Gestaltung mit.
Das als Schamgestus deutbare Überkreuzen der Beine und der damit verbundene Verzicht auf eine anatomische Beachtung der Vulva verrät aber auch die
europäische Überlieferung. Der Körper tritt hier jedoch in den Hintergrund. Die
Stützfunktion der Arme, die Größe des Kopfes und dessen porträthafte Züge
lenken die Aufmerksamkeit auf das Gesicht als den Sitz der Individualität.
Der besondere Reiz der Dargestellten liegt nicht in einem typisierten Körper,
sondern in dem ernsten, wachen und klugen Antlitz.[18]

Nach dem Ersten Weltkrieg zeigt auch der aus klassischer Tradition weiterentwickelte weibliche Akt einen größeren Abstand zum früheren Körperideal. Schon die Bezeichnung *Anmut* für eine Bronze von Fritz Klimsch aus dem
Jahr 1939 veranschaulicht die Absicht, den Körper als Ausdruck der Seelenlage zu begreifen (Abb. unten rechts).[19] Lediglich die Frisur scheint noch

Erich Heckel (1883–1970), *Stehende mit aufgestütztem Kinn*, Ahornholz, Höhe 141 cm,
1912, MKG

Fritz Klimsch (1870–1960), *Anmut*, Bronze,
Höhe 62,5 cm, 1939, Hamburg, Privatbesitz

klassisch inspiriert. Das flächig gestaltete Gesicht und die schlanken Gliedmaßen weichen jedoch davon ab. Der nachdenklich gesenkte Blick, das leicht geneigte Haupt und die verhaltene Gebärde der Arme wirken in sich gekehrt und entziehen die Dargestellte jeglicher sinnlichen Begehrlichkeit. Auch die hier nicht gezeigte Rückansicht verzichtet auf eine Überzeichnung weiblicher Formen.[20]

In dem Bestreben, gegenüber dem Sinnlichen das Geistige hervorzuheben, kann durchaus der Versuch gesehen werden, den weiblichen Akt gleichrangig neben die Tradition des männlichen Akts zu stellen. Der gegenständlich gebliebenen Kunst nach 1945 mag dies gelungen sein. Das Bild der entblößten Frau im Zeitalter der Massenmedien, zumal in der Werbung, scheint von dem Ziel einer Individualisierung oft weit entfernt. Die Wirklichkeit hat sich dabei dem Wunschbild unterzuordnen; die Verfügbarkeit lässt sich besser vermarkten als die Verweigerung.

1 Engelbert Kirschbaum (Hg.), *Lexikon der christlichen Ikonographie*, Bd. 2, S. 307f.

2 Evangelia Kelperi, *Die nackte Frau in der Kunst. Von der Antike bis zur Renaissance*, München 2000

3 Vgl. den Beitrag von Andreas Hoffmann, S. 79.

4 Berthold Hinz, *Aphrodite. Geschichte einer abendländischen Passion*, München 1998.

5 Diese Beschreibung nach der vollständiger erhaltenen *Aphrodite Colonna* in den Sammlungen des Vatikans.

6 Hinz (wie Anm. 4), S. 18.

7 Aristophanes, *Lysistrata*, Vers 149ff. (übersetzt von Wolfgang Schadewaldt), Frankfurt am Main 1964.

8 Hinz (wie Anm. 4), S.116ff.

9 *Faszination Venus*, Ausst.Kat. Köln 2000, S. 226f.

10 Zur Verhüllung als erotische Strategie vgl. den Beitrag von Michaela Völkel, S. 137.

11 Horst Bredekamp, Renaissancekultur als Hölle: Savonarolas Verbrennungen der Eitelkeiten. In: Martin Warnke (Hg.), *Bildersturm. Die Zerstörung des Kunstwerks*, 1977.

12 Vgl. zu dieser Figur: Volker Krahn (Hg.), *Von allen Seiten schön. Bronzen der Renaissance und des Barock*, Ausst.Kat. Berlin 1995, S. 568ff. Der Panzerkrebs in der Hand der Göttin ist, anders als dort beschrieben, keine Languste (diese besitzen keine Scheren).

13 Ebenda.

14 Ebenda.

15 *Die Bildwerke des 18. Jahrhunderts*, Kat. Museum für Kunst und Gewerbe Hamburg 1977, S. 22f.

16 Birgit Doering, *Pompeji an der Alster. Nachleben der Antike um 1800*, Ausst.Kat. Museum für Kunst und Gewerbe Hamburg 1995, S. 40f.

17 *Bildführer 3*, Museum für Kunst und Gewerbe Hamburg 1972, S. 336.

18 Heinz Spielmann in: *Jahrbuch der Hamburgischen Kunstsammlungen* 12, 1967, S. 222f.

19 Der hier gezeigte Guss aus Hamburger Privatbesitz stammt nach Aussage des Eigentümers aus dem Nachlass des Künstlers. Zu dem Model *Anmut* vgl. Hermann Braun, *Fritz Klimsch*, Köln 1991, S. 394.

20 In seinem späteren Werk hat Klimsch nicht immer darauf verzichtet, der Seelenlage pathetische Züge abzugewinnen. Dies ließ ihn auch nach 1933 Empfänger staatlicher Aufträge bleiben.

Männlichkeit

Andreas Hoffmann

**Vom Kraftprotz zum Lustobjekt
Idealbilder männlicher Nacktheit
im Wandel**

If the regalia of the male figure in Barney's performances was sportsmanlike and heroic, with swimming, baseball, rock-climbing and gymnastics merging into one activity, his female counterpart, played by Barney posing in a white robe, toque and 1950s swimsuit, seemed the epitome of nimbleness and grace.

Stuart Morgan[1]

Seit der Antike fungiert der Akt als Mittel, Idealbilder männlicher Anmut und Schönheit zu formulieren.[2] Doch worin bestehen diese Idealbilder genau? Wie sind männliche Anmut und Schönheit konkret zu definieren, und welche Geschlechterkonzeptionen liegen den im Akt thematisierten Idealbildern zugrunde?

In den meisten Gesellschaften werden mit jedem Lebensalter unterschiedliche Erwartungen und soziale Rollen verbunden. Das Lebensalter bildet ein wesentliches Kriterium zur Konstruktion sozialen Lebens. Gleichzeitig beeinflusst es auch die Konnotationen und die Konzeption männlicher Akte in der Kunst. Es liegt auf der Hand, dass sich nur bestimmte Altersgruppen eignen, die Schönheit des männlichen Körpers im Bild auszudrücken. Der Körper des Kindes, des jugendlichen Heranwachsenden und des Erwachsenen in der Blütezeit seiner Kräfte gehören dazu – wenngleich sich zeigen wird, dass die Grenzen zwischen diesen Altersgruppen in der Kunst ebenso fließend sind wie in der Realität.

Der männliche Akt und das Alter

Um den weichen Körper des Kleinkindes kreisen Vorstellungen wie Unschuld und Reinheit. Das in der Realität beobachtete Verhalten von Kleinkindern impliziert Heiterkeit und Sorglosgkeit. Leitgedanken wie diese sind in der Kunstgeschichte immer wieder mit der Darstellung nackter Kinder verbunden.

Bei den Eroten, die etwa in der pompejanischen Wandmalerei und ihren Nachklängen (Abb. unten) dargestellt werden, steht eine sehr ausgelassene kindliche Daseinsfreude im Vordergrund. Dies gilt auch für die in der italienischen Frührenaissance erfundenen Putti und die in der religiösen Malerei verwendeten Kinderengel. Sie betätigen sich als Bogenschützen, spielen als Allegorie des Sieges der Liebe über den Krieg mit Waffen oder entfalten ihre heitersorglose Welt in der Darstellung von Venusfesten. Ähnlich sorglos-heiter erscheinen auch Kleinkinder aus der dionysischen Sphäre. Darstellungen eines Tambourin schlagenden Putto der Renaissance oder eines barocken Bacchusknaben, der auf einem Weinfass sitzt und Trauben in eine Trinkschale auspresst, verbinden die kindliche mit einer dionysisch-heiteren Lebendigkeit (Abb. rechts).

Knaben im Kleinkinderalter können darüber hinaus den Darstellungen bestimmter Allegorien zugrunde liegen, die Anknüpfungspunkte zum Aussehen

Grotesken-Teppich, Wirkerei, Wolle und Seide, 348 x 534 cm, Brüssel, 2. Viertel 16. Jh., MKG

oder Wesen von Kleinkindern bieten. Dies gilt etwa für die Darstellung des Schlafes aus dem französischen Barock, wo der weiche, reine und unschuldige Kinderkörper (Abb. S. 82 unten) mit einem Haltungsschema verbunden wird, das seit der Antike immer wieder auch für schlafende Mänaden und Nymphen Anwendung fand, die – ahnungslos – von Satyrn betrachtet oder angefallen werden. Alter und Haltungsschema charakterisieren in gleicher Weise den Schlaf als Zustand der Unschuld und Sorglosigkeit. Bei der Personifikation des Ploutos-Knaben, der im frühen 4. Jahrhundert v. Chr. auf dem Arm der Friedensgöttin Eirene in einem Standbild auf der Athener Agora erscheint, symbolisiert der pummelige Kinderkörper den Reichtum und die Wohlgenährtheit, für die die Personifikation steht.

Ganz neue Aspekte bringt das Jesuskind in die Wahrnehmung des nackten Kinderkörpers hinein (Abb. S. 82 oben). In der christlichen Tradition hat seine Konzeption die Kindergestaltung bis ins 15. Jahrhundert hinein festgelegt. Lange Zeit das einzige kindliche Thema in der Kunst, fungiert es als Prototyp, als Urmotiv des Kindlichen. Wie seine antiken Vorläufer kann es kindlich-heitere Sorglosigkeit verkörpern, seine Nacktheit symbolisiert aber auch Unschuld, Reinheit und Wahrheit. Je nach Kontext und Intention können die Eigenschaften und körperlichen Eigenarten, die dazu führen, ein Bildthema mit Hilfe eines nackten Knaben im Kleinkindalter zu formulieren, demnach sehr unterschiedlich sein.

Ganz andere Konnotationen sind mit den Darstellungen junger heranwachsender und vollreifer nackter Männer verbunden. Das Ideal der Jugendlichkeit ist vielfach mit dem Schönheitsideal sehr eng verknüpft. Der jugendlich-athletische Körper an der Schwelle zum Erwachsenenalter, stärker kindlich oder fast schon erwachsen, findet sich in der gesamten Kunstgeschichte immer wieder als Mittel, das Ideal des schönen Mannes zu verkörpern. Je nach Zeitgeschmack, aber auch je nach Thema, Absicht und Kontext sind die Dargestellten mehr oder weniger muskulös. Ein Blick in die Kunstgeschichte zeigt die Zeitgebundenheit männlicher Identitätskonstruktion, die im nackten Mann verbildlicht wird.

Noch im Alten Ägypten beschränkt sich seine Abbildung auf körperliche Tätigkeiten, bei denen die Bekleidung hinderlich ist, oder auf die demütigende Entkleidung unterworfener Feinde. Im positiven Sinne begegnet man ihm im 9./8. Jahrhundert v. Chr. in Griechenland. In dieser Zeit werden vor allem Wagenlenker, Krieger und Kämpfer nackt dargestellt. Die Statuetten und Vasenbilder (Abb. S. 83 oben links) heben die Brust, das Gesäß und die Unterschenkelpartie der Männer hervor. Dabei handelt es sich gerade um die Elemente, die auch in den Epen Homers männliche Kraft symbolisieren. Nacktheit dient hier primär dazu, heroische und homerische Ideale zu visualisieren.[3] Auch die Darstellungen von jungen Männern, den ›Kouroi‹ (Abb. 83 oben rechts), die im 6. Jahrhundert v. Chr. als Grabstatuen und in den Heiligtümern gemeinsam mit ihren weiblichen Pendants, den ›Koren‹, als allgemeine Repräsentanten der städtischen Jugend fungieren – so wie sie auch bei den großen Götterfesten in den Heiligtümern auftraten –, haben eine ethische Komponente. Die Inschriften erwähnen den vorzeitigen Tod der Söhne, auf denen die Hoffnung der Familie gelegen hatte, als besonders beklagenswertes Schicksal. Sie rühmen die Tapferkeit, in Einzelfällen auch die Schönheit dieser Männer als die gesellschaftlichen Ideale dieser Zeit.

Hans Lambrecht II (Meister 1631–33), *Akeleipokal mit Bacchusknaben als Schaftfigur*, Silber, teilvergoldet, Höhe 77 cm, um 1631–33, MKG

81

Andrea della Robbia (1435–1525), *Madonna mit dem Kind*, glasierte Terracotta, Höhe 70 cm, um 1470/80, MKG

Jacobus van den Bogaert, gen. Jacques Desjardins (1671–1737), *Schlafendes Kind*, Marmor, Länge 58,5 cm, um 1700, MKG

Nur in den Athletenbildern hat die Nacktheit des Mannes einen realen Hintergrund: Im Jahr 720 v. Chr. ist der erste nackte Läufer bei den Olympischen Spielen belegt. In früheren Vasenbildern und in den homerischen Epen sind die Athleten noch bekleidet. Erst in der Bilderwelt der Spätarchaik spielt der nackte Körper eine bedeutende Rolle. Vor allem in Symposionsszenen und auf Athletendarstellungen bringen die Vasenbilder dieser Zeit das gesteigerte Körpergefühl ihrer Epoche mit kunstvollen Drehungen und Windungen der Figuren zum Ausdruck (Abb. S. 83 unten). Insbesondere die mit Polyklet verbundenen Skulpturen, darunter der *Doryphoros*, der Lanzenträger (Abb. S. 84 links), stellten Sieger in den athletischen Agonen von Olympia und anderen Heiligtümern dar. In einer ihm zugewiesenen kunsttheoretischen Schrift, dem

Das Ideal des aktiven und passiven Mannes

Kanon, hat er ein System von idealen Proportionen des Körpers beschrieben. Dieses sollte nicht nur ein Konstrukt ästhetischer Schönheit, sondern zugleich ein Leitbild der höchsten physischen und ethischen Werte darstellen.[4] Ähnliche Versuche, ideale Schönheit über geometrische Grundlagen zu definieren, liegen auch den Männerakten Leonardo da Vincis, Cesarinos oder Dürers zugrunde. Die meisten der genannten Männerakte transportieren, so sehr sie sich stilistisch auch unterscheiden mögen, das Idealbild eines aktiven, kräftigen und dynamischen Mannes – ein Ideal, das seit Alexander dem Großen auch in die Herrscherikonographie eingeflossen ist.

Es ist bezeichnend, dass der Bildhauer Praxiteles, der im 4. Jahrhundert Aphrodite zum ersten Mal in der griechischen Kunst nackt zeigt, die Göttin – beim Bade überrascht – in einer passiven Rolle charakterisiert und damit den begierigen Blicken des Betrachters bedingungslos ausliefert. Viele Akte in der Kunstgeschichte gründen sich auf diese künstlerisch manifestierte Antithese männlicher und weiblicher Rollencharakterisierung: Männliche Nacktheit bedeutet Aktivität, Dynamik und Macht, weibliche Nacktheit impliziert Passivität, Verletzbarkeit und damit Machtlosigkeit und Anonymität.

Die Antike hat die Konzeption männlicher Nacktheit in der Kunstgeschichte wesentlich beeinflusst. Donatellos Bronzestatue des *David* ist um 1440 entstanden (Abb. S. 84, 2. von links). Als erste frei stehende Rundplastik seit der Antike stellt sie den biblischen Helden erstmals nackt dar. Zuvor war David vor allem als vollbärtiger alter Mann mit Krone dargestellt worden. Donatello verwandelt ihn in einen jugendlichen griechischen Gott. Durch seine Attribute ist der fast knabenhafte König als Krieger bezeichnet. Wie sehr die Aussageabsicht und das Ideal männlicher Nacktheit sich gegenseitig beeinflussen, zeigt

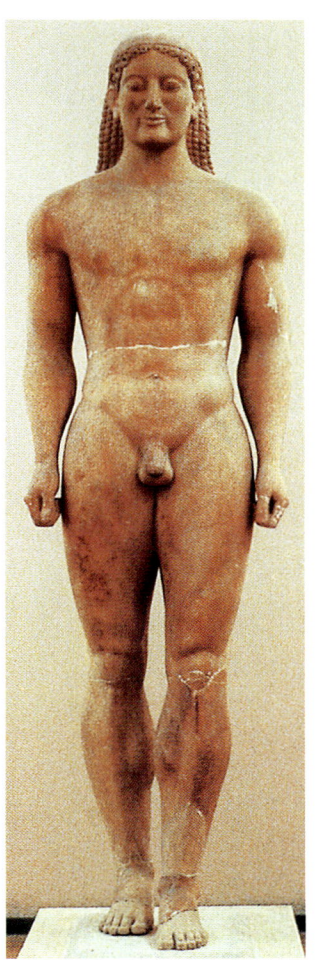

Krieger aus Olympia, Bronze, Höhe 23,3 cm, um 700 v. Chr., Olympia, Archäologisches Museum

Grab-Kouros des Kroisos aus Phinikia bei Anavissos, Marmor, Höhe 194 cm, Attika, um 530/20 v. Chr., Athen, Nationalmuseum

der 50 Jahre später entstandene *David* des Michelangelo (1501–04; Abb. S. 84, 2. von rechts): Er präsentiert ihn als großen, kraftvollen Mann und damit wie einen griechischen Heros – Symbol der Kraft und Stärke des Stadtstaates Florenz.

Antike Vorbilder liegen seit der Renaissance auch christlichen Aktthemen, wie der Erschaffung des Adam aus der Sixtinischen Kapelle, zugrunde. Sie orientiert sich an der Figur des so genannten Dionysos am Parthenongiebel. Bezüge zur antiken Kunst finden sich auch in den Skulpturen des Nazi-Künstlers Arno Breker (Abb. S. 84 rechts) sowie in den Fotos von Leni Riefenstahl, u.a. dem Foto eines Diskuswerfers in der Pose des *Diskobol* (vgl. Abb. S. 48 oben). Stets ist es das Ideal des aktiven Mannes, das im Vordergrund steht. Erst in der Kunst, Fotografie und Werbung der Gegenwart hat die Beschäftigung mit dem männlichen Akt zu einer kritischen Auseinandersetzung mit diesen althergebrachten Idealen, Stereotypen und Konventionen geführt. Erst hier werden wie im Werk Marsha Burns' Gegenbilder zum traditionellen männlichen Körperkonstrukt entworfen: Akte, die den Mann schwach und als Lustobjekt zeigen sollen (Abb. S. 85 links).

Sieht man von einigen Tendenzen in der Kunst der Gegenwart einmal ab, so scheint die Passivität des Mannes stets unfreiwillig oder auferlegt – als

Andokidesmaler, *Bauchamphora mit Ringkampfszene* (Ausschnitt), Ton, attisch-rotfigurig, Höhe 58,2 cm, um 525 v. Chr., Staatliche Museen zu Berlin Preußischer Kulturbesitz, Antikensammlung

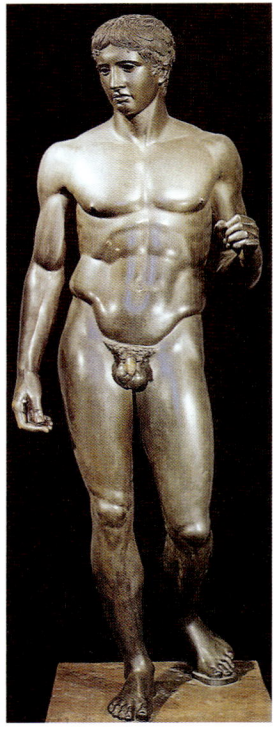

Gegenbild zur ›angeborenen‹ Passivität der Frau. Dies gilt für den gekreuzigten Christus ebenso wie für den Heiligen Sebastian, dessen erstes Martyrium in der Kunst der Renaissance zu einem beliebten Thema geworden ist. Beide können durchaus als attraktive Männer erscheinen.

Im antiken Griechenland hat die Institution der Päderastie, der Knabenliebe, den gesellschaftlichen Rahmen für die Konstruktion eines freiwilligen, passiven männlichen Rollenideals geschaffen.[5] Die frühesten Darstellungen homoerotischer Beziehungen zwischen einem Liebhaber (›Erastes‹) im Erwachsenenalter und einem Geliebten (›Eromenos‹) im Knabenalter gehören in die archaische Zeit Griechenlands, die meisten Vasenbilder wurden zwischen 570 und 470 v. Chr. hergestellt (Abb. S. 85 Mitte). Die Beziehung von Erastes und Eromenos stellt Typen für ein männliches Rollenverhalten zur Verfügung, die die heterosexuelle Beziehung mit einem aktiven Mann und einer passiven Frau nicht bieten kann.

Liebesverfolgungen gehören zu den wichtigsten Bildthemen der klassischen Vasenmalerei. Sie zeigen, wie ein Mann eine Frau ›jagt‹, die sich verzweifelt umwendet, davonläuft und die Hände abwehrend erhebt. Interpretiert werden diese Darstellungen als bildlicher Reflex ritueller Verfolgungen im Rahmen des Hochzeitsrituals.[6] Der Vergleich zu homosexuellen Liebesverfolgungen wie der Verfolgung des Ganymedes durch Zeus oder des Tithonos durch Eos (Abb. S. 85 rechts) ist deshalb so interessant, weil der Verfolgte hier in ähnlich abwehrenden, passiven Posen erscheint wie sonst die Frau.

Andere Vasenbilder zeigen umworbene Knaben im Liebesspiel mit dem Werbenden. Die passive sexuelle Rolle des Knaben ist in der Realität eindeutig auf ein bestimmtes Lebensalter beschränkt. In der Bilderwelt dagegen sind die Geliebten sehr unterschiedlich charakterisiert: teils knabenhaft kindlich, teils

Doryphoros, Bronzerekonstruktion der römischen Kopie nach Polyklet (Original um 440 v. Chr.), Höhe 199 cm, München, Universität

Donatello di Niccolò di Betto Bardi, gen. Donatello (1386/7–1466), *David*, Bronze, Höhe 158 cm, um 1440, Florenz, Museo Nazionale

Michelangelo Buonarroti (1475–1564), *David*, Marmor, Höhe (mit Basis) 434 cm, 1501–04, Florenz, Galleria dell'Accademia
Der über den Riesen Goliath triumphierende David wurde im Florenz der Renaissance als Verkörperung kommunaler Größe und Überlegenheit angesehen. Diese Staatsdoktrin fand nicht nur in der kolossalen Größe von Michelangelos Schöpfung ihren Ausdruck, sondern auch in der heroischen, an antikes Gedankengut anknüpfenden Nacktheit. Bis ins 19. Jahrhundert hinein überragte der David den Hauptplatz der Stadt, um erst dann in den Schutz eines Museums verbracht zu werden.

Arno Breker (1900–1991), *Bereitschaft*, Modell für eine nicht ausgeführte Monumentalstatue, Höhe ca. 200 cm, 1939

recht erwachsen viril mit beträchtlichem Muskelbau. Von ihrem Liebhaber unterscheiden sie sich allenfalls durch die fehlende Bärtigkeit.

Ein passives männliches Rollenideal liegt auch den beiden Figuren des Praxiteles zugrunde: dem fast knabenhaft wirkenden angelehnten und dem einschenkenden Satyr, der aus einer hoch erhobenen Kanne Wein in eine Trinkschale gießt (Kopie, zweites Viertel 4. Jahrhundert). Beide Figuren heben die private gesellschaftliche Atmosphäre des Symposion mit aufwartenden Knaben in eine mythische Sphäre und ähneln Ganymedes, der als Schönster der Sterblichen in den Olymp entführt wurde, um Zeus als Mundschenk zu dienen. Durch die Verjüngung hat Praxiteles eine ganz neue Satyrrolle geschaffen: Die dionysischen Mischwesen sind nicht mehr ein halbmythisches Paradigma für den Erastes, sondern für den Eromenos.[7] Dies bedeutet allerdings nicht, dass aktive Männerakte nicht auch auf den männlichen Betrachter attraktiv wirken können. Ganz deutlich zeigt das die Tatsache, dass der *Doryphoros* des Polyklet durch einen Kopf des Antinoos, des Lieblings von Kaiser Hadrian, zu einer Porträtfigur umgestaltet worden ist.

In der Zeit um 1770, als der Neoklassizismus das Rokoko ablöste, hob Johann Joachim Winckelmann, der führende Theoretiker der neuen Bewegung, die Bedeutung einer idealen Schönheit hervor. Er glaubte sie in der Kunst der Antike und in der Raffaels zu finden. Winckelmann bezog sich auf die androgynen Qualitäten der griechischen Skulptur und beschrieb den Charme des *Apollon von Belvedere* mit den Worten »Edle Einfalt, stille Größe« – ein Ideal männlicher Schönheit, das viele neoklassizistische Nachklänge fand.

In den Moderne hatte der männliche Akt einen sehr schweren Stand. Weibliche Akte waren zu einem zentralen Thema der bildenden Künste des 19. und 20. Jahrhunderts geworden. An Bedeutung haben sie das Aristokratenporträt und die religiösen Themen früherer Epochen abgelöst. Dagegen wurde der nackte Mann (immerhin das große Thema der klassischen Skulptur) in der Malerei des 19. Jahrhunderts buchstäblich ignoriert, von Kreuzigungsdarstellungen, historischen oder mythologischen Szenen einmal abgesehen. Zu den wenigen Ausnahmen dieser Regel gehören Géricaults *Floß der Medusa* (1819) oder Gustave Courbets *Ringer* (1853). Viele im 19. Jahrhundert entstandenen Männerakte wurden erst im 20. Jahrhundert gezeigt (Renoirs verstörend androgyner *Junge mit Katze* von 1868/69 ist ein gutes Beispiel dafür).

Männliche Akte blieben auch im 20. Jahrhundert selten und waren häufig – in der Zeit vor den 1960er Jahren meist noch verdeckt, dann offener, wie im Werk von Francis Bacon, David Hockney und in den Fotografien Robert Mapplethorpes – homosexuell motiviert. Wohl nicht zufällig haben sich die Malerei des frühen 20. Jahrhunderts und die frühe Fotografie, wenn sie den männlichen Akt thematisierten, der Hilfestellung durch eine ins Antike gewendete Szenerie mit

Marsha Burns (geb. 1945), *Mann mit Zigarette*, Fotografie, Seattle (USA), 1980er Jahre

Phrynosmaler, *Bauchamphora mit Liebeswerbung* (Ausschnitt), Ton, attisch-schwarzfigurig, Höhe 35,8 cm, um 550 v. Chr., Würzburg, Martin von Wagner Museum der Universität

Penthesileamaler, *Schale mit Verfolgung des Tithonos durch Eos* (Ausschnitt), Ton, attisch-rotfigurig, Durchmesser 38 cm, um 460 v. Chr., London, Britsh Museum

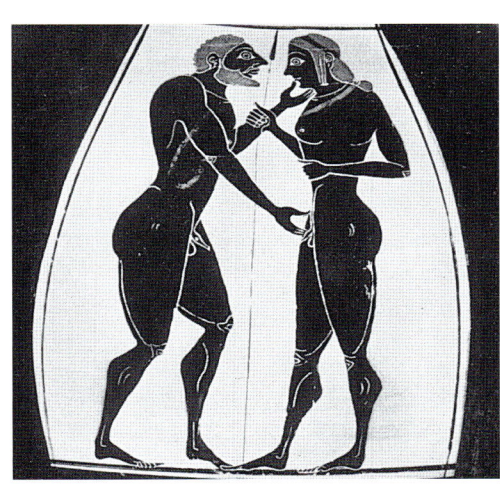

Säulenschäften, Bällen und Pantherfellen bedient, und wohl nicht zufällig hat Herbert List den Sucher gleich auf die anzüglichen Körperpartien der antiken Skulpturen selbst gerichtet.[8] Denn als einzige Kultur der europäischen Welt und im Gegensatz zur christlichen Tradition konnte die Antike mit ihrer Institution der legitimierten Päderastie einen Anknüpfungspunkt für die homoerotisch motivierte männliche Aktfotografie bieten.

Ein markantes Beispiel für die Rezeption bestimmter wiederkehrender Motive in der frühen Aktfotografie stellt der kauernde junge Mann dar (Abb. S. 87). Ein neoklassizistisches Gemälde von Hippolyte-Jean Flandrin bildet die Vorlage für Wilhelm von Gloeden oder Robert Mapplethorpe. Ganz ähnlich ist auch der kauernde Mann in George Seeleys Foto *Nude – The Pool* gezeigt. Über die stilistischen Unterschiede hinaus verbindet viele männliche Aktdarstellungen in der Geschichte der Kunst, dass sie sich nicht nur unterschiedlichen Altersgruppen zuordnen lassen. Auch bestimmte Verhaltensschemata bilden immer wiederkehrende Grundelemente. Die gegenwärtige Suche nach neuen Urbildern nackter männlicher Schönheit führt uns vor Augen, dass die traditionellen Idealbilder, die uns die Männerakte in der Kunstgeschichte zeigen, keineswegs naturgegeben sind. Sie sind kulturell konstruiert und zudem nicht unwesentlich vom Geschlecht des entwerfenden Künstlers und seinem Verhältnis zum Geschlecht des Betrachters abhängig.

86

Gegenüberliegende Seite, oben links: Hippolyte-Jean Flandrin (1809–1864), *Jeune homme nu assis au bord de la mer*, Öl auf Leinwand, 1836, Paris, Museé du Louvre

Oben rechts: Wilhelm von Gloeden (1856–1931), *Cain*, Fotografie, Taormina 1902, Berlin, Sammlung Nottebaum

Unten links: Robert Mapplethorpe (1946–1989), *Ajitto*, Fotografie, 1981, New York, The Estate of Robert Mapplethorpe

Unten rechts: George H. Seeley (1880–1955), *Nude – The Pool*, Fotografie (Heliogravüre), Boston 1910, MKG

Max Bernuth (geb. 1872), *Bogenschütze und Mann an einem Kapitell*, Feder und Tusche auf Bütten, 34,6 x 50,4 cm, sig. 1896, MKG

Wilhelm von Gloeden (1856–1931), *Neapolitanische Jünglinge vor dem Vesuv*, Fotografie, um 1890–1900, Zürich, Kunsthaus

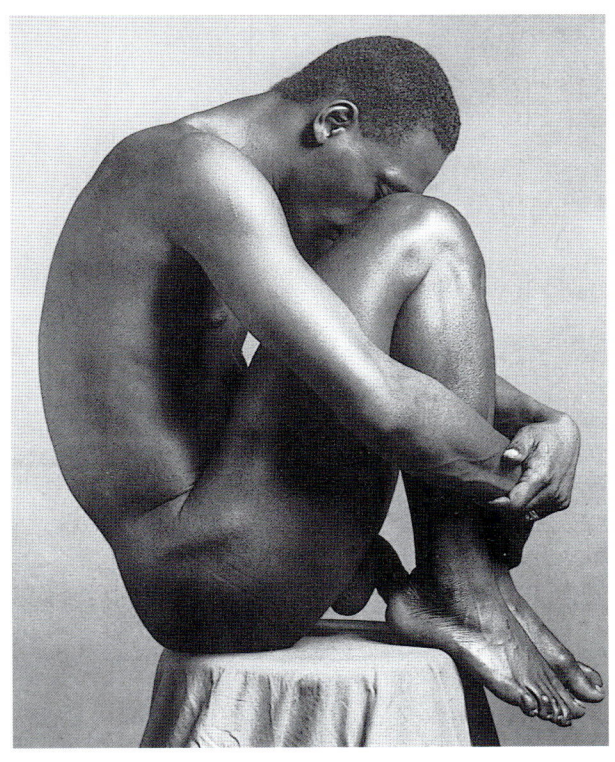

1 Stuart Morgan, in: Matthew Barney, *Of Goats and Men*, 1995

2 Zur männlichen Nacktheit: Kenneth Clark, *The Nude. A Study in Ideal Form*, Princeton 1971; Edward Lucie-Smith, *The Male Nude – A Modern View*, Oxford 1985.

3 Zur Nacktheit in der Bilderwelt Griechenlands grundlegend: Nikolaus Himmelmann-Wildschütz, *Ideale Nacktheit*, Opladen 1985; Ders., Ideale Nacktheit in der griechischen Kunst. In: *Jahrbuch des Deutschen Archäologischen Instituts*, Ergänzungsheft 26, 1990.

4 Zu Polyklet und dem Kanon: Detlev Kreikenboom, *Bildwerke nach Polyklet*, Berlin 1990; Herbert Beck (Hg.), *Polyklet*, Ausst. Kat., Frankfurt am Main 1990.

5 Zur Päderastie, ihrer Entwicklung und den damit verbundenen Rollerwartungen an den Erastes und den Eromenos: Kenneth James Dover, *Homosexualität in der griechischen Antike,* München 1983.

6 Zu den Liebesverfolgungen und ihrer Deutung: Christiane Sourvinou-Inwood, A Series of Erotic Pursuits: Images and Meanings. In: *Journal of Hellenic Studies* 107, 1987, S. 131–153.

7 Andrew Stewart, *Art, Desire, and the Body in Ancient Greece*, Cambridge 1997, S. 200f.

8 Vgl. Max Scheeler (Hg.), *Herbert List*, München 2000.

Dekor

Sabine Fendt

**Vom ornamentalen Körper
zum Körperornament**

Der nackte menschliche Körper hat Künstler aller Epochen
immer wieder dazu angeregt, ihn als dekorative, ästhetische
Form aufzufassen und ihn damit aus seinem historischen, politischen und psychischen Kontext zu lösen.

Flasche mit nacktem Frauentorso, opakes grünes Glas, geschnitten und poliert, Höhe (einschl. Verschluss) 19,5 cm, Firma Curt Schlevogt, Gablonz a.N., Böhmen, um 1930, MKG

Als ornamental verwendetes Motiv befindet er sich in diesen Darstellungen weder in einer »Handlungskontinuität« (zeitliches Moment) noch in einem »illusionistischen Tiefenraum« (Aktionsraum).[1] Dieses Phänomen der ornamentalen Nacktheit kann in der Malerei, der Plastik, dem Kunstgewerbe und in der Gegenwart besonders auch in der Fotografie beobachtet werden. Verstanden werden soll der Begriff ›ornamental‹ an dieser Stelle in der Grundbedeutung des ursprünglich aus dem Griechischen stammenden Wortes, d.h. einerseits ›Ordnung und Gefüge der Welt‹, andererseits das ›Schöne‹ und ›Schmückende‹ meinend.[2] In diesem Sinne können Körper beispielsweise auf ihre Grundform, den Torso, reduziert werden. Hierin lassen sich dann geometrische Entsprechungen finden. Experimentiert wird mit den Gestaltungsprinzipien der Symmetrie, Asymmetrie, Wiederholung und Reihung. Die Ästhetik des Fragments wird betont. Grafische Elemente treten in den Vordergrund und nehmen dem einzelnen Körper seine Individualität. An dessen Stelle lässt sich oftmals eine andere, ihm innewohnende Qualität erfassen: die Lesbarkeit des Körpers als Symbol.

Speziell in der Epoche des Jugendstils wurde die ornamentale Wirkung des zumeist weiblichen nackten Körpers eingesetzt, um kostbaren Gebrauchsgegenständen – Kerzenleuchtern, Vasen oder Gefäßen – eine besondere Ästhetik zu verleihen. Eine späte, vom Wiener Jugendstil beeinflusste, smaragdgrüne Glasflasche (Abb. links) zeigt einen solchen weiblichen Halbakt im Relief. Der ab dem Becken sichtbare Leib weist eine ausgeprägte spiegelbildliche S-Kurve auf, die in den extrem zur Seite geneigten Kopf ausläuft. Der geschmeidige, biegsame Frauenkörper wirkt wie gefangen in dem ihn begrenzenden Rechteck und bildet mit seinen weichen Rundungen einen spannungsreichen Kontrast zu den scharfen, geraden Kanten des quaderförmigen Flaschenkörpers. Diese wiederum korrespondieren mit den rechten Winkeln der eckigen Schultern und der Form der Frisur. Parallel verlaufende Wellenlinien lassen das üppige Haar stark stilisiert erscheinen. Die Gesichtszüge wirken schematisiert und weisen keine individuellen Merkmale auf.

Bei dieser Darstellung körperlicher Nacktheit steht offensichtlich das ästhetische Interesse an der schönen Form, am Dekorativen, im Vordergrund. Unabhängig von seinen darstellenden expressiven Elementen spricht der weibliche Torso durch den Rhythmus seiner Linien und durch die figurale Komposition die Sinnesempfindungen an.[3] Neben dem Schönen, Schmückenden wird für den Betrachter des nackten Frauenkörpers jedoch auch dessen erotische Ausstrahlung sicht- und im wahrsten Sinne des Wortes auch fühlbar, dann nämlich, wenn er das Gefäß in Händen hält. Den Frauen, die es benutzten, mag es das Gefühl gegeben haben, ihre eigene erotische Ausstrahlung zu verstärken.

Das Motiv der ›ornamentalen Nacktheit‹, in der immer ein mehr oder minder ausgeprägter erotischer Aspekt mitschwingt, ist wiederholt auch von der Werbung aufgegriffen worden. In dem hier gewählten Beispiel einer Anzeige für Dessous (Abb. S. 91 links) wurde das Modell auf eine Weise ausgeleuchtet und aufgenommen, die den Eindruck entstehen lässt, man habe einen Torso aus Bronze oder poliertem Stein vor sich. Der nur mit einem Slip ›dekorierte‹ nackte Frauenkörper wird auf eine symmetrische, geometrische Form reduziert und zu einem in sich vollkommenen Motiv ästhetisiert.[iv] Verstärkt wird diese entindividualisierende, dekorative Wirkung einerseits durch die Tatsache, dass der Kopf des Modells so weit nach hinten gebeugt ist, dass der Körper gesichtslos wirkt, andererseits aber auch, indem man den eigentlich neutralen Hintergrund als Raum ohne Tiefe wahrnimmt. Raffiniert wird hier mit den Themen Ornament und Dekor gespielt. Der ornamental aufgefasste Frauenkörper ist mit einem Kleidungsstück geschmückt, das seinerseits wiederum mit regelmäßigen Mustern bedeckt ist.

Mit dem Thema der Körperfragmentierung, der Beschränkung auf den Ausschnitt, wird auch in der modernen Fotografie und Grafik experimentiert. Auf dem im Siebdruckverfahren hergestellten Plakat des Japaners Yoshitero Asai (Abb. unten rechts) sieht man im Großformat ein weibliches Gesäß bis zur Taille und ein Stück des Rückgrats. Die helle, plastische Form wirkt vor dem schwarzen Hintergrund wie modelliert. Assoziationen an grafische Zeichen, an die Form einer Frucht, aber auch an die eines Y-Chromosoms werden geweckt. Auf diese Weise fügt sich ein Wortschatz von geometrischen und biologischen Urformen zusammen, die archaische Erinnerungen an Männliches und Weibliches, Geist und Natur hervorrufen sollen. Durch den hohen Abstraktionsgrad scheint der Aspekt der Erotik zugunsten der Ästhetisierung des Leibes fast vollständig zurückgenommen. Die Betonung liegt auf der Kontur, dem Material (Haut, die durch den Effekt der ›Gänsehaut‹ verfremdet wirkt), der Form und dem Design. Der Betrachter wird auf die Vollkommenheit im Detail als ›pars pro toto‹ hingewiesen. Individuelle Merkmale wie Pigmentierungen und Narben werden zugunsten der harmonischen Form ausgeblendet, die Sehnsucht nach einem idealisierten, unsterblichen Körper geweckt. Damit verbunden ist ein Appell an den Schutz des Lebens, wie der Titel des Plakates *Never Forget! The Lesson Taught by Chernobyl* deutlich macht.

Setzt man dasselbe Motiv, wie etwa in einem Foto von Franco Fontana (Abb. S. 92 oben), in Reihung, wird es zum Rapport, zum ornamentalen Muster, erfährt auf diese Weise aber auch eine ironisierende Banalisierung. Uniforme, nahezu genormte weibliche Hinterteile, die jeglicher individuellen Ausprägung entbehren, werden allein durch die Tatsache, dass sie sich bis auf eines unter durchsichtigem Stoff abzeichnen, zu erotisch aufgeladenen Formen.

Fließend geraten die Grenzen zwischen Körperhaftem und Abstraktion in Frederike Pezolds Foto- und Videofolge mit dem Titel *Die neue leibhaftige Zeichensprache eines Geschlechts nach den Gesetzen der Anatomie, Geometrie und Kinetik* (Abb. S. 93). In dieser Arbeit wird das weibliche Geschlecht

Nina von C, Anzeigenkampagne für Dessous, Fotografie

Yoshitero Asai & Suzuki Tomoyuko, *Never Forget! The Lesson Taught by Chernobyl*, Plakat, 725 x 103,8 cm, 1995, MKG

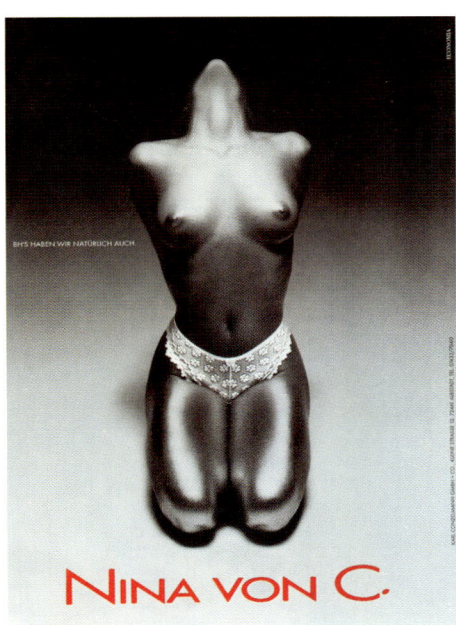

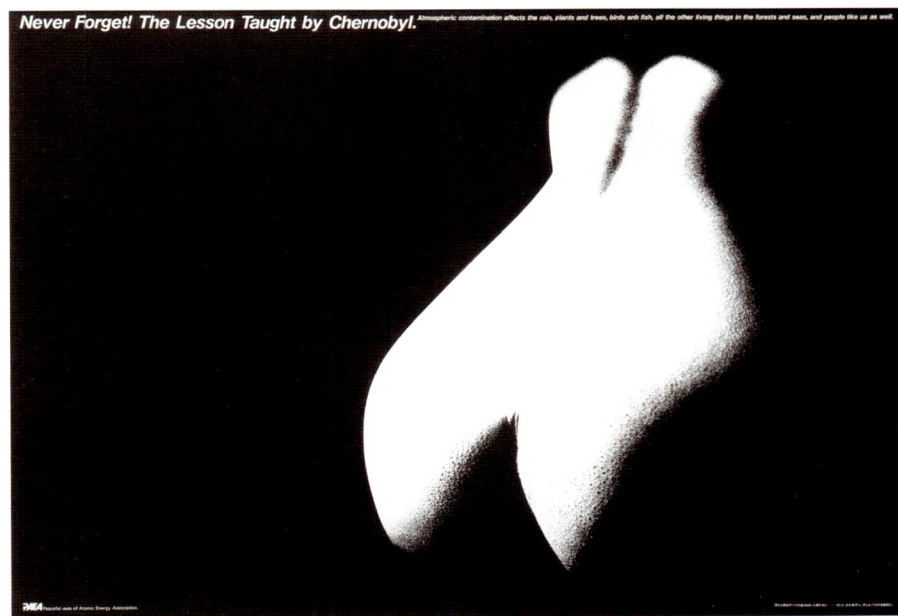

in einer Reihung ähnlicher Ausschnitte zum grafischen Element stilisiert. Durch den Vorgang der Schematisierung verlieren die dargestellten Körper ihre Individualität, damit aber auch ihre Verletzlichkeit. Eine neue weibliche Ästhetik wird entwickelt.[5]

Yves Klein ließ in den sechziger Jahren in spektakulären Aktionen mit blauer Farbe eingefärbte Modelle ihre Körper auf großen Papierbögen abdrucken (Abb. unten). Es entstanden torsohafte Muster mit den zentralen Partien des Körpers – Brust, Bauch und Schenkel: Spuren des Körpers, die als immaterielles Zeichen für das Leben selbst interpretiert wurden.[6] Indem der Künstler seine Modelle als »lebende Pinsel«, wie er sie bezeichnete, einsetzt, kommt der Aspekt der Bewegung hinzu und lässt die entstehenden anthropomorphen Zeichen Fleischlichkeit und vitale Energie ausdrücken.

Energie und Bewegung verkörpert auch die 1901 in Paris entstandene Bronzestatuette von Bernhard Hoetger, *La Tempête* (*Der Sturm*; Abb. S. 94 links). Die für den dortigen Kunsthandel angefertigte Kleinplastik, die im Verkaufskatalog als »Statuette décorative« angeboten wurde, war durch den berühmten ›Serpentinentanz‹ der Loïe Fuller inspiriert worden. Zu sehen ist eine Tänzerin mit über den Kopf erhobenen Armen, die ihren Oberkörper in starker Rückenkrümmung nach hinten biegt. Das knöchellange, fließende, weite Gewand scheint sich von den Hüften abwärts in wirbelnder Bewegung nach hinten aufzubauschen und in der Form eines großen Trichters zu erstarren. An der

Franco Fontana (geb. 1933), *Transparent Reflection*, Fotografie, 1990

Yves Klein (1928–1962), *Ohne Titel*, Anthropometrie mit männlichen und weiblichen Figuren, 145 x 298 cm, 1960

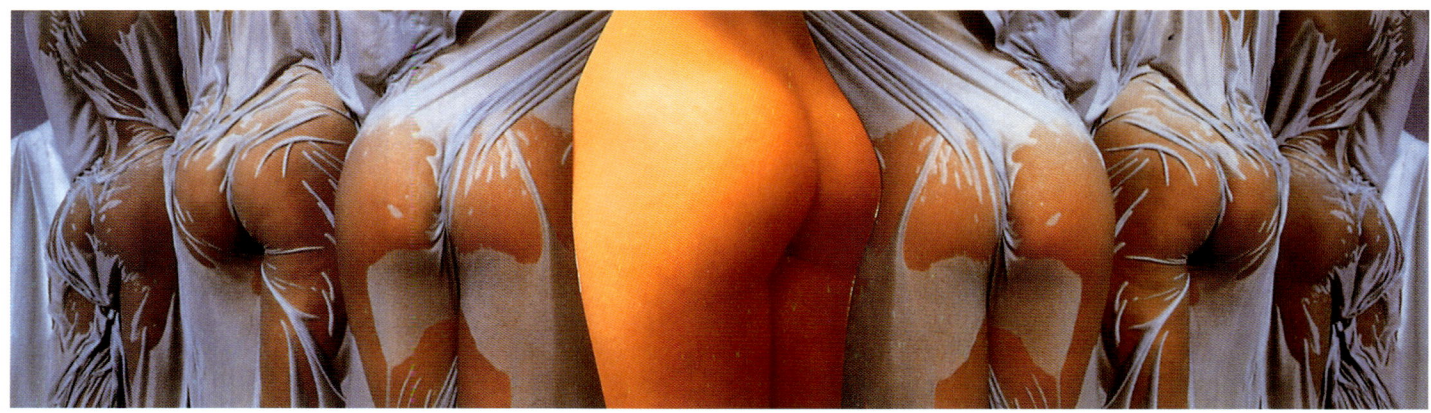

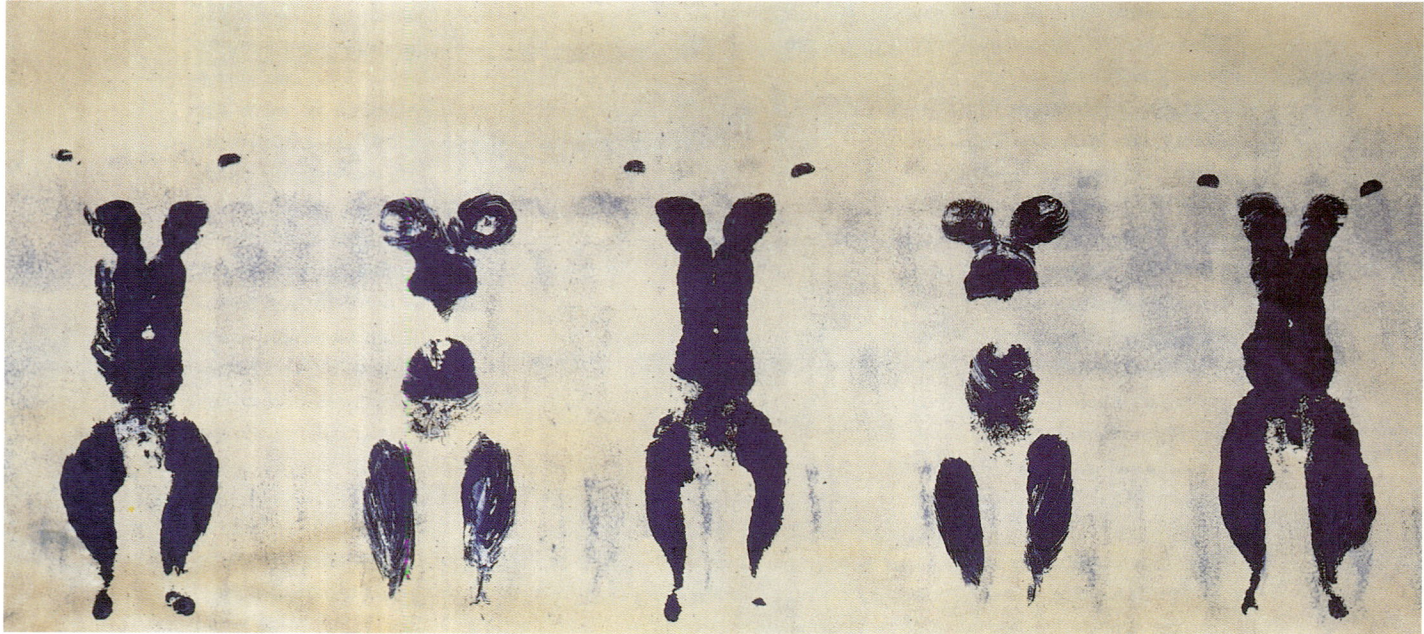

92

Vorderseite eng anliegend, zeichnet der Stoff die Form der Beine exakt nach, und der nackte Oberkörper scheint aus den Stoffbahnen des Rockes herauszuwachsen, ohne dass ein Übergang von Stoff zu Haut erkennbar wäre. Diese Einheit von Körper und Gewand erzeugt eine drehende, spiralige Bewegung, die von den lang ausgestreckten Armen über das seitlich angehobene Bein bis in den aufgewirbelten Rock ausläuft. Dem Motiv der Spirale kam als dynamischer Ausdrucksform in der Kunst um 1900 eine Schlüsselrolle zu, und so kann *La Tempête* nahezu als abstrakte Chiffre des Jugendstils,[7] als in der Momentaufnahme ›eingefrorenes‹ Zeichen für Bewegung und Metamorphose gesehen werden.

Auch in dem 1959 entstandenen Aktfoto des japanischen Fotografen Koro Honjo (Abb. S. 95) wird das Thema der Bewegung, die zum abstrakten Zeichen wird, variiert. Technisch erzielt Honjo diesen Effekt, indem er ein Stroboskop verwendet und eine Reihe von Momentaufnahmen auf ein Negativ bringt.[8] Durch Mehrfachbeleuchtung während eines Bewegungsvorgangs wird ein weiblicher nackter Körper zu einem Muster stilisiert, das Assoziationen sowohl mit Natur als auch Technik nahe legt. So könnte man an einen geöffneten Blütenkelch mit unzähligen Staubgefäßen denken, an Reptilhaut, aber auch an eine Schreibmaschine, deren Typen in Bewegung festgehalten wurden. Durch das Verbot realistischer, detailgetreuer Aktfotografie im Stil der westlichen Welt waren japanische Fotografen bis weit in das 20. Jahrhundert gezwungen, die Möglichkeiten des Zeichenhaften auszubauen und nackte Körper fast rhythmisch-ornamental darzustellen. Die Sparsamkeit der Mittel soll auf die Reduktion der Kontemplation und des Denkens auf die Anschauung verweisen und nimmt damit auch Zen-Prinzipien wieder auf.

Gänzlich zur ästhetischen Form erstarrt erscheint der nackte menschliche Körper in einer Werbung für Mineralwasser. Die Zeichenfunktion wird hier bildlich ›auf die Spitze‹ getrieben (Abb. S. 96 unten). Auf dem Ballen des linken Beines stehend, den rechten Fuß hochgezogen auf dem linken Knie ruhend, hat das Modell in einer Art Yogahaltung seinen Oberkörper so stark vornüber gebeugt, dass dieser sich an den Oberschenkel schmiegt. Brust und Geschlecht der Frau sind verdeckt, und der Kopf scheint hinter den im Nacken angewinkelten Armen und dem Knie im Dunkel des Hintergrundes zu verschwinden. So wird der Blick des Betrachters von dem völlig unbekleideten Körper zwar sofort angezogen, dieser bietet einem voyeuristischen Blick jedoch keine Projektionsfläche, verweist ihn vielmehr auf eine abstrahierte, ästhetische und introvertierte Körperlichkeit. Das dargestellte Objekt erscheint von nahezu androgyner, entpersönlichter Schönheit, stilisiert zu einem Zeichen von Anmut, Balance und Kraft. Betont wird diese Aussage durch die Spannung zwischen Horizontalen und Vertikalen in der Körperhaltung und durch die Art der Ausleuchtung: Sie arbeitet eine äußerst dynamische, von der Hand über den Rücken bis ins Knie verlaufende, zweifach scharf gebogene Kurve heraus. Verwiesen wird auf die Zusammenhänge zwischen der reinen Schönheit des Körpers, seiner Funktionsfähigkeit und der reinen Natur (Wasser).

Doch nicht nur zu abstrakten Zeichen können menschliche Körper werden, auch ganz reale Schriftzeichen werden aus ihnen konstruiert. 1970 erschien die fotografische Version eines kompletten menschlichen Alphabets von Anthon Beeke (Abb. S. 96 oben). Die Großbuchstaben sind ausschließlich aus nackten Frauenkörpern gebildet, wobei an den Buchstaben M und W nicht weniger als

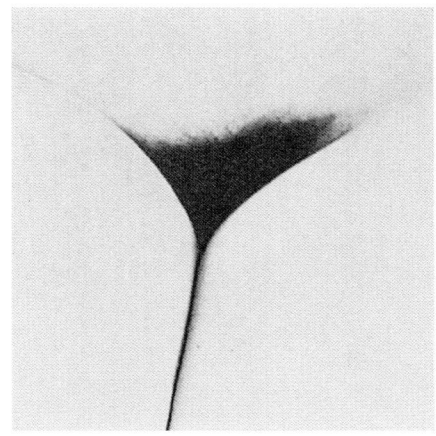
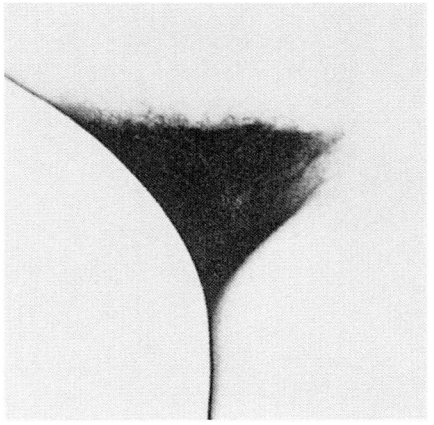
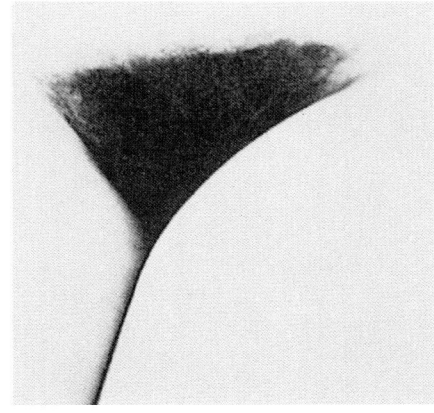

Friederike Pezold, aus der Serie *Die neue leibhaftige Zeichensprache eines Geschlechts nach den Gesetzen der Anatomie, Geometrie und Kinetik*, Folge von Fotografien, 1973–83, Collection Friederike Pezold, Wien

93

zwölf Körper beteiligt sind. Die Leiber besitzen kein Eigenleben, vielmehr werden mit ihnen in großer Detailgenauigkeit die Formen der klassischen Römischen Lettern mit ihren breiteren und schmaleren Abschnitten und ihren Serifen rekonstruiert. Die Kurven und Rundungen der weiblichen Körper geben den Buchstaben eine ästhetische, sinnliche Ausstrahlung. Andererseits wirken die Leiber wie an die Form der Buchstaben gekettet, versklavt, in ihren Dienst gestellt. Sie werden in ein kulturelles Ordnungssystem, das Alphabet gezwungen. Der nackte Körper wird kulturfähig gemacht und zum Ornament geformt.

Eingebunden in eine Form wirkt auch der Körper einer jungen Frau auf dem 1911 entstandenen Entwurf von Carl Otto Czeschka (Abb. oben rechts). Die *Frau in Tanzstellung* scheint in vertikaler Richtung die an sich schon stark längsovale Form zu sprengen, indem sie ihre angewinkelten Arme über den Kopf erhebt. Ihre Umrisse sind mit Goldbronze breit markiert, um die Umrandungslinien für Bleiverglasungen auf dem Karton optisch umzusetzen. Genauso stark sind aber auch die sie umgebenden unregelmäßigen, organisch wirkenden Muster umrandet, so dass der Übergang des Körpers zu dem ihn umgebenden Muster nicht immer auf den ersten Blick zu erkennen ist und das Auge illusionistisch auf die Probe gestellt wird. Die geschwungenen Linien und gerundeten Kompartimente der das Fenster füllenden Muster ähneln so sehr den Formen von Körpersegmenten, dass diese selbst im Ornamentalen aufgehen, zum Ornament werden.

Dieses Ineinanderübergehen von nackten Körpern in sie umgebende dekorative Formen lässt sich sehr gut auch an dem von Lalique geschaffenen und von ihm um 1900 vom Museum für Kunst und Gewerbe Hamburg erworbenen Schmuckkamm sehen (Abb. oben Mitte). Den Haarstecker zieren drei badende Najaden. Ihre schlanken, biegsamen Körper sind aus Gold gearbeitet, ebenso ihre Haare, die sie in Wellenlinien umfangen, um dann selber ohne sicht-

Bernhard Hoetger (1874–1949), *Der Sturm*, Bronzestatuette, 31 x 25 cm, um 1901, MKG

René Lalique (1860–1945), *Schmuckkamm mit badenden Najaden*, Gold, Horn, Email, um 1899, MKG

Carl Otto Czeschka (1878–1960), *Frau in Tanzstellung. Für Ausführung in weißem und schwarzem Glas*, Zeichenpapier, Goldbronze und Deckfarben, 55,0 x 37,8 cm, entworfen für den Musiksalon des Palais Stoclet, Brüssel, 1911, MKG

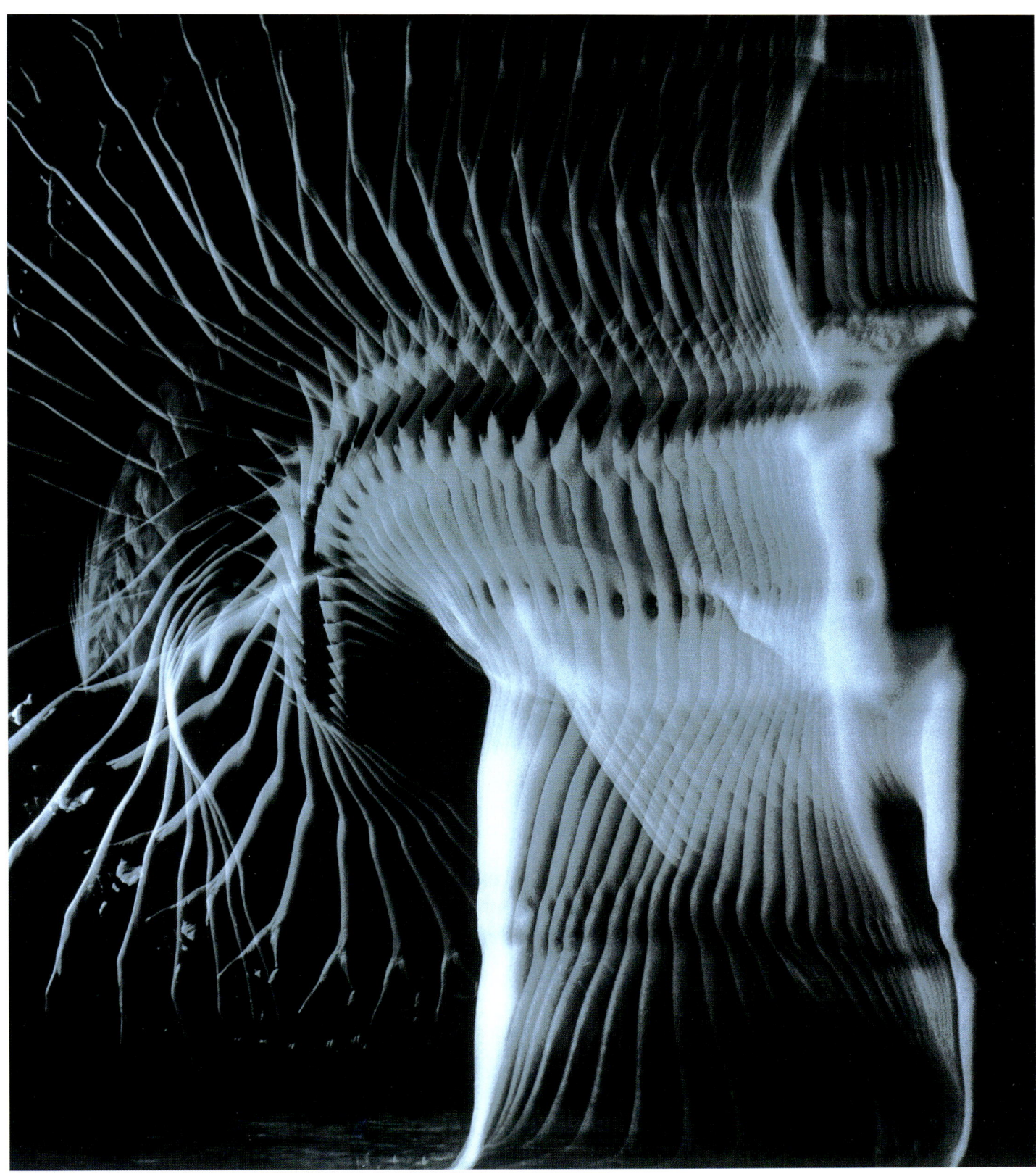

Koro Honjo (geb. 1907), *Akt*, Fotografie, 1959,
MKG

Anthon Beeke (geb. 1940), *Nude Alphabet*,
Kwadraad, Fotografie (G. Koolman), 1970,
MKG

Andreas Bitesnich (geb. 1964), *Wasser in seiner schönsten Form*, Anzeigenkampagne für
Mineralwasser, Fotografie

baren Übergang zu fließenden Wellen zu werden. Zwischen den Goldstegen deutet blau-grünes Transparentemail einerseits Himmel, andererseits Wasser an. Körper, Haare und Wellen scheinen einer einzigen fließenden Bewegung anzugehören. So, wie die Haare in stilisierten Mustern die Najaden zieren, vermag auch der Hornkamm die Trägerin zu schmücken, und zwar im doppelten Sinne: zum einen als dekorative Form, zum anderen aber, indem er die schöne Haarflut der Najaden symbolisch auf sie überträgt.

Waren es bei den Seejungfrauen auf der Jugendstil-Goldschmiedearbeit nur die Haare, die sich zum Ornament verselbständigten und auf diese Weise die nackten Körper mit einbezogen, so lässt sich auf dem Vorlagenblatt von Daniel Hopfer beobachten, wie nackte weibliche Körper übergangslos in dekorative Rankenformen übergehen und auf diese Weise eigenartige Mischwesen entstehen (Abb. S. 97 oben). Dieser Dekorationsstil der ›Groteske‹ geht auf die antiken Wanddekorationen des ›Goldenen Hauses‹ Kaiser Neros zurück. Von ihnen erhielt er auch seinen Namen, da sich die Fresken bei ihrer Auffindung in unterirdischen Räumen, den ›grotte‹, befunden hatten. Die Motive ›alla grottesca‹ fanden Anfang des 16. Jahrhunderts zunächst in Italien große Verbreitung. Man bezog sie dort in ein einheitliches Dekorationssystem ein, wie es besonders eindrucksvoll unter Leitung Raffaels in den Loggien des Vatikan umgesetzt wurde. Diese italienische Form der Groteske übernahm in Deutschland in den zwanziger Jahren des 16. Jahrhunderts Daniel Hopfer. Auf dem gezeigten Blatt einer Vorlage für eine Deckenbemalung werden Phantasiegebilde wiedergegeben, die an keine bestimmte Form gebunden sind, sondern frei von den Gesetzen der Statik oder Mechanik den gesamten Formenkreis der menschlichen Figur, Tierwelt, Pflanzen, Geräte usw. ornamental verwenden.

Neben der ornamentalen und phantastischen Wirkung, die diesen Grotesken in den Entwürfen für Texteinfassungen, Wandfüllungen oder Deckengemälden innewohnte, ging von ihnen auch eine subversive Ausstrahlung aus. Zum einen erhebt sich der menschliche Körper hier nicht beherrschend über die Natur, sondern wird eins mit ihr, sowohl aus ihr hervor- wie auch wieder in sie übergehend. Assoziationen an Werden und Vergehen des Menschen, auch an seine Fruchtbarkeit drängen sich auf. In spielerischer Schöpferkraft entsteht hier – in Anspielung auf den Mikrokosmos-Makrokosmos-Gedanken – die ganze Welt im Kleinen. Deutlich wird zum anderen auch eine Vorliebe für erotische Motive. Möglicherweise fand der durch christliche Anschauung dämonisierte Eros in der Groteske mit ihren paganen Inhalten und dionysischen Zügen eine Form des Auslebens.[9]

In der im äußersten Sinne verfeinerten erotischen Malerei Gustav Klimts lässt sich ein Vibrieren der Grenzen von Figur und Hintergrund ausmachen, ein plasmaartiges Verschmelzen von organischem und anorganischem Leben.[10] Haare werden von ihm häufig in Wellen- und Spiralformen gebildet, die in das sie umgebende Dekor überzugehen scheinen, was zu einer ornamentalen Desorientierung führt. In einigen seiner Werke entsteht der Eindruck, das Ornament würde die Körper der Frauen nicht mehr nur schmücken, sondern bereits formen und besetzen.

In dem 1955 in Überblendtechnik entstandenen Foto von Heinz Hajek-Halke (Abb. S. 97 unten links) überlagern und besetzen Buchstaben und Zeichen einen nackten Frauenkörper. Der Leib wirkt wie von einem Sgrafitto-Muster be-

Daniel Hopfer (1470–1536), *Entwurf für eine Deckenbemalung* (Detail), Ornamentstich, 15,8 x 22,3 cm, 1. Hälfte 16. Jh., MKG

deckt, das ihn ornamental verfremdet, nicht aber die Ausstrahlung sinnlicher Schönheit zu unterdrücken vermag. Der Titel *Heimat der Matrosen* mag auf die Tatsache verweisen, dass Seeleute in fremden Häfen bei Prostituierten für kurze Zeit eine Art körperliche Ersatzheimat finden konnten. Die Tatsache, dass das Gesicht von den um den Nacken gelegten Armen verdeckt wird, macht deutlich, dass es dabei nur um anonyme Kontakte mit dem weiblichen Körper gehen konnte. Eine Verbindung oder Identifizierungsmöglichkeit zwischen diesem ideal schönen Leib und den nackten Körpern der Matrosen wird durch die Zeichen erreicht, die dem Modell durch einen fotografischen Trick auferlegt, den Seeleuten jedoch ganz real in Form von Tätowierungen in die eigene Haut geritzt wurden.

Bei der Tätowierung, auch Tautauierung (aus dem polynesischen Wort ›tautau‹ für Zeichen, Malerei abgeleitet), handelt es sich um eine Körperschmucktechnik, so alt wie die Menschheit selbst. Dabei versieht man die Haut durch Einstiche mit Mustern, die anschließend mit natürlich gewonnenen Farbpigmenten gefüllt werden. Zu einer besonderen Kunstform wurde diese Technik seit Jahrhunderten in Japan entwickelt. Auf dem Akt-Foto Ruiko Yoshidas von 1978 (Abb. unten rechts) ist ein nackter Männerkörper zu sehen, der die großflächigen abstrakten und floralen eingeritzten Muster als ›Gewand‹ auf seinem Körper zu tragen scheint, das sich an der Vorderseite wie eine Jacke öffnet und unter dem Ellenbogen endende Ärmel nachahmt. Die Aufnahme der japani-

Heinz Hajek-Halke (1898–1983), *Heimat der Matrosen*, Vintage Print, Silbergelatine, 1955, MKG

Ruiko Yoshida (geb. 1938), *I Am a Japanese Taxidriver*, Silbergelatine, 1978, MKG

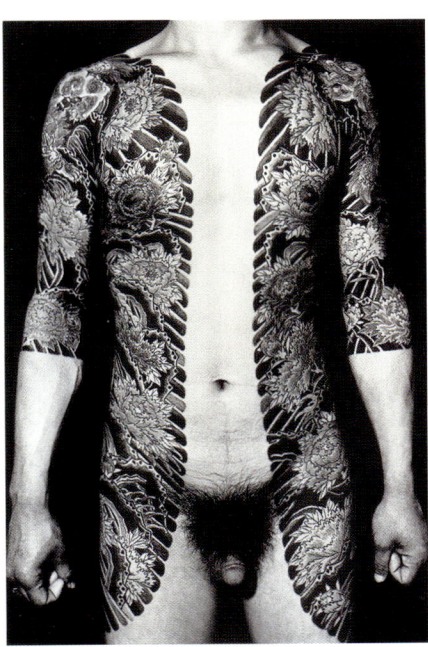

97

schen Fotografin spielt mit den Kontrasten zwischen artifizieller, dekorativer Körperzeichnung und betonter Männlichkeit, wobei das männliche Glied selbst wie ein Ornament wirkt.

In Europa und den USA waren Tätowierungen, Tattoos, nicht nur in der Unterschicht (Seeleute, Gefangene, Randgruppen), sondern auch in der Oberschicht bei Aristokraten und in der kulturellen und politischen Elite verbreitet und sind als Ausdruck nonkonformistischen Verhaltens zu werten. Zunehmend kann von einer Tattoo-Renaissance gesprochen werden, die auch die Mittelschicht ergriffen hat und den Körper als Träger identitätsstiftender Zeichen sieht. Im Zeitalter des ›Bodyism‹ wird der Körper als Tempel aufgefasst und das Schmücken als ritualisierte, mystische Tätigkeit. Techniken wie Tätowieren, Piercing, Scarving usw. sind kombinierbar und machen den nackten menschlichen Körper zum gestaltbaren Gegenstand, dem Ornamente zugefügt werden können.

Über diese ornamentale Behandlung der körperlichen Hülle weit hinausgehend, ist das aktuelle Begehren zu verstehen, den Körper mittels Body-Shaping, extremer Diäten und der plastischen Chirurgie neu zu gestalten und in eine ›schöne‹, künstliche Form zu bringen. Offen bleibt, wohin diese Sehnsucht nach dem ›Kunstkörper‹ führt. Wird sie dem Einzelnen eine ›ideale‹ neue Identität vermitteln oder ihn vielmehr dem Gefühl des Fremdseins in der eigenen Haut ausliefern?

1 Günter Irmscher, *Kleine Kunstgeschichte des Europäischen Ornaments seit der Frühen Neuzeit (1400–1900)*, Darmstadt 1984, S. 6.

2 Ebenda, S. 3.

3 Mieczyslaw Wallis, *Jugendstil*, München 1974, S. 157.

4 Rodin schreibt 1914: »Das Schöne ist wie ein Gott, ein Bruchstück des Schönen ist das ganze Schöne« und beruft sich an anderer Stelle auf Michelangelo. »Er (Michelangelo) selbst sagte, dass nur die Werke gut wären, die man von der Spitze eines Berges herabrollen lassen könne, ohne dass daran etwas zerbräche, und was bei einem solchen Sturz zerbrechen würde, das wäre seiner Meinung nach überflüssig gewesen.« In: Auguste Rodin (1911), *Die Kunst. Gespräche des Meisters.* Gesammelt von Paul Gsell, Leipzig 1912, S. 188ff.

5 Monika Faber, Von der Aktfotografie zur Nacktfotografie. In: *Das Aktfoto. Ansichten vom Körper im fotografischen Zeitalter*, München 1985, S. 145f.

6 Udo Liebelt, *Nackt in der Kunst des 20. Jahrhunderts: Gemälde, Skulpturen, druckgrafische Werke, Videofilme und Performances*, Hannover 1984, S. 83f.

7 Museum für Kunst und Gewerbe, *Bildführer 3*, Hamburg 1972, S. 334.

8 Heinz Spielmann, *Die japanische Photographie. Geschichte – Themen – Strukturen*, Köln 1984, S. 163, 247ff.

9 Carsten-Peter Warncke, *Die ornamentale Groteske in Deutschland 1500–1650*, Bd. 1, Berlin 1979, S. 80.

10 Kirk Varnedoe, *Wien 1900 Kunst, Architektur + Design*, Köln 1987, S. 157.

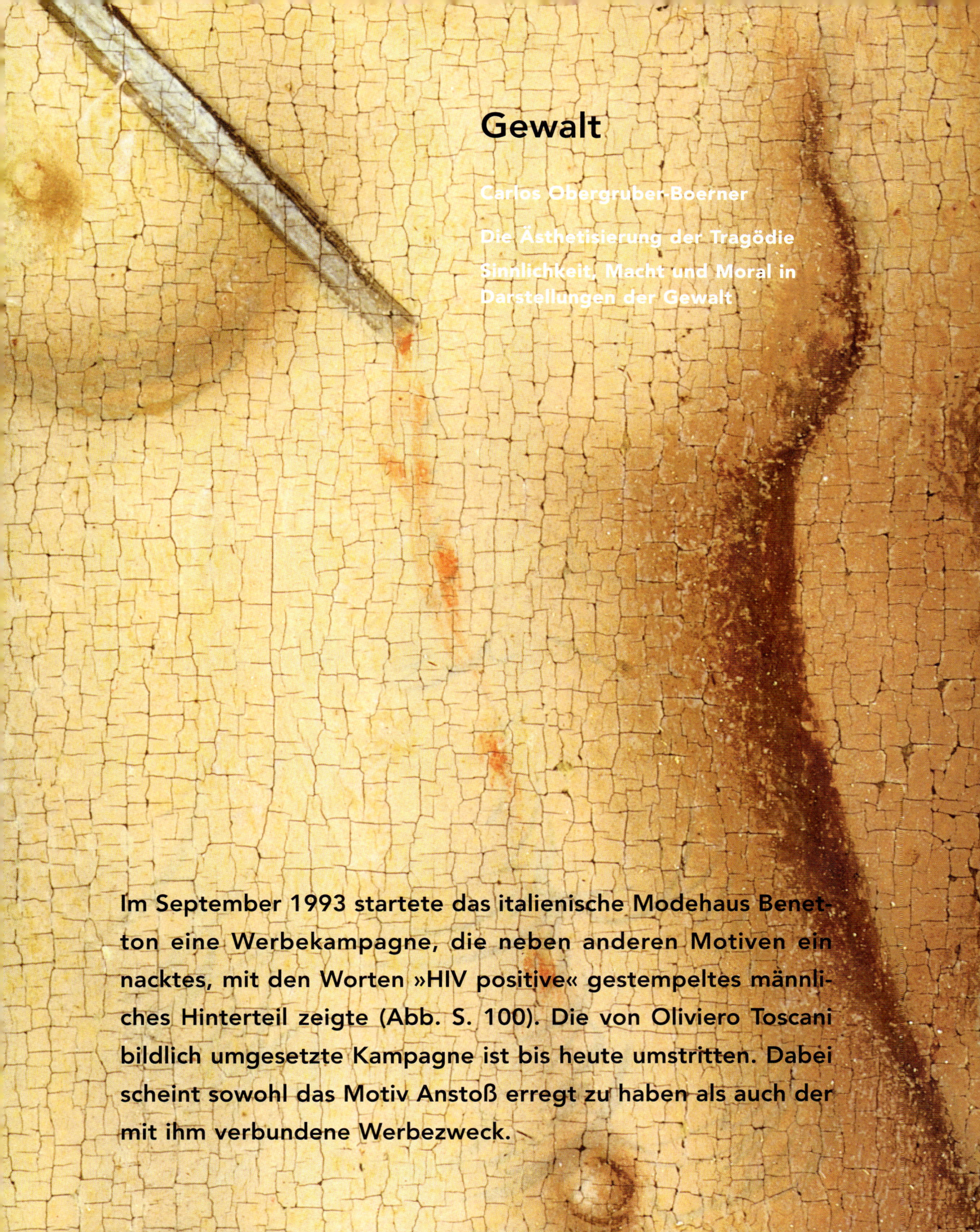

Gewalt

Carlos Obergruber-Boerner

Die Ästhetisierung der Tragödie
Sinnlichkeit, Macht und Moral in
Darstellungen der Gewalt

Im September 1993 startete das italienische Modehaus Benetton eine Werbekampagne, die neben anderen Motiven ein nacktes, mit den Worten »HIV positive« gestempeltes männliches Hinterteil zeigte (Abb. S. 100). Die von Oliviero Toscani bildlich umgesetzte Kampagne ist bis heute umstritten. Dabei scheint sowohl das Motiv Anstoß erregt zu haben als auch der mit ihm verbundene Werbezweck.

Durch die Konzentration des Bildausschnitts auf das Gesäß sollte in Verbindung mit der Aufschrift auf den Hauptübertragungsweg von Aids hingewiesen werden.[1] Aus dem eigentlich harmlosen Motiv – Ansichten nackter Männer gehören bereits seit den 1980er Jahren zu den häufigen Werbeträgern – wurde eine Andeutung analer Penetration. Ein Tabubruch. Die Stempelschrift macht auf die Ausgrenzung Infizierter aufmerksam, indem sie das sprichwörtliche ›Abstempeln‹ vorführt. Zugleich erinnert sie an das Stempeln von Schlachtvieh – oder schlimmer – an die Kennzeichnung Deportierter in den Konzentrationslagern der Nazizeit. Die in den achtziger Jahren erhobene Forderung, HIV-Infizierte in Quarantäneeinrichtungen zu konzentrieren, zeigt zumindest, dass diese Lesart nicht von der Hand zu weisen ist. Toscanis Kampagne hat höchst wirkungsvoll einen empfindlichen Nerv getroffen. Sie stellt eine Verbindung her zwischen Nacktheit, Sexualität und Gewalt.

Die künstlerische Gestaltung nackter Gewalt, die ›Ästhetisierung der Tragödie‹, ist keine moderne Erfindung. Sie hat lange Wurzeln und beruht auf der Erkenntnis, dass gerade jene von Toscani eingesetzte Kombination die Aufmerksamkeit des Betrachters fesselt. Darstellungen von Krieg und Kampf, Mord, Vergewaltigung und Demütigung gehören zu den alten Themen in Kult, Religion und Kunst. Sie haben zu einer Entwicklung zahlreicher Bildtypen geführt, in denen die Blöße der handelnden Personen eine entscheidende Rolle spielt. Einige sollen hier betrachtet werden.

In der griechischen Antike ist die verherrlichende Darstellung des nackten männlichen Körpers Ausdruck seiner sportlichen und folglich kämpferischen Befähigung. Sie ist Symbol einer heroischen, d. h. einer gottähnlichen, unbesiegbaren Natur. Allerdings geben nur Darstellungen unbekleideter Athleten die Wirklichkeit wieder: An der Übungsstätte, dem Gymnasion, und bei den großen Sportfesten waren die Männer tatsächlich nackt. Kriegszüge dagegen wurden bekleidet durchgeführt. Darstellungen nackter Krieger sollten lediglich deren heroischen Charakter betonen und sie vom Feind unterscheiden.

Eine Oinochoë, eine Weinkanne, zeigt den Zweikampf eines unbekleideten Griechen und eines nach persischer Sitte in lange Hosen, Rock und phrygische Mütze gehüllten Gegners (Abb. S. 101 links). Der Grieche, im Ausfallschritt nach vorn wiedergegeben, attackiert den zurückweichenden Perser. Seine Muskeln an Rücken, Gesäß und Beinen sind durch wenige Linien kraftvoll betont. Während er mit dem Speer die Deckung des Gegners durchdrungen hat, hält sein eigener Schild Körperfront und Gesicht vorbildlich abgeschirmt.

Oliviero Toscani (geb. 1942), *H.I.V. positive*, Kampagne für den Modekonzern Benetton, Mailand 1993

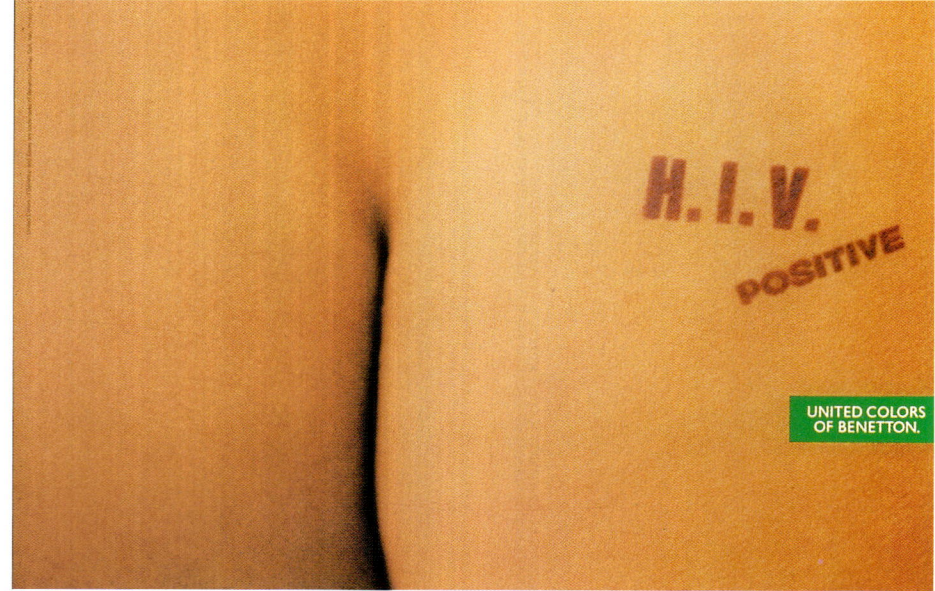

Offensichtlich ist der Grieche im Vorteil. Dies wird auch dadurch betont, dass von zwei weiteren Persern der rechte fliehend gezeigt wird. Der Grieche behauptet sich gegen eine Übermacht von Feinden. Heroische Nacktheit und Standfestigkeit sind hier Nachweis der Unbesiegbarkeit.

Die Kleidung der Perser, besonders die langen Hosen, wurde von Griechen als lächerlich empfunden. Darstellungen, die den ›barbarischen‹ – also den fremdsprachigen – Gegner herabwürdigen, waren dennoch selten. Sie tauchen erst mit der Bedrohung der griechischen Staaten durch das persische Großreich auf.[2] Ein Beispiel dafür ist die Bemalung einer weiteren Oinochoë (Abb. oben Mitte und rechts).

Wiedergegeben ist hier die Vergewaltigung eines Persers durch einen Griechen. Der griechische Krieger ist lediglich mit einem kurzen Umhang, der Chlamys, bekleidet. Er schreitet weit aus und hält sein erigiertes Glied wie eine Waffe in der rechten Hand. Sein Opfer ist durch die Kleidung als Perser zu erkennen. Es steht vornüber gebeugt und hat die Hände in einer Geste des Schreckens erhoben. Die Verteilung der Gestalten auf Vorder- bzw. Rückseite des Gefäßes macht deutlich, dass die Szene der Belustigung dient. Man sieht zunächst den Griechen und begreift erst beim Anblick des erschreckten Persers den Inhalt der burlesk gemeinten Situation. Dass eine solche Betrachtung des Gefäßes erwünscht war, wird auch durch die kaum leserliche Inschrift deutlich, die vom Kopf des Griechen ausgeht, aber durch ihren Inhalt als Ausruf des Persers gekennzeichnet ist: »Ich bin der vornüber gebeugte Eurymedon.« Üblicherweise gehen Inschriften vom Sprecher aus. Hier jedoch hatte die Inszenierung der Darstellung vor solcher Regel den Vorrang.[3]

Der Handlung liegt die den Griechen bis zum 5. Jahrhundert v. Chr. fremde, bei anderen Völkern schon vorher verbreitete Vergewaltigung eines Besiegten zugrunde. Sie diente der vollständigen Demütigung des Gegners. Der Penis als Waffe ist dabei zu allen Zeiten ein sinnfälliges Symbol nackter Gewalt

Links: *Oinochoë mit Kampfszene zwischen Griechen und Persern*, Ton, attisch-rotfigurig, Höhe 26,2 cm, 5. Jh. v. Chr., MKG

Mitte und rechts: *Oinochoë mit Vergewaltigungsszene*, Ton, attisch-rotfigurig, Höhe 23,8 cm, Umkreis des Triptolemosmalers, um 460 v. Chr., MKG

Drachenaquamanile (Gesamt- und Detailansicht), Bronze, Höhe 34,3 cm, Norddeutschland (?), 1. Hälfte 13. Jh., MKG
Metallene Gießgefäße fanden zum Händewaschen am Esstisch, möglicherweise auch im liturgischen Bereich Verwendung. Darauf deuten die Drachenform des Gefäßes und der Besatz mit nackten Gestalten hin, die Dämonen abwehren sollten.

gewesen. Ein Wassergefäß in Drachenform zeigt eine Variation dieses Themas (Abb. links). Der Hals des Behälters ist mit nackten Männchen besetzt. Eines hält seinen erigierten Penis in der Hand. Es trägt einen kegelförmigen Hut, wie Juden ihn im Mittelalter zu tragen gezwungen wurden. Form und gelbe Farbe der Kopfbedeckung sollten Angehörige der Religionsgemeinschaft kenntlich machen. Die obszöne Geste ist diffamierend als Symbol der Wollust zu verstehen und lässt sich mit romanischer Bauplastik vergleichen. In der Symbolik des Mittelalters ist Nacktheit – besonders wenn sie einen obszönen Charakter hat – häufig Ausdruck teuflischer Versuchung. Schrecken und Scham sollten die Kirchenbesucher erfassen, wenn sie zu den Kapitellen der Säulen emporblickten, auf denen nackte Gestalten bei lebendigem Leib von Kröten, Würmern und Dämonen zerfressen wurden. Solche drastischen Darstellungen konnten sich am Dachansatz um das Kirchengebäude herumwinden, wo sie die Aufgabe hatten, Dämonen abzuwehren. Erst die Kunst der Gegenwart nennt das Thema unverhohlen beim Namen. Auf Jonathan Borofskys Plakat *Male Aggressions* (*Männliche Aggressionen*), um 1985, ersetzen Statussymbole – zugleich Sinnbilder der Gewalt – den Penis (Abb. unten).[4]

Bei Darstellungen besiegter und versklavter Feinde ist oft auch die Anerkennung des tapfer Unterlegenen oder das Mitleid mit seinem Schicksal zu spüren. So bei der Statuette eines Afrikaners aus dem 17. Jahrhundert (Abb. S. 104 oben). Das dynamisch bewegte Standmotiv des an einen Baum gefesselten Mannes und sein energisch zur Seite gewendeter Kopf stehen im Gegensatz zu seiner hoffnungslosen Lage. Der heroisch-muskulöse Körper und die Physiognomie eines Westafrikaners sind genau beobachtet und haben mit den putzigen Mohrendarstellungen, die im 18. Jahrhundert in Mode kommen sollten, nichts gemein.

Inhalt und Form von Sklavenbildern finden sich in Sujets wieder, die in erotischer oder pornografischer Absicht den Fetisch des Fesselns aufgreifen. Der japanische Fotograf Nobuyoshi Araki begnügt sich dabei nicht mit der sinnlichen Aufladung von Erniedrigungsszenarien, sondern versteht es besonders, diese durch verstörende Gewaltmotive zu steigern (Abb. S. 104 unten). Seine Arbeiten stellen Schmerz als Bestandteil von Lust dar.

Bildnisse von Kampf und Krieg, Siegern und Besiegten gaben immer wieder Anlass zu moralisierenden Aussagen und konnten als Metapher für das Ringen zwischen Gut und Böse verstanden werden. Der Kampf zwischen Herkules und Cacus ist ein Beispiel für eine solche zugleich ästhetische und moralisierende Darstellung (Abb. S. 105 oben). Der Held, kenntlich durch Keule und Löwenfell, hat seinen Gegner zu Boden geworfen und renkt ihm mit einem energischen Griff beider Hände ein Bein aus. Der am Boden liegende Cacus (kakós = griech. ›böse‹) wird damit bewegungsunfähig gemacht und ist endgültig besiegt. Kraftlos liegen seine Arme neben dem Kopf. Sein Gesicht ist vom Schmerz verzerrt. Die Gewalt der Attacke wird durch den anstürmenden Ausfallschritt des Herkules und sein angestrengt zur Seite gedrehtes Haupt unterstrichen. Auf den ersten Blick hat es den Anschein, als unterschieden sich die muskelbepackten Körper der Widersacher nicht. Die Schrittstellung der Beine, die Beugung des jeweiligen Rumpfes und die Wendung beider Köpfe ist vom Künstler in spielerischer Parallelität gebildet. Darin spiegelt sich nicht nur die Vorliebe des niederländischen Manierismus für massige, in stilisierter Kompartimentierung der Muskeln gestaltete Körper und phantasievoll tänze-

Jonathan Borofsky (geb. 1942), *Male Aggressions*, Offset, 58,5 x 44,5 cm, um 1985, Hamburg, Sammlung von der Osten

103

Pierre Puget (1610–1694), *Gefesselter Afrika-ner*, Bronze, Höhe 18,5 cm, Ende 17. Jh., MKG

Nobuyoshi Araki (geb. 1940), *Gefesseltes Mädchen*, Fotografie, 1983, MKG

rische Bewegungen. Vielmehr wird durch die Ähnlichkeit der beiden Körper unterstrichen, dass sich der Held fast ausschließlich durch seine Tugend, sei-nen Willen zum Guten, vom Gegner unterscheidet. Sieger und Besiegter sind schicksalhaft und unabdingbar aneinander gebunden. Mehr noch, Sieger und Besiegter können als ein einziges Wesen angesehen werden, das mit sich selbst um eine Entscheidung zum Guten oder zum Bösen ringt.[5]

Erst bei genauerer Betrachtung offenbaren sich unterschiedliche Details. Cacus hat eine behaarte Brust und ein faunisches Profil mit eingeschwunge-nem Nasenbein, sein Phallus ist erheblich größer als der des Herakles – alles Zeichen seiner ungebändigten, sinnlichen und wilden Natur. Das Profil des Hel-den ist dagegen in sprichwörtlich klassischer Weise mit hoher Stirn und gera-der Nase gebildet. Als ›zivilisierter‹ Mensch hat er sich nach der Art griechi-scher Athleten die Körperbehaarung entfernt.

Die sublime Dialektik der Gruppe liegt darin, dass die Darstellung roher Ge-walt benutzt wird, um Selbstüberwindung und die Beherrschung animalischer Begierden einzufordern; gleichzeitig stellt sie damit die Anwendung von Gewalt zur Diskussion.

Als weibliche Entsprechung des Tugendhelden Herakles kann in der Kunst der Renaissance die alttestamentarische Heroin Judith gelten. Durch die Verfüh-rung und Ermordung des feindlichen Feldherrn Holofernes rettet sie ihre Hei-matstadt vor dem Untergang. Judith ist dabei seit dem 15. Jahrhundert als zwiespältige Heldin wahrgenommen worden, deren Tat gegen göttliches Ge-bot und gesellschaftliche Konvention verstößt. Ein Bozzetto, das Tonmodell für ein in anderem Material auszuführendes Bildwerk, führt diesen Widerspruch vor Augen (Abb. S. 105 unten). Die Blöße Judiths illustriert auf sinnliche Weise die Mittel, derer sie sich bedient hat. Mit gelängten Gliedmaßen, vollen Hüf-ten und kleinen Brüsten entspricht sie dem Schönheitsideal ihrer Entste-hungszeit. In der rechten Hand ist ein aufrecht gehaltenes Schwert zu denken. Dieses ist nicht allein Mordinstrument, sondern zugleich Ausdruck von Macht und Stärke, die beide in der Renaissance als ausschließlich männliche Attribu-te angesehen wurden. Eine Frau, die eine Waffe führt, handelt nach dieser Auf-fassung gegen ihre Natur. Der von Tatwaffe und Opfer weggewandte Blick der Judith verdeutlicht das Bewusstsein ihres Dilemmas. Auch im kunstvollen Auf-

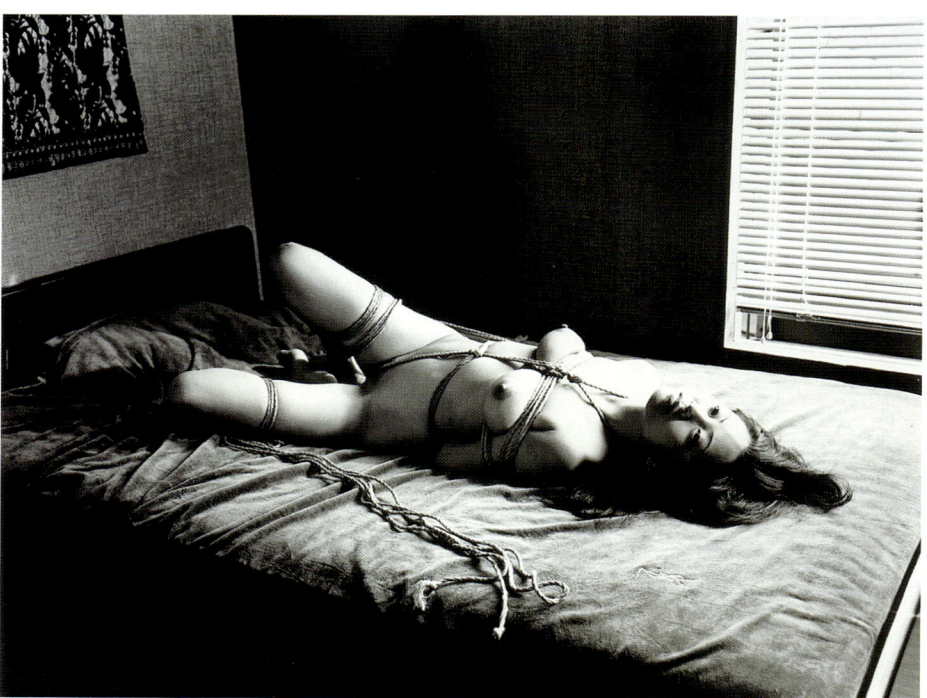

Herkules und Cacus, Marmor, Höhe 35,5 cm,
Antwerpen, um 1560, MKG
Die Oberfläche der Marmorgruppe wurde
mit Wachs behandelt, um das Aussehen von
Alabaster zu imitieren. Typisch für den nieder-
ländischen Manierismus ist die überbetonte
Muskulösität der Körper.

Giovanni Bandini (?) (1540–1599), *Judith
und Holofernes*, Terracotta, Höhe 67 cm,
nach 1567, MKG
Der Aufbau der Gruppe bietet als ›figura
serpentinata‹ von allen Seiten eine interessante Ansicht.

bau der Gruppe spiegelt sich das Widersprüchliche der Tat. Einerseits hat die
Heldin in einer Geste des Triumphes ein Knie auf das zusammengesunkene Opfer gesetzt; das Motiv steht in der Tradition Florentiner Siegesdarstellungen,
die immer auch als Tugendallegorien gedacht waren.[6] Zum anderen steht ihr
linkes Bein zwischen seinen gespreizten Schenkeln. Diese Geste ist von zeitgenössischen Betrachtern als Hinweis auf den Beischlaf verstanden worden.
Sie wird durch die parallel gesetzten Füße, dem rechten des Holofernes und
dem linken der Judith, zu einer Demonstration wollüstiger Komplizenschaft
verstärkt.

Der Ausdruck friedfertiger Ruhe im abgeschlagenen Haupt des Holofernes und
die Zartheit, mit der er das Knie der Gespielin zu umfassen scheint, täuschen
dabei nicht über die wichtigste Botschaft der Gruppe hinweg. Je verlocken-
der wir die Schönheit der Judith empfinden, desto sicherer werden wir wie
Holofernes zum Opfer unserer Begierden.

In der Kunst der Renaissance ist die Darstellung von Gewalt in Verbindung mit
Nacktheit jedoch nicht immer mit einer moralisierenden Aussage verbunden.
Zum ersten Mal seit der Antike findet sich nun auch das von Inhalt oder Aussage freie Interesse an Anatomie und Ästhetik des menschlichen, d.h. meist
des männlichen Körpers. Der einzige von Antonio del Pollaiuolo überlieferte
Kupferstich (Abb. S. 106 unten) bedient sich der Darstellung eines Kampfes,
um eine Fülle von dramatischen Bewegungen am nackten Körper des Mannes
zeigen zu können. Obwohl verschiedentlich versucht worden ist, die Szene einer mythologischen oder historischen Begebenheit zuzuordnen, finden sich
hierfür keine Hinweise. Das Blatt thematisiert vielmehr physische Gewalt und
auch deren tragische Dimensionen. Zehn Männer hauen und stechen mit
Schwertern, Dolchen, Äxten sowie Pfeil und Bogen aufeinander ein. Weder

105

Michelangelo Buonarroti (1475–1564),
Kentaurenschlacht, Marmor, 80,5 x 88 cm,
Florenz, um 1490–92, Casa Buonarroti

Antonio del Pollaiuolo (1431/32–1498),
Kampf nackter männlicher Gestalten,
Kupferstich, 40,3 x 60,3 cm, um 1460,
Hamburger Kunsthalle

106

durch Waffen und Aussehen, noch durch andere Attribute der Kämpfenden lassen sich zwei gegnerische Parteien unterscheiden. Alle sind zugleich Sieger und Besiegte, Täter und Opfer.[7] Der Überlieferung Vasaris nach gehörte Pollaiuolo zu den ersten Künstlern, die ihre anatomischen Kenntnisse durch das Sezieren von Leichen erweiterten. Tatsächlich deuten die sehnig, kraftvoll und detailreich wiedergegebenen Körper der Männer zumindest auf Studien an lebenden Modellen hin.[8] Pollaiuolo war offenbar in erster Linie daran interessiert, das Spiel der Muskeln, die Arbeit von Knochen und Gelenken, selbst das Hervortreten der Wirbelsäule unter Anstrengung zu verfolgen.

Noch deutlicher wird das ausschließlich ästhetische Interesse am agierenden Körper in Michelangelos Relief der *Kentaurenschlacht* (Abb. links oben). Die sich im Kampf windenden Leiber sind kaum voneinander zu unterscheiden. Auf die Wiedergabe von Waffen als Attribute des Kampfes hat Michelangelo weitgehend verzichtet. Die kompositorische Bewältigung von Fläche und Tiefe des Materials, die glaubwürdige Vermittlung anatomischer Details und – stärker als bei Pollaiuolo – deren sinnlicher Eindruck stehen im Vordergrund. Gewalt oder gar Brutalität sind lediglich der Anlass für deren Darstellung.

Ein Bildtypus, bei dem Sinnlichkeit und Gewalt gleichrangig nebeneinander stehen, ist der Frauenraub. Raptus-Gruppen (von lat. rapere = rauben) haben sich seit der Antike großer Beliebtheit erfreut. Ausgangspunkt ist stets das Begehren oder der Frauenmangel des oder der Täter. So steht z.B. am Anfang des Trojanischen Krieges der Raub der Helena durch Paris. Eine Radierung von Hans Sebald Beham zeigt die Entführung der Königin Spartas durch den trojanischen Prinzen und seine Gefährten (Abb. unten). Spartaner und Trojaner sind in heroischer Nacktheit kämpfend dargestellt. Die Blöße Helenas offenbart ihre Schönheit und erklärt das Begehren des Täters. Menelaos, der rechtmäßige Gatte der Entführten, wird eine Streitmacht aus ganz Griechenland versammeln, Troja belagern und nach zehnjährigem Krieg schließlich dem Erdboden gleichmachen.

Urbild für den Raptus als Akt mit weitreichenden Folgen ist der *Raub der Proserpina*. Die Tochter der Fruchtbarkeitsgöttin Ceres wird von Pluto, dem Gott der Unterwelt, begehrt. Sie weist ihn ab und wird daraufhin von ihm entführt. Die Mutter führt Klage darüber bei Zeus, der einen Kompromiss befiehlt. Die Hälfte des Jahres lebt Proserpina bei Pluto als Herrscherin der Unterwelt, die zweite Hälfte verbringt sie auf Erden bei ihrer Mutter. Während der Besuche der Tochter lässt Ceres vor Freude die Erde erblühen; steigt Proserpina wieder in die Unterwelt hinab, überziehen Eis und Frost das Land. Die Gewalttat ist der Zeugungsakt, aus dem die Jahreszeiten geboren werden.

Der *Raub der Proserpina* hat in der Darstellung Gian Lorenzo Berninis so gültigen Ausdruck gefunden, dass sie häufig wiederholt und variiert wurde (Abb. S. 108 links). Eine niederländische Holzgruppe übersetzt die Bilderfindung Berninis nicht nur in ein anderes Material, sondern formt sie im Sinne eines anderen künstlerischen Geschmacks um (Abb. S. 108 rechts). Die gegenüber dem Vorbild kraftvollere Gestalt des Räubers steigert den Gewaltakt noch. Das wei-

Hans Sebald Beham (1500–1550), *Raptus Helenae*, Kupferstich, um 1540, Braunschweig, Herzog Anton Ulrich-Museum

nende, um Hilfe rufende und sich heftig wehrende Opfer ist ihm ausgeliefert. Der Kontrast von Wollen und Wehren, Kraft und Hilflosigkeit, verleiht der Gruppe eine sinnliche Spannung, die aber die verletzten Rechte des Opfers missachtet oder sie sogar als zusätzlichen Reiz einkalkuliert.[9]

Nicht mit Raub oder Vergewaltigung, sondern mit den Konsequenzen sexueller Gewalt für das Opfer beschäftigt sich ein anderes Lieblingsthema der Renaissance. Nachdem sie vergewaltigt wurde, wählt die Römerin Lucrezia den Freitod mit dem Dolch. Daraufhin ruft ihre Familie zur Vertreibung des Täters und von dessen Vater, des römischen Königs Tarquinius Superbus, auf. Ihre Tat bot somit Anlass für die Gründung der Römischen Republik. Für ihre Tugend und für ihr Ehrgefühl gefeiert, wurde die Heidin Lucrezia im Mittelalter in die Reihe der ›Neun Heldinnen‹ aufgenommen. Ihre Darstellungen dienten aber auch der Warnung vor den Folgen unkontrollierter Sinnenlust. Durch die Schönheit des weiblichen Akts sollte dem Betrachter die eigene Anfälligkeit vergegenwärtigt werden (Abb. S 109).

Ebenso eindeutig ist der erotische Aspekt in der vielleicht berühmtesten Raptus-Darstellung überhaupt. *Der Raub der Töchter des Leukippos* von Rubens zeichnet die beiden Opfer in üppiger Weichheit und Weiblichkeit (Abb. S. 110).

Gian Lorenzo Bernini (1598–1680), *Raub der Proserpina*, Marmor, 1621, Rom, Galleria Borghese

Raub der Proserpina, nach der Gruppe Berninis in der Galleria Borghese, Holz, Höhe 66,5 cm, Niederlande, 1. Hälfte 17. Jh., MKG

Franz Timmermann, *Selbstmord der Lucrezia*, Öl auf Buchenholz, 18,5 x 14 cm, nach 1538 (?), Hamburger Kunsthalle

CVM FODERET GLADII CASTVM LVCRECIA PECTVS
SANGVINIS ET TORRENS EGREDERETVR AIT
TESTES PROCEDANT ME NON FAVISSE TYRANNO
ANTE VIRVM SANGVIS SPIRITVSANTE DEOS

110

Peter Paul Rubens (1577–1640), *Raub der Töchter des Leukippos*, Öl auf Leinwand, 224 x 210,5 cm, um 1618, München, Alte Pinakothek

Die helle, stofflich fast tastbare Haut der Schwestern und ihr feines, golden schimmerndes Haar erscheinen als Attribute von Schönheit und Anziehungskraft. Meisterhaft gelingt es Rubens, dem Betrachter eine sinnliche Teilnahme am Geschehen vorzugaukeln. Diese ästhetische Strategie geht in dem Moment auf, in dem der Betrachter sie durchschaut und über sich erschrickt.[10]

Wenige Künstler der Gegenwart haben die Verknüpfung von Nacktheit und Gewalt so eindrücklich thematisiert wie der Brite Francis Bacon. Der Blick auf eines seiner Hauptwerke, das Triptychon *Three Studies For a Crucifixion*, zeigt, dass er ähnlich wie Rubens auf die sinnliche Teilnahme des Betrachters abzielt (Abb. unten). Nicht Erotik steht dabei im Vordergrund, sondern eine unbestimmte Atmosphäre des Grauens. Schon die Wahl des Titels – er taucht im Œuvre Bacons immer wieder auf -bereitet uns auf ein Gewaltszenario vor. Mit der traditionellen Darstellung einer Kreuzigung hat der rechte Flügel des Triptychons jedoch nichts gemein. Der zerfetzte, offenbar wie bei der Kreuzigung Petri kopfüber aufgehängte Körper ist als solcher lediglich an Versatzstücken menschlicher Anatomie zu erkennen. Aus der blutroten und fleischfarbenen Masse leuchten helle Rippenbögen und ein Rückgrat hervor. In dem aufgerissenen Mund sind die Zähne zu erkennen. Weder das Kreuz noch die Darstellung Golgathas haben den Künstler interessiert. Ausgedrückt ist Schmerz, nicht ein historisches Ereignis. Ähnlich verhält es sich bei dem mittleren Bild. Ein deutlich erkennbares Bett in einem räumlich greifbaren, aber farblich verfremdeten Zimmer steht im Gegensatz zu dem lediglich angedeuteten, zerschossenen Körper darauf. Die düsteren Gestalten im linken Bild vertiefen den apokalyptischen Eindruck. Auch die Verdrängung der Kreuzigung aus dem ihr gebührenden Platz in der Mitte an den Rand des Triptychons macht deutlich, dass Bacon die Darstellungstradition nur zum Vorwand nimmt.[11]

Die christliche Überlieferung erklärt den Anfang aller Gewalt aus dem Sündenfall Adam und Evas. Ihr Sohn Kain erschlägt seinen Bruder Abel und begeht damit den ersten Mord der Menschheitsgeschichte. Das hier gezeigte Relief gibt den Moment unmittelbar nach der Tat wieder (Abb. oben). Abel liegt tot auf dem Boden. Virtuos hat der italienische Künstler den leblosen Körper mit den verrenkten Armen, dem tief eingefurchten Rückgrat und dem wie zusammengeklappten Leib wiedergegeben. Über dem toten Bruder steht mit gegrätschten Beinen der Mörder. Er hat den rechten Arm in einer Geste der Abwehr erhoben, die linke Hand verzweifelt über das Gesicht geschlagen. Erfasst ist der Moment der Erkenntnis über die verabscheuungswürdige Tat. Die völlige Nacktheit beider Brüder stellt eine Verbindung zum Sündenfall der Eltern her. Als diese gegen Gottes Gebot verstoßen hatten, waren sie sich ihrer Nacktheit bewusst geworden. Nacktheit ist hier nicht nur anatomisch und künstlerisch brillant umgesetzt, sondern auch Metapher für die Erbsünde.[12]

Fast gegensätzlich wird Nacktheit bei einem anderen christlichen Bildthema verwendet. Das *Martyrium des hl. Sebastian* verbindet in seinen Darstellungen

Tommaso Righi (1727–1802), *Kain und Abel*, Terracotta, 40,5 x 28,9 cm, 2. Drittel 18. Jh. (?), MKG

Veit Lang, *Hl. Sebastian*, Buchsbaumholz, Höhe 23 cm, 1631, MKG

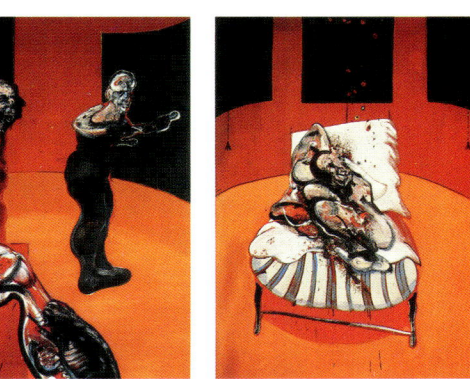
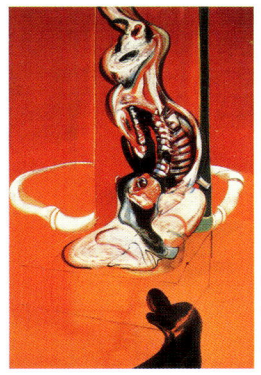

111

Francis Bacon (1909–1992), *Three Studies For a Crucifixion*, Triptychon, Öl auf Leinwand, 1962, New York, Guggenheim Museum

die Aufforderung zum Mitleid mit der Gelegenheit, einen nackten und attraktiven Männerkörper zu zeigen: Der römische Offizier Sebastian weigerte sich, seinem christlichen Glauben abzuschwören und wird deshalb nackt an einen Baum gefesselt und mit Pfeilen durchbohrt. Besonders in der italienischen Kunst des 15. Jahrhunderts dominierte der erotische Aspekt des Sebastiansbildes dessen eigentliche Bedeutung als Beispiel für Glaubensfestigkeit. Die Kunst des Barock betonte dagegen neben der Anmut des jugendlichen Leibes gern das kreatürliche Leiden. Die Statuette von Veit Lang führt dies exemplarisch vor (Abb. S. 111 Mitte). Der in den Details genau beobachtete Körper ist in manierierter Pose gegeben. Während das Spiel der Hände, der im Standmotiv angedeutete Versuch sich loszureißen und der offene Mund den Schmerz des Gemarterten spiegeln, formuliert der himmelwärts gerichtete Blick fromme Hoffnung.[13]

Für die Ästhetisierung der Tragödie scheint die Einbeziehung von Nacktheit unerlässlich. Sie öffnet den Zugang zur sinnlichen Teilnahme am gewalttätigen Geschehen. Sie sublimiert und ›beschönigt‹ Gewalt und lässt uns ihren Anblick überhaupt erst ertragen. Dadurch ermöglicht sie uns die Distanzierung von Gewalt, ihre Verurteilung und Ablehnung. Der sinnliche Trieb, der Wille zum Guten, die Angst vor der physischen Zerstörung und auch die Lust daran – also die elementarsten Beweggründe der menschlichen Existenz – werden von Darstellungen nackten Terrors erfasst und bewegt.

1 Jürgen Döring, *Gefühlsecht. Graphikdesign der 90er Jahre*, Ausst.Kat. Museum für Kunst und Gewerbe Hamburg 1996, S. 117f.

2 Albrecht Dihle, *Die Griechen und die Fremden*, München 1994.

3 Wilhelm Hornbostel (Hg.), *Kunst der Antike*, Ausst.Kat. Museum für Kunst und Gewerbe Hamburg 1977, S. 317f.

4 Jürgen Döring, *Künstlerplakate*, Ausst.Kat. Museum für Kunst und Gewerbe Hamburg 1998, S. 196.

5 Bernhard Heitmann, Gut und Böse im Widerstreit. In: *Jahrbuch des Museums für Kunst und Gewerbe Hamburg*, Bd. 2, Hamburg 1983.

6 Hier ist an Arbeiten Michelangelos und Giambolognas zu denken.

7 *Rhetorik der Leidenschaft*, Ausst.Kat. Hamburg/München 1999, S. 86.

8 Laurie S. Fusco, *The Nude As Protagonist*, Diss. New York University 1975.

9 *Jahrbuch der Hamburger Kunstsammlungen*, Bd. 9, 1964, S. 230f.

10 *Katalog der Alten Pinakothek*, München 1986, S. 430ff.

11 *Francis Bacon*, Ausst.Kat. München 1996/97, S. 138f.

12 *Die Bildwerke des 18. Jahrhunderts*, Ausst. Kat. Museum für Kunst und Gewerbe Hamburg 1977, S. 341f.

13 Jörg Rasmussen, *Deutsche Kleinplastik der Renaissance und des Barock*, Bilderhefte des Museums für Kunst und Gewerbe 12, Hamburg 1975, S.98f.

Ich danke Bernhard Heitmann und Michaela Völkel für freundschaftlichen Rat und fachliche Unterstützung.

Japan

Hannelore Dreves

**Der erotische Körper –
wirklich nackt?**

Erblick ich die Schöne, möcht ich zur Ranke werden, möcht sie umschlingen von den Wurzeln her bis zum äußersten Zweig. Selbst zerschnitten, zerhackt, bleib ich unzertrennlich, so ist's mir bestimmt.

Kangin shû, Sammlung von Gedichten, in Mußestunden zu singen

Die japanische Welt des Eros hat die Europäer seit ihrer ersten Begegnung gleichermaßen fasziniert und entrüstet. 1615 zeigte man sich in London nach Durchsicht der ersten Importe von japanischen lasziven Büchern und Bildern äußerst schockiert, ja empört, und verbrannte sie umgehend. Dient(e) das pornografische Bild in Europa der Erregung und Befriedigung heimlicher Begierden, so geht die Funktion der erotischen Darstellungen in Japan weit darüber hinaus. Viele Aufgaben, die man den so genannten Frühlingsbildern (›shunga‹) zuschrieb, beruhen jedoch nicht auf Tatsachen. Sie sind, laut Timon Screech, ein ›Mythos‹, von dem man nicht abrücke. Dazu gehören: der Braut vor der Hochzeitsnacht ein Shunga in Form einer erotischen Querrolle oder eines Albums auf das Kopfkissen zu legen, um die erste Begegnung zu verschönern und die junge Frau mit den Realitäten zu versöhnen, sowie einen Krieger vor Unglück zu bewahren, indem er ein erotisches Bild etwa unter seinem Helm oder in mitgeführten Kästen trug. Feuersbrünste abzuwehren und nicht zuletzt der Aufklärung zu dienen, da die Mutter die in ihrem Besitz befindlichen erotischen Darstellungen in der Regel stillschweigend an die Tochter weiterreichte, seien ebenfalls Aufgaben, die man den Shunga angedichtet habe.[2] Tatsächlich boten die erotisch-pornografischen Darstellungen Paaren und Gruppen wie dem Einzelnen eine willkommene Anregung für Liebesspiele aller Art. So konnte der erfahrene Besucher in den Vergnügungsvierteln der Kurtisane auf elegante Weise seine Wünsche übermitteln. Die Freudenhäuser benutzten neben ›saiken‹, Führern zu den Vergnügungsvierteln, Shunga auch als Werbung, die die Welt der Vergnügen bildlich in allen Facetten einschließlich der Vorzüge der Prostituierten jedes Hauses schilderte. Sexualität erscheint dabei als natürlicher Bestandteil des Lebens – ohne moralische Wertung.

Die ›Frühlingsbilder‹ haben in Europa unterschiedliche Sichtweisen vom erotischen Paradies mit seiner grenzenlosen Freizügigkeit bis hin zum ›Sündenbabel‹ christlich-abendländischer Vorstellung von einer Stätte des Lasters und der Verderbtheit hervorgerufen. Als Farbholzschnitte fanden sie in der Edo-Zeit (1615–1868) rasch Verbreitung. Die jahrhundertealte Tradition erotischer Darstellungen in der Malerei wurde von den Holzschnittmeistern aufgegriffen und weitergeführt. Mit der Entwicklung des Vielfarbenholzschnitts erreichte auch das Shunga eine wahre Blüte. Nahezu alle Holzschnittmeister haben sich ihm nicht zuletzt wegen der guten Verdienstmöglichkeiten zugewandt und einen großen Teil ihrer Werke dem Thema Erotik gewidmet. Diesem lassen sich auch die Darstellungen attraktiver Frauen (›bijin-ga‹ – Bild schöner Menschen) zuordnen. Diese Bilder wirkten ferner autoerotisch.

Während das Shunga Szenen der Liebeslust unverblümt zeigt oder sie durch Symbole andeutet, so stellt das Bijin-ga meist Kurtisanen oder schöne Jünglinge aus den Vergnügungsvierteln dar.[3] Besonders die in den japanischen Farbholzschnitten mit aller Offenheit dargestellten intimen Details mit überdimensionalen, teils monströsen Geschlechtsteilen haben im Westen ein Bild geprägt, ohne den kulturellen Kontext zu berücksichtigen. Sexualität und Kultur – eingebunden in Raum und Zeit – lassen sich jedoch nicht trennen, und was als pornografisch-obszön gilt, bestimmt auch immer die kulturelle Einbindung, wie sie in den Landessitten und in den unterschiedlichen Epochen zum Ausdruck kommt. Während die erotischen Blätter und amourösen literarischen Werke allein Vergnügungen schildern und unterhalten sollen, schloss man in Europa von ihnen auf das Leben der Japaner jener Zeit.

Die Shunga schildern das amouröse Leben in den von den Behörden kontrollierten Vergnügungsvierteln der Edo-Zeit, die erotischen Abenteuer eines städtischen, prosperierenden Bürgertums. Das Medium dieser Schicht waren in erster Linie der Holzschnitt in Form des Buchdrucks und die populäre Unterhaltungsliteratur, deren Texte ebenfalls illustriert waren.

Für den Schwertadel, die Beamten und das städtische Bürgertum waren die Werte der konfuzianischen Lehre verbindlich. Sie stufte die Frau als dem Manne untertan ein, ihr wurde allein die dienende Rolle zuerkannt. Im Bereich des Amüsements war diese Ordnung jedoch außer Kraft gesetzt und die Privilegien der höheren Gesellschaftsschichten aufgehoben. Im Vergnügungsviertel gesteht die Gesellschaft jedem Einzelnen einen persönlichen Freiraum zu. Im Mittelpunkt der erotischen Literatur und Kunst, wie dem Genre des Shunga, steht die Beziehung der Liebenden, seien sie hetero- oder homosexuell. Die Holzschnittmeister haben Mann und Frau gleiche Rechte eingeräumt.

Die erotischen Szenen spielen sich meist in einer von der japanischen Kultur geprägten Umgebung ab. Der für den Europäer überraschende Kontrast zwischen ästhetischer Form und pornografisch anmutenden Details erklärt sich dabei aus der künstlerischen Tradition ohne Aktstudium. Der nackte Körper als solcher erweckte nicht das Interesse des Malers. Seine Darstellung wurde ganz oder in Einzelpartien beispielsweise aus als Holzschnitt publizierten Vorlagen von Werken alter Meister oder aus Malhandbüchern kopiert. Nicht der nack-

Isoda Koryûsai (tätig 1764–1788), *Im Bade.*
Aus der erotischen Serie *Shikidô torikumi jûni-ban (Wirrungen auf sexuellen Pfaden)*, um 1777, MKG

115

te, sondern der prächtig gewandete Mensch wurde Thema der japanischen Malerei, war es doch die Kleidung, die den Rang des Menschen in der Gesellschaft ausmachte. Der unbekleidete Mensch dagegen stand der konfuzianischen Ethik zufolge außerhalb der Gesellschaft. Nach japanischer Ansicht bot der Anblick eines nackten Menschen kein reizvolles Thema. Er wirkte banal, wenn nicht anstößig, und war selten erregend. Man bestrafte sogar Missetäter, indem man sie nackt zur Schau stellte – dies galt als höchste Entehrung.

Selbst in von bloßen Körpern beherrschten Darstellungen liegt der Akzent neben der Vogelperspektive vielfach auf der Kleidung. Der Faltenwurf eines Gewandes, sein Muster oder die geschmackvolle Farbabstimmung der übereinander getragenen Gewänder – die Andeutung zählt mehr als die ›nackte Tatsache‹, auch wenn sie unübersehbar ist. In den Shunga sind die Figuren gewöhnlich prächtig gewandet, die Genitalien aber enthüllt, um sexuelle Aktivitäten aufzudecken. Hiermit lenkte der Künstler die Aufmerksamkeit auf die sinnliche Ebene und machte das Vertraute durch Hervorhebung und Überbetonung zum Mittelpunkt des Geschehens. Die Zurschaustellung und Betonung der Körperformen durch eng anliegende Kleidung hielt erst mit der Übernahme westlicher Mode und Lebensformen Einzug.

Schon in der Heian-Zeit (794–1185) legte der Hofadel auf die Kleidung mehr Wert als auf die individuellen physischen und physiognomischen Vorzüge des Menschen. Diese verfeinerte Ästhetik der aristokratischen Gesellschaft prägte auch noch in der Edo-Zeit die Einstellung gegenüber Nacktheit. In der Literatur spiegelt sich dieses höfische Ideal in den rein japanischen Gedichten (›waka‹; im Gegensatz hierzu die chinesischen Gedichte ›kanshi‹), während in zahlreichen mittelalterlichen Volksliedern (›imayô‹) – wie in dem oben zitierten Gedicht – freimütig ein Loblied auf die unmittelbare geschlechtliche Anziehungskraft gesungen wurde.[4] Im Spannungsfeld dieser Pole bewegen sich die im Shunga der Edo-Zeit dargestellten Szenen. Sie nehmen das Schönheitsideal der Heian-Zeit auf, ihre Eleganz und Raffinesse und verbinden sie mit der vom Shintoismus inspirierten und im Volk tief verwurzelten Lebenslust, der sexuelle Begehrlichkeiten und Wollust nicht fremd sind. Dieses zunächst vorbehaltlos positive Verständnis von Sexualität wird durch die erwähnten konfuzianischen und buddhistischen Einflüsse eingeschränkt.

Von wenigen Holzschnittmeistern weiß man, dass sie gelegentlich mit Modellen arbeiteten. Wie etwa Katsushika Hokusai, der für einige seiner erotischen Werke seine junge Tochter als Modell wählte. So ist die Zahl reiner Nacktdarstellungen relativ gering. Die Aktdarstellung im europäischen Sinn ist erst seit dem wachsenden Einfluss des Westens nach Öffnung des Landes Mitte des 19. Jahrhunderts auch für japanische Künstler ein Thema. Dabei sorgten die ersten Bilder weiblicher Akte für handfeste Skandale. 1894 endete in Tokyo die Ausstellung der Meiji-Gesellschaft, in der der Rückenakt *Die Morgentoilette* des Malers Kuroda Seiki (1866-1924) gezeigt wurde, mit dessen Entfernung. Das Schamhaar der Frau war deutlich im Spiegel zu erkennen, vor dem sie stand, und damit die Grenze für in der Öffentlichkeit Präsentiertes überschritten. Ein Jahrhundert sollte es noch dauern, bis eine unzensierte Shunga-Ausstellung (ohne Balken und geschwärzte Stellen im Intimbereich) möglich wurde.

Nacktheit erscheint vorwiegend in einer natürlichen Umgebung, sei es im oder auf dem Wasser in einem Vergnügungsboot, im Freien oder im Ambiente eines japanischen Raumes. Die Komplexität des Themas erlaubt in diesem

Rahmen lediglich die Betrachtung weniger Aspekte, die an einigen Werken erläutert werden sollen.

Vielfarbenholzschnitte mit einer Schlafstätte oder Badeszenen (Abb. S. 115) zeigen den nackten Körper, teils in Augenblicken sexueller Lust, doch trotz aller Deutlichkeit nie ohne Wahrung ästhetischer Form. Denn diese spielt hier wie in allen anderen Bereichen des japanischen Lebens eine wesentliche Rolle. Nacktheit im öffentlichen Raum sah man zwar, nahm sie aber nicht zur Kenntnis. Dies gilt vornehmlich für die japanische Badekultur. Isoda Koryûsais Farbholzschnitt *Im Bade* aus der erotischen Serie *Shikidô torikumi jûni-ban* (*Wirrungen auf sexuellen Pfaden*) scheint die durch viele Reiseberichte tradierte Auffassung vom unbefangenen Verhältnis zur Nacktheit zu bestätigen, zeigt er doch beide Geschlechter in einem Baderaum. Ihre Genitalien sind deutlich sichtbar, und dies nicht allein um die Figuren beim Waschen zu zeigen. Man vergnügt sich und riskiert dabei einen indiskreten oder auch lüsternen Blick. Doch neben dieser erotischen Darstellung eines gemischten Bades – einem Shunga! – zeigen andere Blätter nach Geschlechtern getrennte Bäder und somit eine andere Seite des Lebens in der Edo-Zeit. Beispielsweise das 1868 herausgegebene Triptychon von Yoshiiku Ikkeisai (1833–1904) mit dem Motiv eines Frauenbades oder Utagawa Kuniyoshis (1798–1861) *Badende Männer unter einem Wasserfall*. Männer und Frauen gingen zunächst in separate Räume, um sich dort zu waschen, und schritten dann, ihre Blöße mit einem Lendenschurz und einer Art Schamtuch bedeckend, ins gemeinsame Badebecken. Obwohl es in solchen Bädern gesittet zuging, gab es auch andere, in denen ›Badefrauen‹ Massagen aller Art anboten und pornografische Farbholzschnitte feilgeboten wurden. Um diesem Treiben Einhalt zu gebieten, erließ die Regierung 1790 ein Verbot für gemischte Badehäuser und reagierte immer wieder mit Restriktionen auf das wollüstige Treiben.

Katsushika Hokusai (1760–1849), Vorzeichnung zu einem Shunga. Aus der Serie *Nami chidori* (*Watvögel auf Wellen*), um 1818, MKG

Die Linie beherrscht den ostasiatischen Holzschnitt. Ihre Perfektion – in dieser Kunst zur Vollkommenheit gebracht – ist beim japanischen Holzschnitt allein schon aus technischen Gründen unerlässlich. Die noch erhaltene Vorzeichnung zu einem Shunga von Katsushika Hokusai (Abb. S. 117)[5] verdeutlicht dies auf meisterliche Weise. Diese Darstellung eines in einem Oval lustvoll verschlungenen Paares, dessen Beine verschränkt das Bild in einer Diagonalen durchziehen oder teilen, mag auf den ersten Blick allein als Schilderung sexueller Lust in einem sehr intimen Augenblick zu verstehen sein, in dem beide Partner den in den Imayô-Volksliedern besungenen gegenseitigen Hautkontakt als erregend empfinden. Hokusai als Meister seines Fachs spielt hier durch die Andeutung von Wellen auf subtile Weise mit dem Motiv als Fruchtbarkeitssymbol und geht so über die Darstellung reiner Nacktheit hinaus.

Das Shunga-Album, zu dem diese Vorzeichnung gehört, ist in verschiedenen Versionen mit unterschiedlichen Titeln erschienen. In der Regel bestehen diese Alben aus zwölf Holzschnittblättern. Ein, zwei Motive schildern keine offenkundig sexuellen Aktivitäten, war man doch darauf bedacht, abwechslungsreiche und interessante Szenen zu zeigen und den Betrachter nicht mit einer Folge von Liebesakten zu langweilen. In die Szenen eingestreute Symbole sind weitere Mittel, den Reiz der Darstellung zu erhöhen. So steckt *Nami chidori* (*Watvögel über Wellen*) voller Symbolik. Die Watvögel – auch Regenpfeifer genannt – sind seit frühester Zeit in der japanischen Literatur wie in der Kunst ein beliebtes Motiv. Das Vergnügungsviertel Pontocho in Kyoto führte, wie viele Freudenhäuser, diesen Vogel in seinem Wappen. Die fließende, vergängliche Welt (›ukiyo‹) der Freudenviertel in der Edo-Zeit klingt hier an, denn Tau (›tsuyu‹) versinnbildlicht ebenfalls Vergänglichkeit. Selbst unter dem an anderer Stelle für das Album verwendeten Namen *Fukujusô* (*Adonis-Röschen*) würde das Bild auf glückliche Momente weisen, ist diese Blume doch ein entsprechendes Vorzeichen des Frühlings.

Viele Motive haben ihren Ursprung im Shintô. Die japanische Mythologie beschreibt, wie schon die Götter Mann und Frau in sexuellen Wonnen unterwiesen. Die erste Hierogamie, die Vereinigung der Gottheiten Izanagi und Izanami, des Urpaares, schildern die ältesten Annalen. Aus ihnen geht eine Beziehung des Menschen zur und mit der Natur hervor. Nie erscheinen hier die Gottheiten furchterregend oder strafend, und der Mensch ist den diesseitigen Freuden zugetan. Der erotische Tanz, den die Himmelstänzerin Ame-no-Uzume vor der Höhle der Sonnengöttin Amaterasu darbietet, um diese aus ihrem Versteck zu locken und so das Licht auf die Welt zurück zu bringen, zeigt eine freizügige Einstellung zur Sexualität und ein aufgeschlossenes Verhältnis zur Geschlechtlichkeit. Mit entblößten Brüsten vollführt sie ihren ekstatisch-erotisch anmutenden Tanz und erreicht damit ihr Ziel, denn das schallende Gelächter der zuschauenden Götter macht die Sonnengöttin neugierig und lockt sie aus ihrer Felsenhöhle hervor.[6]

Tänze mit geschlechtlicher Nuance wurden noch zu Zeiten der Farbholzschnittkünstler getanzt. In den Vergnügungsvierteln trat stets ein junges Mädchen allein auf. Ihr Tanz diente in erster Linie als Anreiz für Geschlechtsverkehr. Dabei hielt man die entblößte Brust einer Frau für weit weniger erregend als manch anderes der 32 Schönheitsmerkmale des weiblichen Körpers, die in Anlehnung an die Kennzeichen des Buddha Mitte des 18. Jahrhunderts in dem Shunga-Album *Onna dai saku* (*Das Studium der Frauen*) aufgelistet sind.

Kitagawa Utamaro (1754–1806), *Kurtisane nach dem Bade*. Aus der Serie *Fujin sôgaku jûttai* (*Zehn Typen weiblicher Physiognomie*), um 1798, MKG

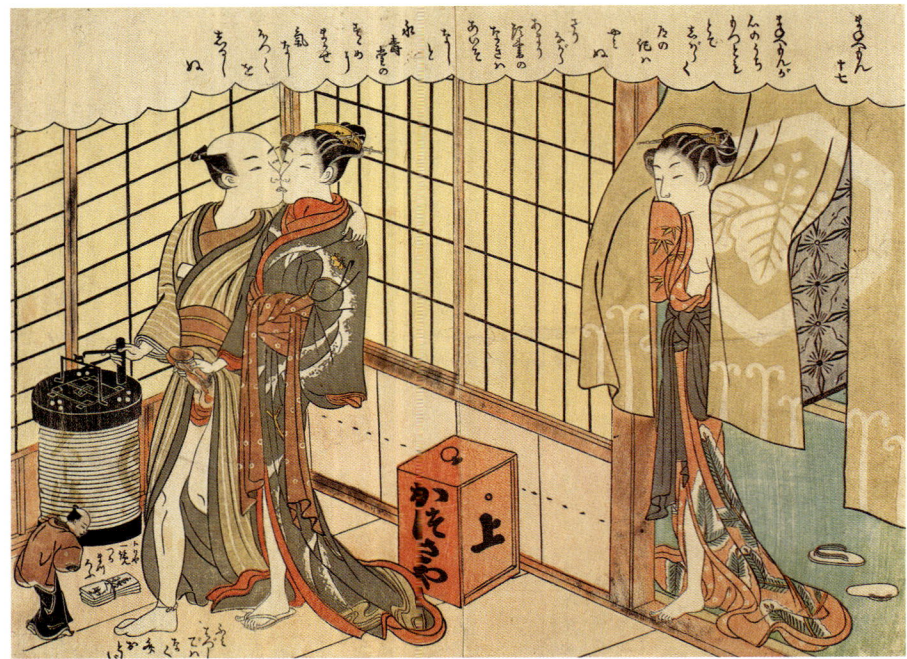

Das Motiv mit halb geöffnetem Gewand, die Brust entblößend, gilt in der Malerei und Holzschnittkunst erst seit gut einem Vierteljahrhundert als ausstellungswürdig.

Auch Kitagawa Utamaro, der große Frauendarsteller des japanischen Farbholzschnitts, der in der Serie *Fujin sôgaku jûttai* (*Zehn Typen weiblicher Physiognomie*) Frauen aus verschiedenen Gesellschaftsschichten in bis dahin unbekannter Weise dargestellt hat und psychologisch deutete, wählte dieses Motiv. Das Blatt *Kurtisane nach dem Bade* (Abb. S. 118) zeigt das Schönheitsideal des Künstlers von der sinnlich-erotischen Frau, die sich bei aller Zurückhaltung ihrer Wirkung auf das männliche Geschlecht bewusst ist. So harmonisch schön wie diese Kurtisane in einem scheinbar unbeobachteten Augenblick sind auch die Frauendarstellungen in seinen erotischen Werken, selbst in sexueller Ekstase. Der abgewandte Blick, der die Nackenlinie mit dem herabfallenden Haar freigibt, vermittelt tiefe Einsicht in das vom Ukiyo geprägte Leben der Vergnügungsviertel wie Yoshiwara in Edo, dem heutigen Tokyo.

Wo Utamaro den Blick des Betrachters auf das Geschehen lenkt und die Distanz aufhebt, stellen andere Holzschnittmeister wie Harunobu oder Koryûsai mit unterschiedlichen Mitteln Distanz her. Eine dritte Person als Beobachter, Kommentator des Geschehens oder auch als Voyeur ist ein solches Stilmittel. In den Shunga ist es keineswegs ungewöhnlich, erotisch geladene Situationen und sexuelle Aktivitäten zu zeigen, die ein Dritter beobachtet – Sinnlichkeit und Spannung sollen so verstärkt werden. Diese dritte Person kann auch ein Kind sein, das wissentlich oder heimlich das Liebesspiel eines Paares entzückt beobachtet (Abb. oben links). Ein Erwachsener, der etwa durch den Vorhang in ein Zimmer tritt oder hinter halb geschlossenen Schiebetüren kauert, wirkt meist sehr gelassen, bar jeder Regung, solange er nicht in das erotische Spiel einbezogen ist. Als unbeteiligter Zeuge wohnt er dem intimen Akt distanziert

Suzuki Harunobu (um 1724–1770), *Fûryû enshoku Maneemon* (*Die reizenden Liebesabenteuer des Maneemon*), Blatt 17, 1769, MKG

Taiso Yoshitoshi (1839–1892), *Fûzoku sanjûnisô* (*32 Aspekte des täglichen Lebens*), Blatt 8 vom 10. März 1888

bei und stellt so einen psychologischen Abstand zum dargestellten Geschehen her. Dem Künstler ermöglicht dieser Kunstgriff durch den ruhigen Blick des neutralen Beobachters, die Aufmerksamkeit auf die ästhetische Komposition zu lenken. In Suzuki Harunobus berühmter Shunga-Serie *Fûryû enshoku Maneemon* (*Die reizenden Liebesabenteuer des Maneemon*) tritt sein Alter Ego in Form des zur Bohnengröße geschrumpften Maneemon auf. Diese Hauptfigur der Serie eilt als gewitzter und humorvoller Kommentator – seine Äußerungen sind sprechblasenartig ins Bild integriert – auf seinem Liebespfad von einem Schlafgemach zum nächsten und verweilt für einen Augenblick, um mit jedem neuen amourösen Abenteuer die Irrungen und Wirrungen auf sexuellen Pfaden kennen zu lernen und schlagfertig zu kommentieren.

Kurz nach Erscheinen dieser erfolgreichen Serie brachte Isoda Koryûsai eine eigene Folge unter dem Titel *Haikai inyô Maneemon* (*Frauen und Männer, beobachtet von Maneemon*) heraus, in der er eine kleine, neugierige Frau als Voyeurin Pikanterien erspähen lässt.

Taiso Yoshitoshi (1839–1892), *Oshū Adachigahara hitotsuya no zu* (*Das einsame Haus auf dem Adachi-Moor*), 1885

Nobuyoshi Araki (geb. 1940), *Gefesseltes Mädchen*, 1983, MKG

121

Einhundert Jahre später hat Taiso Yoshitoshi den Beobachter aus dem Bild ›verbannt‹. Mittels Perspektive lässt er ihn jedoch zum Voyeur werden, der den intimen Augenblick, in dem die Frau auf ihrem Rücken Moxa (= als Brennkraut verwendeter Beifuß) abbrennt, erregt mitverfolgt. In den *Fûzoku sanjûnisô* (*32 Aspekte des täglichen Lebens*) – wiederum in Anlehnung an die *32 Aspekte des Buddha* und in Anklang an die Werke Utamaros – hält Yoshitoshi an Vergangenem fest in Zeiten des Umbruchs, wie er durch die Meiji-Restauration von 1868 ausgelöst wurde. Das Blatt vom 10. März 1888 (Abb. S. 120 rechts) zeigt eine Hausfrau der Bunsei-Ära (1818–1830), rückenfrei und mit der erotischen Nackenlinie, die seit den Tagen der Hofdamen am Kyotoer Kaiserhof neben dem Schönheitsideal einer hohen Stirn, weißer Haut und einem kleinen Mund erotische Empfindungen weckt. Der weiß geschminkte Hals galt in der Edo-Zeit als sinnlichstes Zeichen der Weiblichkeit.

Der Betrachter des Holzschnitts sieht die Frau aus der Perspektive des Beobachters, auf den ihr Blick gerichtet ist. Der verdeckte Mund und die halb geschlossenen Augen sind dem Geliebten direkt zugewandt; er wird wohl die

122

Katsushika Hokusai (1760–1849), *Mampuku wago-jin* (*Die Götter des Geschlechtsverkehrs*), Frontispiz, 1833, MKG

Moxa-Kegel angesetzt haben. Sie beugt sich über ein ›hibachi‹, ein Kohlebecken, dessen Name ein Synonym für das Wort ›heiß‹ ist und das neben dem brennenden Moxa-Kegel als Anspielung auf erotisch-erregende Begegnungen gilt. Die Einbeziehung der Darstellung schöner Frauen (›bijin-ga‹) unter pornografisch-erotische Blätter wird an dieser Stelle durch die Symbolik verständlich.[7]

Schmerzen – wie hier durch das Abbrennen von Moxa verursacht – und Grausamkeiten bis zum Blutrausch sind in der erotischen Literatur und Kunst seit der zweiten Hälfte des 19. Jahrhunderts mehr und mehr ein Thema, dem sich auch Holzschnittmeister wie Taiso Yoshitoshi zuwandten (Abb. S. 121 rechts). Yoshitoshi gilt mit seiner Darstellung gefesselter und ermordeter Frauen als Meister der Grausamkeit schlechthin. Das harmonische Liebesspiel der Figuren eines Harunobu mit entsprechendem Ambiente wurde in Zeiten des Zusammenbruchs von Darstellungen abgelöst, in denen sexuelle Gewalt als Mittel der Erregung diente.

Im japanischen Holzschnitt (›ukiyo-e‹) aufgekommen, bleiben Obsessionen, Züchtigungen und Qualen in der Erotik für Filmschaffende und Fotografen ein Gegenstand, mit dem sie sich darstellerisch auseinandersetzen. Nobuyoshi Arakis Serie *Gefesselte Mädchen* von 1983 (Abb. S. 121 rechts) steht, trotz moderner Einflüsse, in einer Tradition, wie sie mit den letzten großen Holzschnittmeistern begann.

Lange Zeit verbarg man Erotik und ihre gewaltsame Seite hinter der Maske des Humors. Die Frühlingsblätter wurden neben einigen anderen Bezeichnungen nämlich auch ›warai-e‹ genannt – Bilder, über die man lacht. Das befreiende Lachen angesichts allzu monströs geratener Geschlechtsteile umfasst diese Bezeichnung ebenso wie ihre humorvolle Variante in den Karikaturen.

Katsushika Hokusai personifiziert in seinem Album mit erotischen Szenen (›enpon‹), *Mampuku wago-jin* (*Die Götter des Geschlechtsverkehrs*) von 1833, auf dem Frontispiz die weiblichen und männlichen Genitalien (Abb. links). Als dickbäuchiges Paar umarmen sie einander, liebevoll ›Händchen haltend‹ und vor Lebensfreude strahlend. Auch Hokusai steht damit in einer jahrhundertealten Tradition, die auf witzig-humorvolle Weise Sexualität karikiert und in ihrem Ausdruck häufig bis ins Groteske steigert. Die Künstler trafen so den Geschmack eines breiten Publikums, das in seinem Anspruch an Vergnügen leicht zufrieden zu stellen war.

So vielfältig und widersprüchlich die japanische Erotik im Spiegel der Frühlingsbilder auch sein mochte, sie war doch stets einem ästhetischen Prinzip untergeordnet, das je nach Kontext manchmal von allzu Alltäglichem überlagert wurde.

1 Zit. nach Makoto Ooka, *Dichtung und Poetik des alten Japan*, München 2000, S. 120.

2 Timon Screech, *Sex and the Floating World. Erotic Images in Japan 1700–1820*, London 1999, S. 34ff.

3 Ebenda, S. 16–21.

4 Ooka (wie Anm. 1), S. 109–127.

5 *Erotik im alten Japan. Liebesspiele in Farbholzschnitten.* Begleitheft zur Ausstellung im Museum für Kunst und Gewerbe Hamburg, 1996, Kat.Nr. 41.

6 Ebenda, S. 3.

7 John Stevenson, *Yoshitoshi's Women. The Woodblock-Print Series Fûzoku sanjûni sô*, Seattle, London 1995, Nr. 8.

Ich danke Frau Dr. Ursula Lienert für ihre engagierte Unterstützung und wertvolle Hilfe.

Installation mit Nackten
Ein Erfahrungsbericht

Ich habe mich mit 300 Menschen auf einem öffentlichen Platz ausgezogen, ob-wohl ich unter neun Vettern und Cousinen das einzige Kind war, das die Ba-dehose immer anbehalten hat: Wie zum Trocknen auf den Asphalt ausgeleg-te Handtücher arrangiert der amerikanische Künstler Spencer Tunick nackte Körper zu einer ›menschlichen Skulptur‹. Die Arbeiten befremden unsere so-zial bestimmte Wahrnehmung: Im öffentlichen Raum ist die Intimität der Nacktheit nicht vorgesehen sagt der Künstler. »Ich würde zum Beispiel nie in einem islamischen Land fotografieren, wo die Entblößung eines menschlichen Körpers religiöse Gefühle verletzten könnte. Selbst in westlichen Ländern le-ge ich meine Aktionen stets in die frühen Morgenstunden, wenn kaum Men-schen auf der Straße sind.«

Während die wartenden Teilnehmer vom Veranstalter aufgeklärt werden, dass es erst in einer halben Stunde losgehe, beginnt sich ein etwa 40-Jähriger un-ter der Straßenlaterne auszuziehen. So sehr die vergnügte Nacktheit des Ei-nen die bekleidete Mehrheit befremdet, so absurd ist die Reaktion: Bei Mor-gengrauen werden sich auch die jetzt noch Bekleideten ausziehen – aus Liebe zur Kunst, aus Exhibitionismus oder als Herausforderung ihres Schamgefühl, vielleicht weil sie schon immer einmal nackt durch Londons Vorstadtidylle lau-fen wollten.

Plötzlich heißt es: »Get naked now«, und in drei Minuten liegen 300 nackte Kör-per auf dem ausgekühlten Boden. Ich habe noch nie so gefroren. Es ist zu kalt, um sich zu schämen. An der Gänsehaut des neben mir Liegenden kann ich stil-len Protest gegen die Kälte ablesen. Hier geht es nicht um nudistisches Le-bensgefühl.

Ich muss aufpassen, angesichts der Einzigartigkeit der so unterschiedlich ge-formten Körpers nicht in den Verdacht voyeuristischer Neigung zu geraten: Die sehen ja alle total anders aus als ich. Gespräche kommen kaum zustande. Zu sehr ist jeder Einzelne mit dem eigenen, frierenden Körper beschäftigt oder in der Intimität seiner Nacktheit um Anonymität bemüht. Auch ich will ver-meiden, erkannt und angesprochen zu werden. Ich versuche, den Fernseh- und Fotokameras auszuweichen.

Die zweite Fotoserie wird in einer etwa 300 Meter entfernten schmalen Ein-kaufsstraße geschossen. Dreihundert Nackte machen Lärm, wenn sie frieren. Von Schreien gegen die Kälte geweckt, blinzelt eine verschlafene Frau durch ihr Fenster. Dreihundert Nackte rufen der entgeistert Blickenden lachend ein »Good morning« zu.

In einer halben Stunde werden die Geschäfte öffnen und alles wieder seinen normalen Gang gehen.

Alexis von Dziembowski,
Teilnehmer einer Installation aus der Serie *Nude Adrift*
Spencer Tunicks in Greenwich/London,
am 22. September 2001

Spencer Tunick (geb. 1967),
Installation, Kunsthalle Wien, 1999

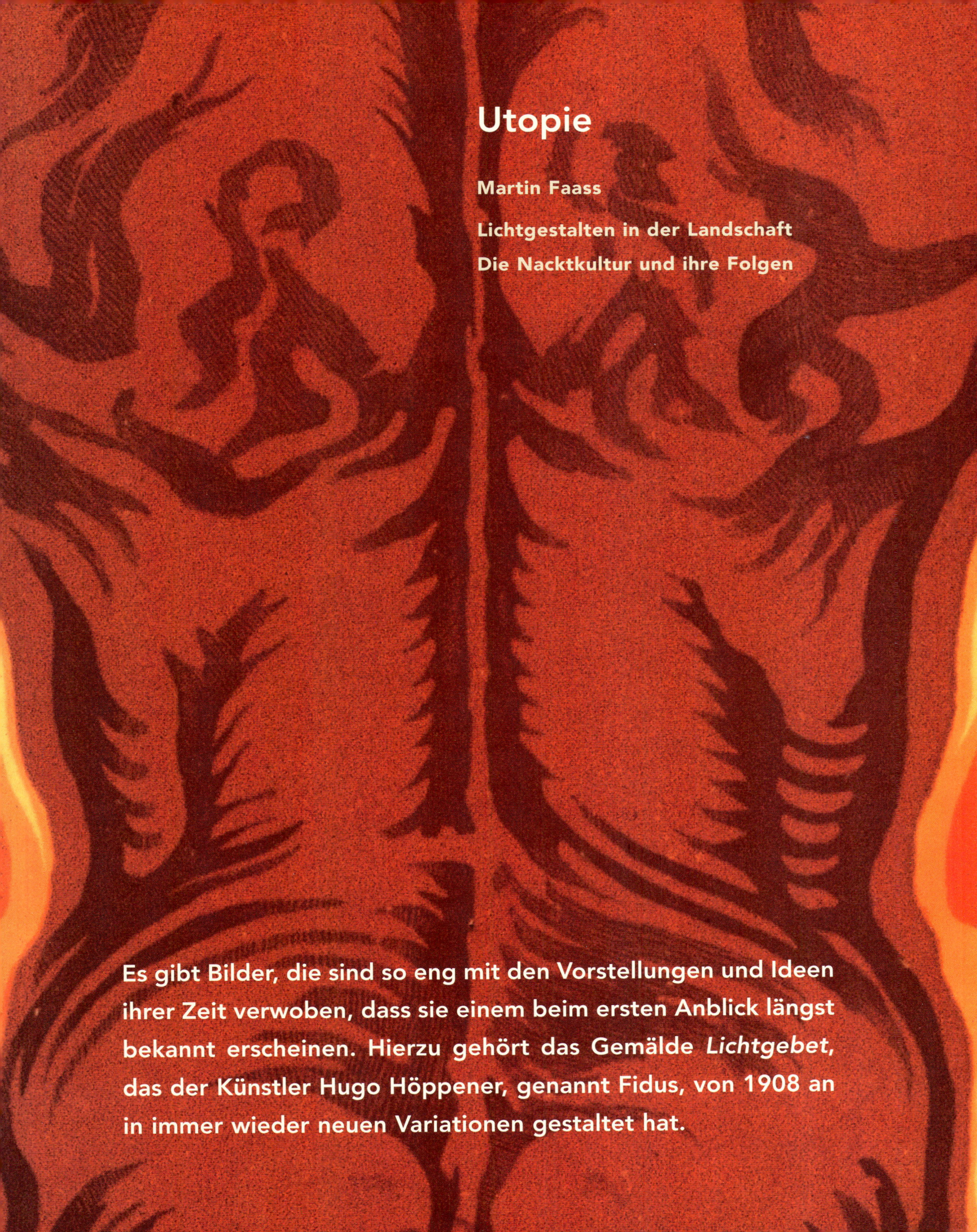

Utopie

Martin Faass

**Lichtgestalten in der Landschaft
Die Nacktkultur und ihre Folgen**

Es gibt Bilder, die sind so eng mit den Vorstellungen und Ideen ihrer Zeit verwoben, dass sie einem beim ersten Anblick längst bekannt erscheinen. Hierzu gehört das Gemälde *Lichtgebet*, das der Künstler Hugo Höppener, genannt Fidus, von 1908 an in immer wieder neuen Variationen gestaltet hat.

Voller Inbrunst reckt sich ein nackter, sonnengebräunter Jüngling dem gleißenden Sonnenlicht entgegen (Abb. S. 129). Er steht auf einem einsamen Felsen über den Gipfeln einer im Hintergrund angedeuteten Gebirgslandschaft. Sein Blick ist gen Himmel gerichtet, seine Arme im alttestamentarischen Gebetsgestus erhoben, als hoffte er von dort Kraft und Segen zu empfangen. Fidus ist zwar nicht der Erste, der das Sujet des Lichtgebetes aufgegriffen hat, vor ihm ist es bereits im Werk von Ferdinand Hodler, Otto Eckmann und Max Klinger zu finden. Er ist aber mit seiner Interpretation des Gebetes als einer rituellen Verschmelzung von Mensch und Natur derjenige gewesen, der das Körperbewusstsein der Nacktkultur um 1900 am besten versinnbildlicht und mit dieser Geschichte geschrieben hat.

»Du sollst den Menschenkörper nicht in Kleidern vergraben, sondern uneingehüllt am hellen Sonnenlicht sich freuen und gedeihen lassen, dann wird er schön werden, schön, sehr schön.«[1] – »Im Nackten allein findet ihr Schönheit und Gesundheit!«[2] Mit solchen Parolen machte gegen Ende des 19. Jahrhunderts eine Bewegung auf sich aufmerksam, die die Nacktheit als entscheidende Voraussetzung für die Möglichkeit eines naturnahen und gesunden Lebens propagierte: die Nacktkultur. Die Ziele dieser Bewegung waren zunächst gesundheitlicher Art. Sie wollte die bleichen Körper der kränkelnden Städter von ihren Kleiderhüllen befreien, um sie durch frische Luft und das Licht der Sonne zu kräftigen und sie wenigstens zeitweilig in jenen durch Kultur und Zivilisation verloren gegangenen Einklang mit der Natur zu bringen. Die Nacktkulturbewegung orientierte sich hierbei u.a. an dem Schweizer Arzt Arnold Rikli, der in Kritik an der Schulmedizin bereits um die Jahrhundertmitte eine Licht-Luft-Therapie entwickelt hatte. »Das Luftbad«, so beschreibt es Heinrich Pudor, einer der wichtigsten Wortführer der Bewegung, »besteht darin, dass man den ganzen Körper von der Hülle der Kleidung befreit und in der Luft badet. Besonders heilkräftig wirkt das Bad, wenn man es bei Tage nimmt, weil dann der Lichtreiz hinzukommt. Im engeren Sinne ist das Luftbad zugleich ein Lichtbad oder ein Luftlichtbad.«[3] Dabei hatte man durchaus den Anspruch, durch die individuelle Besinnung auf die Natur soziale und moralische Veränderungen bewirken zu können und hoffte darauf, die als Folge der Zivilisation angesehenen Missstände wie Prüderie, Doppelmoral und körperliche Verweichlichung zum Verschwinden bringen zu können. Mit dieser Zielsetzung gehörte die Nacktkultur zu jenen Bewegungen des ausgehenden 19. Jahrhunderts, die man seit 1896 unter dem Begriff der Lebensreformbewegung zusammenfasst.

Nie zuvor war in Deutschland ein Drang nach Erneuerung, nach umfassenden Reformen aller Lebensbereiche so groß gewesen wie gegen Ende des 19. Jahrhunderts. In allen Lebensbereichen entwickelte sich eine schier unüberschaubare Vielfalt von Reformbewegungen: Vegetarismus, Antialkoholismus, Tierschutz, Gartenstadt- und Siedlungsbewegung, Naturheilkunde und Nacktkultur sowie eine Vielzahl alternativer religiöser Lehren, wie etwa der Mazdaznanlehre oder der Theosophie. Sie alle antworten auf den tief greifenden, als Krise empfundenen gesellschaftlichen Wandel, der sich durch die rasante Entwicklung der Industrie und der damit verbundenen Verstädterung vollzog. Großstadt und Industrie waren mit einem Mal für die Mehrzahl der Deutschen beherrschende Erfahrungen. Die explosionsartige Zunahme der Stadtbevölkerung hatte eine Wohnsituation zur Folge, die insbesondere in den stetig sich

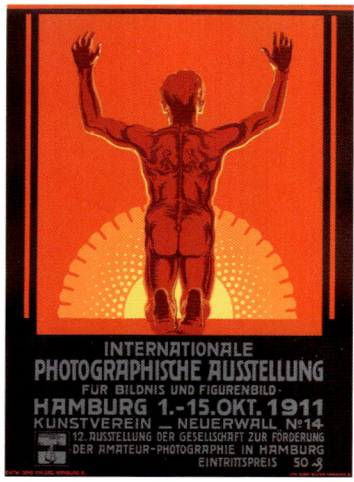

Johannes Ehlers, *Plakat für die Internationale Photographische Ausstellung in Hamburg*, 1911, MKG

Hugo Höppener, gen. Fidus (1868–1948), *Lichtgebet*, Lichtdruck, Fassung von 1913, Berlinische Galerie, Landesmuseum für Moderne Kunst, Photographie und Architektur

29

ausdehnenden Arbeiterquartieren erbärmlich war: Hässliche Mietskasernen mit bis zu acht Hinterhöfen, die man in aller Eile und unter dem Gesichtspunkt der optimalen Ausnutzung des Baugrundes errichtet hatte; darin feuchte, lichtlose Wohnungen, in denen sich aus Mangel an Geld und Wohnraum nicht selten sechs Menschen ein Zimmer teilten; Krankheit, Alkoholismus und Kriminalität waren die Folge.

Unter diesen Umständen musste die Nacktkultur wie eine lang ersehnte Befreiung erscheinen, so dass sich ihr insbesondere Angehörige der bürgerlichen Schichten massenhaft anschlossen. Ab Mitte der neunziger Jahre setzten sich vor allem die Naturheil- und Vegetariervereine und deren Vereinszeitschriften für die Einrichtung öffentlicher Luftbäder ein. Diese Forderung fand schon bald Gehör, so dass die Vereine 1907 auf über 180 Luftbäder, teils verbunden mit Badeanstalten, verweisen konnten, eine Zahl, welche die Breitenwirkung der Bewegung eindrucksvoll dokumentiert. Anders als bei Rikli trat an die Stelle des unbewegten Sonnenbades nun die Freiluftgymnastik, systematisches Muskeltraining bei Männern und der Tanz bei Frauen, weshalb die Luftbäder mit einer Vielzahl von Turn-, Spiel- und Sportgeräten ausgestattet wurden. Das neue Körperbewusstsein führte zu einer ganz neuen künstlerischen Auffassung des nackten Körpers. Die Identifikation von Nacktheit mit Schönheit lockerte die traditionelle Übereinkunft, dass Busen, Bauch und Po nur im Zusammen-

Hugo Höppener, gen. Fidus (1868–1948), *Hohe Wacht für den ›Hohen Meißner‹* (Weihebild für das Jugendtreffen auf dem Hohen Meißner, 1913), Zeichnung, Berlinische Galerie, Landesmuseum für Moderne Kunst, Photographie und Architektur

hang mit historischen, mythologischen oder symbolischen Sujets nackt dargestellt werden dürfen, und eröffnete den Künstlern ganz neue Möglichkeiten. Diese Lockerung führte dazu, dass in Malerei und Fotografie das Sujet ›Akt in der Landschaft‹ populär wurde und dass Illustration und Kunstgewerbe den Akt als dekoratives Motiv entdeckten. Mustergültig ist die Neubewertung des Aktes am Erscheinungsbild der für den Jugendstil namengebenden Zeitschrift *Jugend* abzulesen, die mit der Nacktkultur sympathisierte und Künstlern wie Fidus ein Forum für die Veröffentlichung ihrer Arbeiten bot. Ob Kopfleisten, Schluss-Stücke oder Illustrationen, überall begegnen wir ihnen: nackten Menschen in paradiesischem Einklang mit Flora und Fauna, so etwa in der 1903 veröffentlichten Zeichnung einer munter über die Wiese tanzenden Nackten von Alois Kolb (Abb. rechts). Den Kopf zum Boden geneigt, die Arme ausgestreckt, hüpft sie beschwingt durch den Löwenzahn. Ihr Körper ist ohne starre Pose dargestellt, seine Formen ohne allzu tendenziöse Stilisierung. Ihrer Bewegung und ihren Muskeln meint man die gymnastischen Übungen im Luftlichtbad ansehen zu können. Alles deutet darauf hin, dass man es nicht mit einer akademischen Allegorie, sondern mit einer lebensfrohen Zeitgenossin der Jahrhundertwende zu tun hat, was im Übrigen auch ihr Haarschnitt unterstreicht.

Eine solch freie Darstellung traf – wie die Nacktkultur insgesamt – auf den erbitterten Widerstand der kulturkonservativen Kreise im kaiserlichen Deutschland. Schon die Verbindung der beiden Worte ›nackt‹ und ›Kultur‹, die auf den wichtigsten Propagandisten der Bewegung, Heinrich Pudor, zurückgeht, war für alle Wohlanständigen ein Affront. Nackt waren, in der Vorstellung des wilhelminischen Deutschlands, die kulturlosen Wilden in den Kolonien, nackt waren die Prostituierten, die in zweifelhaften Etablissements ihrem unsittlichen Gewerbe nachgingen. Wie sollte das mit Kultur, mit der geistigen, sittlichen und künstlerischen Veredelung des Menschen zusammengehen? Nacktheit war in dieser Zeit ein defizitärer Zustand, ein Mangel an Kleidung und sittlichem Anstand, der mit einem umfassenden Tabu belegt war. Öffentliche Nacktheit war auf die Kunst beschränkt, und dass sie nicht einmal dort unangefochten war, zeigt im Jahr 1900 der Versuch der katholischen Zentrumspartei, mit der so genannten Lex Heinze die öffentliche Abbildung und Zurschaustellung von Nacktheit, die das Schamgefühl gröblich verletzen, unter Strafe zu stellen. Daher stand die Nacktkultur von Anfang an unter einem enormen Legitimationsdruck, dem sie vor allem dadurch begegnete, dass sie die Prüderie ihrer Gegner ins eigene Konzept übertrug. So wurde auch von den Vordenkern der Nacktkultur der sexuelle Aspekt der Nacktheit radikal geleugnet und alles nur entfernt an Sexualität Erinnernde aus dem Lichtkultus verbannt. Man ging sogar so weit zu behaupten, dass die Kleidung – und hier hatte man vor allem das Korsett im Blick – die eigentliche Ursache der Unsittlichkeit sei, während die Nacktheit den Sexualtrieb dämpfe. »Die völlige Nacktheit«, so Richard Ungewitter, »hat also weder mit Schamlosigkeit etwas zu tun noch mit Geschlechtstrieb«.[4] Selbstverständlich herrschte in den Licht-Luftbädern bis in die zwanziger Jahre Geschlechtertrennung. Flankiert wurde die Tabuisierung der Sinnenlust von der ideologischen Überhöhung der Nacktheit. So entkleideten sich die Anhänger der Nacktkultur dem eigenen Verständnis nach gar nicht. Nein, sie legten ein ›Lichtgewand‹ an. In gleicher Weise wurde das Sonnenbaden hochstilisiert, zu einem quasireligiösen ›Lichtgebet‹. Bei Pudor und Ungewitter wird auch mit rassehygienischen Argumenten gearbeitet und darauf

Alois Kolb, *Tanzende*, Illustration in der Zeitschrift *Jugend*, 1903, MKG

132

Ernst Ludwig Kirchner (1880–1938), *Spielende nackte Menschen unter Baum*, Öl auf Leinwand, 77 x 89 cm, 1910, München, Neue Pinakothek (Leihgabe aus Privatbesitz)

verwiesen, dass die Nacktkultur zur Verbesserung der »Rasse« und »Gesundung durch Volkskraft«[5] beitrage. Diese ideologische Stilisierung schlägt sich auch in der der Nacktkultur nahe stehenden Kunst, insbesondere im Werk von Hugo Höppener, nieder. Durch archaische Waffen, durchtrainierte Körper und einen starren, von einem scheinbar göttlichen Auftrag beseelten Blick werden die Nackten hier zu Kämpfern einer mythischen germanischen Sache.

Mit dieser Prüderie und der aus ihr hervorgehenden Ideologisierung aufzuräumen war einer künstlerischen Avantgarde vorbehalten, die es, anders als die konservativen Revolutionäre der Nacktkultur, durchaus auf einen grundsätzlichen Bruch mit der wilhelminischen Gesellschaft anlegten: den Expressionisten der Brücke. In den Sommermonaten der Jahre 1909 und 1910 zogen Heckel, Pechstein und Kirchner gemeinsam mit ihren Modellen an die nördlich von Dresden gelegenen Moritzburger Seen, wo sie sich in paradiesischer Nacktheit der Natur, der Kunst und auch ihren weiblichen Begleiterinnen hingaben. »Naturerlebnis, Eros und Kunst verbinden sich in diesen Sommeraufenthalten zu einem festlichen Klang.«[6] Aus diesem intensiven Erlebnis von Nacktheit und Natur resultierte ein künstlerisches Werk, dessen großes Thema der nackte Mensch in der Landschaft ist. In klaren Farben, mit kräftigen Pinselstrichen gemalt, zeigen die Bilder, völlig ungekünstelt, Badeszenen: nackte Frauen, die sich die Brüste mit Wasser benetzen; Frauen, die sich die Beine waschen oder die mit übereinander geschlagenen Beinen im Schilf sitzen. Hier und da ein nackter Mann. Es herrscht eine entspannte Stimmung, man betrachtet einander, man unterhält sich, und in einigen Bildern kommen sich die Nackten liebend näher, so in Kirchners Gemälde *Spielende nackte Menschen unter Baum* (Abb. links) aus dem Jahr 1910. Entsprechend groß war die Entrüstung der Zeitgenossen, die sich die grellbunte, pastose Malerei vielleicht noch hätten gefallen lassen, aber so viel unbekümmerte Nacktheit einfach unerträglich fanden. In einer zeitgenössischen Kritik heißt es: »Was uns da vorgeführt wird, das atmet den Gifthauch der dunkelsten Lasterstätten irgendeiner Großstadt und zeigt eine Geisteslage dieser Künstler, die eigentlich nur pathologisch zu begreifen ist.«[7]

Es sollte noch einige Zeit dauern, bis eine derart unkomplizierte Auffassung der Nacktheit, wie sie die Expressionisten in ihren Werken vertraten, gesellschaftlich toleriert wurde. Erst in den wilden zwanziger Jahren, nach dem Zusammenbruch des Deutschen Kaiserreiches, war es so weit. Die Nacktkultur wurde nun im Wesentlichen von ehemaligen Mitgliedern der Jugend- und Wandervogelbewegung getragen, die in Reaktion auf die schrecklichen Erlebnisse des Krieges ein neues ›Zurück zur Natur‹ anstimmten. Es war eine neue Generation von Nackten, die vor allem die ungezwungene Gemeinschaft mit Gleichgesinnten und das Herumtollen auf freiem Gelände suchten. Der ideologische Überbau, die Licht- und Luftmystik, mit der die Nacktkultur der Kaiserzeit um Legitimation rang, spielte für die meisten von ihnen keine Rolle mehr, wenn sicherlich auch noch jeder zweite seinen Fidus in der Stube hängen hatte. Die Nacktkultur wurde mehr und mehr zu einer Freikörperkultur säkularisiert, die sich in politische und weltanschaulich ganz unterschiedliche Gruppierungen teilte. Diese waren als Vereine organisiert und verfügten über ein eigenes, meistens an einem See gelegenes Naturgrundstück, auf dem ihre Mitglieder – Junge, Alte und Familien – ihre geselligen und sportlichen Neigungen ausleben konnten. Fast ebenso groß wie die Vielfalt der Vereine

133

134

Kletternde nackte Frauen, 1927, Fotografie (für das
Titelbild der Zeitschrift *Lachendes Leben*), 1927, MKG

war die der FKK-Zeitschriften. Sie hießen *Sonniges Land*, *Körperbildung Nacktkultur*, *Das Freibad*, *Lachendes Leben* (Abb. links) und zeigten auf ihren Seiten so viele nackte Tatsachen, wie man sie noch nie zuvor gesehen hatte. Die Machtergreifung der Nationalsozialisten im Jahr 1933 bedeutete für die FKK-Bewegung und erst recht für die Darstellung des Nackten in der Kunst eine einschneidende Veränderung. Sie wurde von den völkischen Gruppierungen der FKK, die sich eine »rassische Aufartung und moralische Erneuerung«[8] erhofften, als lang ersehnte Wende begrüßt. Die Zeitschrift *Körperkultur und Lebensreform* widmete dem neuen Reichskanzler Adolf Hitler im April 1933 ein Sonderheft, in dem mit einer Aneinanderreihung von Zitaten aus *Mein Kampf* dargelegt wird, dass Hitler, der Antialkoholiker, Tabakgegner und Vegetarier, immer schon einer der Ihren war. Auch Hugo Höppener sieht das so und schreibt in einem Aufruf an die deutschen Brüder und Schwestern: »Ein heldischer Führer hat uns endlich zur deutschen Volksgemeinschaft zusammengeführt. (...) Heil ihm! Mit lichtdeutschem Gruße Euer Fidus.«[9] Die neuen Machthaber wurden allerdings mit dem Beifall von dieser Seite nicht so recht froh. Denn in ihren Augen war die Bewegung zu sehr mit den freizügigen zwanziger Jahren, der so genannten Systemzeit, verknüpft und zu deutlich mit dem Vorwurf der Unsittlichkeit behaftet, als dass die Nationalsozialisten sie ohne Zögern zu ihrer Sache hätte machen können. Auf Betreiben des aus dem Reichsverband für Freikörperkultur hervorgegangenen Kampfringes für völkische Körperkultur erteilte der Reichssportführer im Oktober 1933 schließlich doch die Genehmigung, die Freikörperkultur in den Deutschen Bergsteiger- und Wandererverband einzugliedern. Trotz dieser Genehmigung war die FKK auch in den folgenden Jahren innerhalb der Partei aus Sorge um Sittlichkeit und Moral der deutschen Volksgenossen nicht unumstritten, obwohl sie in dem Reichsbauernführer Darré einen mächtigen Fürsprecher hatte.

So sehr die Nacktheit in freier Natur und in gemischtgeschlechtlichen Gruppen umstritten blieb, die Nacktheit in der Kunst war als Ausdruck einer »moderne(n) und deshalb fühlbar sportliche(n) Klassizität«[10] unumstritten. Sofort nachdem die nationalsozialistischen Kulturaktivisten die moderne Kunst aus den Museen entfernt und als ›entartet‹ gebrandmarkt hatten, wurde ein hypertropher Klassizismus mit bäuerlichem Einschlag als Staatskunst installiert, bei dem der nackte Mensch zu den Hauptmotiven zählt. Arno Breker und Ludwig Thorak, künstlerische Aushängeschilder des Dritten Reiches, sind mit Nackten berühmt geworden. Die nationalsozialistische Bevorzugung der Nacktheit in Malerei und Skulptur hatte ihre Gründe zum einen in der mit ihr assoziierten zeitlosen Gültigkeit, zum anderen in dem Uniformcharakter, den sie im Zusammenhang mit der Darstellung einer größeren Gruppe von Nackten gewinnt. Entscheidender aber war, dass sie sich hervorragend für die Propagierung der nationalsozialistischen Ideologie von der »rassisch bedingte(n) Eigenart«[11] des Menschen eignete, derzufolge der Mann seinem Wesen nach kernig, heroisch, Bauer oder Soldat und allzeit kampfbereit ist, während die Frau als milde, freundliche, demütige Gebärerin und Nährerin des Nachwuchses gilt. Und als solche wurden sie in der nationalsozialistischen Kunst auch dargestellt, nach immer demselben stereotypen Muster. Zur Charakterisierung des Mannes: entschiedener, leicht grimmiger Blick, fest geschlossener Mund mit zusammengebissenem Kiefer, zupackende, klobige, immer etwas überproportional dargestellte Hände und eine Körpermuskulatur, die eher an

Neues Volk, Plakat, 1938, MKG

einen Panzer als an ein Gebilde aus Fleisch und Blut erinnert. Zur Charakterisierung der Frau: lange, geflochtene, zu einem festen Dutt zusammengesteckte Haare, volle Brüste und einen Säugling im Arm. Hinzu kommt eine gewollte Rohheit in der Darstellung, die dem Ganzen zusätzliche künstliche Härte verleiht. So hatten dem Geschmack der braunen Machthaber nach Nackte auszusehen. Mit den vergeistigten Lichtwesen eines Fidus ließ sich da wenig anfangen. Sie galten bei ihnen als »süßlicher Kitsch«[12] und wurden – Ironie der Geschichte – von dem führenden Kunsthistoriker des Dritten Reiches, Wolfgang Willrich, in einem Atemzug mit den Werken ›entarteter‹ Künstler genannt.[13]

1 Aus: *Kampf der Lichtfreunde gegen die Dunkelmänner*, Verlag W. Kästner Berlin, zit. nach Michael Andritzky und Thomas Rautenberg (Hg.), *»Wir sind nackt und nennen uns Du«. Von Lichtfreunden und Sonnenkämpfern. Eine Geschichte der Freikörperkultur*, Gießen 1989, S. 37.

2 Diese Äußerung Heinrich Pudors von 1890 steht im Zusammenhang mit dem Nacktturnen, zit. nach Uwe Schneider, Nacktkultur im Kaiserreich. In: Michael Grisko (Hg.), *Freikörperkultur und Lebenswelt. Studien zur Vor- und Frühgeschichte der Freikörperkultur in Deutschland*, Kassel 1999 (S. 69–113), S. 74.

3 Heinrich Pudor, *Katechismus der Nacktheit*, 1906, zit. nach Andritzky/Rautenberg (wie Anm. 1), S. 29.

4 Richard Ungewitter, *Nackt. Eine Kritische Studie*, Stuttgart 1909, zit. nach Andritzky/Rautenberg (wie Anm. 1), S. 20.

5 Heinrich Pudor, *Nacktkultur*, Bd. 3, Berlin 1906, zit. nach Uwe Schneider (wie Anm. 2), S. 84.

6 Paul Vogt, *Erich Heckel*, Recklinghausen 1965, S. 29.

7 Kritik der *Kölnischen Zeitung* anlässlich einer Ausstellung von Cuno Amiet, Erich Heckel, Ernst Ludwig Kirchner und Max Pechstein bei Tietz in Düsseldorf, zit. nach Karl Heinz Gabler, *Erich Heckel. Zeichnungen und Aquarelle*, Weinheim 1983, S. 82.

8 *Die Ja zum Leibe*, Berlin o. J., einer der ersten nazistischen Texte, zit. nach Andritzky/Rautenberg (wie Anm. 1), S. 144.

9 Janos Frecot, Johann Friedrich Geist, Diethart Krebs, *Fidus. 1868–1948. Zur ästhetischen Praxis bürgerlicher Fluchtbewegungen*, München 1972, S. 200.

10 B. Koll, *Deutsche Maler der Gegenwart*, Berlin 1937, S. 130, zit. nach *Dokumente der Unterwerfung. Kunst im 3. Reich*, hg. v. Frankfurter Kunstverein und der Arbeitsgruppe des kunstgeschichtlichen Institutes der Universität Frankfurt, Redaktion Georg Bussmann, Frankfurt 1980[4], S. 393.

11 Adolf Hitler, Blut und Kultur. In: *Odal*, Oktober 1934, zit. nach Joseph Wulf, *Die bildenden Künste im Dritten Reich. Eine Dokumentation*, Frankfurt 1989, S. 237.

12 Walter Hansen, Wolfgang Willrich. In: *Das Bild*, 1936, zit. nach Joseph Wulf (wie Anm. 11), S. 390.

13 Frecot/Geist/Krebs (wie Anm. 9), S. 202.

Inszenierung

Michaela Völkel

**Verhüllen und Enthüllen des Körpers
Gedanken zu einer erotischen
und ästhetischen Strategie**

In einem Umfeld, in dem das Bekleiden und Bedecken des Körpers obligatorisch ist, wird jede Form des teilweisen oder
gänzlichen Enthüllens zu einem spannungsreichen, meist erotischen Schau-Spiel.[1] Während der Zustand der Nacktheit statisch ist, ist der Vorgang des Enthüllens ein theatralischer Akt.

138

Adam und Eva nach dem Sündenfall, Alabaster, Höhe 27 cm, Süddeutschland, um 1670, MKG

Die zur Seite geschobene, verrutschte oder abgestreifte Kleidung übernimmt die Rolle eines Bühnenvorhangs. Das erwartete Schauspiel, die vollständige Entkleidung oder der sexuelle Akt, findet ausschließlich im Kopf des Betrachters oder der Betrachterin statt. Das Enthüllen ist ein Spiel für den Betrachter, vor allem aber auch ein Spiel mit dem Betrachter. Über den Sehsinn wird seine ganze Sinnlichkeit mobilisiert. Vom Verhalten des sich enthüllenden Akteurs ist es abhängig, welche Rolle dem Betrachter zugewiesen wird. Er kann von der oder dem sich Entkleidenden direkt angesprochen werden – das Entkleiden wird dann zu einem Akt der Kommunikation; er kann heimlich beobachten – und wird dadurch zum Voyeur; er kann frustriert und befriedigt, stimuliert oder erschreckt werden. Er kann schließlich dazu angeregt werden, über sich als begehrendes Wesen zu reflektieren. In keinem Fall bleibt er gleichgültig. Zahlreiche Kunstwerke machen sich diesen Effekt zunutze und halten den Vorgang des Entkleidens fest. Nun ist der Künstler der Regisseur des spannungsgeladenen Verhältnisses zwischen dem Betrachter und dem Objekt der Begierde. Beim Entkleiden des eigenen Körpers führen wir dagegen selbst Regie. Wir werden dabei von der Mode unterstützt, die innerhalb epochenspezifischer Regeln jedem die Kunst der Verhüllens und Enthüllens erlaubt.

Am Anfang des Spieles mit Erwartung und Wahrnehmung, Erotik und Ästhetik, Geheimnis und Entdeckung steht innerhalb des europäischen ›Prozesses der Zivilisation‹ freilich eine grundsätzliche Scham über den eigenen nackten Körper. Sie veranlasst die Verhüllung. Psychologen und Soziologen haben zu diesem Phänomen Erklärungen abgegeben.[2] Im ersten Buch Moses wird die Geburt dieser Scham in einem Bild von weit reichender Vieldeutigkeit geschildert. Adam und Eva verloren ihren Urzustand, nachdem sie vom Baum der Erkenntnis gegessen hatten. Vorausgegangen war die verlockende Aussicht, nach diesem Mahl zwischen gut und böse unterscheiden zu können. Doch die erworbene Erkenntnisfähigkeit hatte schmerzliche Konsequenzen. Adam und Eva waren sich nun nicht nur der Unrechtmäßigkeit ihres Handelns, sondern auch der Nacktheit ihrer Körper bewusst. Beides löste Scham aus: »Da wurden ihrer beiden Augen aufgetan / und wurden gewahr / dass sie nackt waren. (...) Und Adam versteckte sich mit seinem Weibe vor dem Angesicht Gottes des Herrn unter den Bäumen im Garten. Und Gott der Herr rief Adam und sprach zu ihm: Wo bist du? Und Adam sprach: Ich höre deine Stimme im Garten und fürchte mich, / denn ich bin nackt, / darum verstecke ich mich. Und Gott sprach: Wer hat dirs gesagt, / dass du nackt bist? Hast du nicht gegessen von dem Baum, / davon ich dir geboten, / du sollst nicht davon essen?« (1. Mose, 3.7–11)

Nacktheit wurde von nun an nicht länger als selbstverständlicher Zustand, sondern als Blöße empfunden. Adam und Eva »flochten Feigenblätter zusammen / und machten sich Schürzen«, um ihre Körper zu bedecken und zu verstecken (Abb. links). War diese erste Bekleidung zunächst eher pragmatischer Natur und nicht von erkennbarem Stilwillen geprägt, machte sich in der Wahl der Materialien bald ein gewisser Ehrgeiz bemerkbar: »Und Gott der Herr macht' Adam und seinem Weibe Röcke von Fellen / und zog sie an.« (1. Mose, 3.21) Jenseits von Eden begann damit das aufregende Spiel mit der Kunst, sich zu kleiden.

Grundsätzlich hat Kleidung drei Aufgaben zu erfüllen: Sie schützt, sie stellt innerhalb der Gesellschaft ein semiotisches System dar, und sie macht den in seiner Nacktheit als beschämend empfundenen Körper teilweise unsichtbar. Der aus seinem paradiesischen, also unbewussten, unschuldigen und absichtslosen Zustand herausgetretene Körper ist jedoch nicht nur Gegenstand der Scham, sondern auch Gegenstand des erotischen Begehrens: »Die Schuld der Sünde hat uns die Augen der bösen Lust aufgethan (...)«, gibt *Zedlers Universallexikon* aus dem Jahr 1740 eine theologische Deutung des oben zitierten Bibeltextes wieder. Es liegt auf der Hand, dass der Mensch auch im bekleideten Zustand nicht auf das lustvolle Machtspiel mit dem Begehren und Begehrtwerden verzichten wollte. Der Kleidung kam und kommt daher innerhalb unserer Zivilisation die paradoxe Aufgabe zu, das Objekt der Scham und der Begierde zu verbergen und es gleichzeitig im Dienste der erotischen Kommunikation sicht- oder ahnbar zu machen. Im Verlauf ihrer Geschichte entfaltete die Mode dabei unzählige Varianten auf der Skala zwischen Ver- und Enthüllen.

In der Geschichte der europäischen Mode blieb mit Ausnahme des Gesichtes jede Region des Körpers zeitweise unter Kleidung verborgen. In der Neuzeit war es beispielsweise bis um 1770 für Frauen nicht möglich, eine Fessel und den zugehörigen Fuß zu zeigen. 150 Jahre später rutschten die Rocksäume erstmals bis unter die Knie, im Laufe einer weiteren Generation sogar entscheidende 30 cm weiter nach oben. Keine chronologisch absteigende, sondern eine oszillierende Kurve beschreibt dagegen der Grad der Brustentblößung. Im 15. Jahrhundert war erstmals ein vorsichtiges Décolleté möglich, das im darauf folgenden Jahrhundert bereits einen tiefen Einblick zwischen die Brüste gewähren konnte, um gegen 1600, von einer Spitzenkrause abgeschlossen, wieder bis unter das Kinn zu reichen. Bemerkenswerte Kühnheit erreichte die Tiefe des Ausschnitts wieder im 18. Jahrhundert und im Empire. Seit etwa 1830 wurden zusätzlich die Schultern der Damen sichtbar. Auf die Rückenpartien dehnte sich die Enthüllung erst um 1930 aus und gab durch das auf diese Weise zur Schau gestellte Fehlen entsprechender Dessous der Phantasie des Betrachters reichlich Nahrung.[3] Da ihnen der Zugang zu anderen Mitteln der Macht lange verwehrt war, nutzten Frauen die Möglichkeiten, durch das modische Spiel des Verbergens und Enthüllens Begehren auf sich zu ziehen, zumindest in der Vergangenheit, intensiver als Männer.

Das Zeigen männlicher Körperpartien konzentrierte sich lange auf die Beine, wobei die eng anliegenden, dünnen Hosenstoffe des späten Mittelalters und der Zeit um 1800 auch die Formen des Unterleibs abzeichneten. Auf den wohlgeformten männlichen Oberkörper richtete sich der begehrliche Blick nach Antike und Renaissance verstärkt wieder, seit das T-Shirt im 20. Jahrhundert von der Unter- zur Oberbekleidung mutierte.

Dünne, eng anliegende oder durchsichtige Gewänder konnten auch den weiblichen Körper trotz vollständiger Bedeckung sichtbar machen. Eine hellenistische Statuette (Abb. S. 141 oben links) stellt eine junge, schlank gewachsene Frau dar, die bis zum Hals in einen bodenlangen Chiton und einen Mantel gehüllt ist. Selbst die Hände sind unter dieser Kleiderschicht verborgen. Das anschmiegsame Material erlaubt es einem Teil des Körpers jedoch, sich deutlich unter dem Gewand abzuzeichnen. Nicht genug damit, bewusst drapierte Falten rahmen den Blick auf zwei Körperzonen von besonderem erotischen Interesse: die Brust und den Unterleib mit den Oberschenkeln. Uns ist nicht bekannt, ob junge Griechinnen im zweiten vorchristlichen Jahrhundert durch

Oben links: *Junge Frau in Chiton und Mantel*, Ton, Höhe 26,4 cm, Apulien, 3./2. Jh. v. Chr., MKG

Oben rechts: *Torso einer Aphrodite*, Marmor, Griechenland, um 300 v. Chr., Paris, Musée du Louvre

Unten: Pietro da Barga (?), *Flora Farnese*, Vorder- und Rückansicht, Bronze, Höhe 34,8 cm, 2. Hälfte 16. Jh., MKG

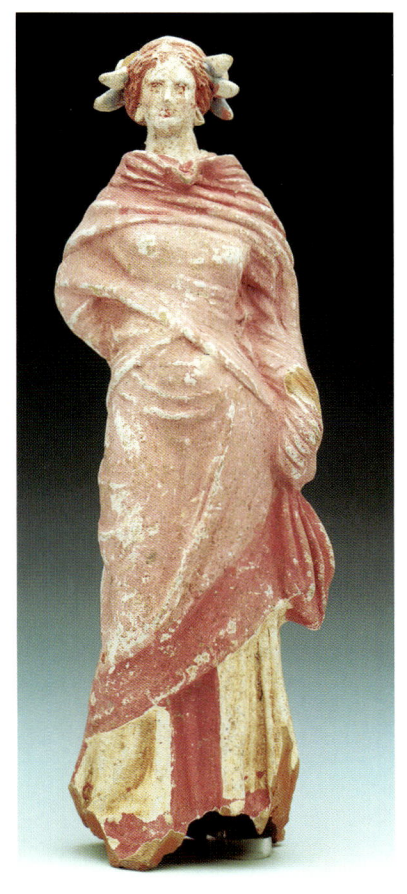

solche Drappierungen tatsächlich Aufmerksamkeit erregten oder ob der Künstler mit dieser als Grabbeigabe geschaffenen Statuette eine mit dem Dionysoskult in Verbindung stehende mythologische Figur darstellen wollte, die Faltengestaltung also im ikonographischen Sinn bewusst gestaltete.

Wie nass an den Körper gedrückt erscheinen die Gewänder einiger anderer weiblicher Statuen des dritten Jahrhunderts v. Chr. (Abb. S. 141 oben rechts). Ohne einen tatsächlich nackten Körper zu zeigen, gelingt es dem Bildhauer auf diese Weise, nichts vom Körper zu verbergen. Die erotische Wirkung der Statue wird durch ihre ›enthüllende Verhüllung‹ sogar gesteigert. Das nasse Kleid ruft Gedanken an die Temperatur und die taktile Beschaffenheit der Haut, aber auch Erinnerungen an schweißnasse Körper wach. Um die linke Brust der Frau ordnet der Bildhauer kunstvoll eine Gewandfalte, die, ähnlich wie bei der oben erwähnten Statuette, wie eine Rahmung wirkt und den Blick des Betrachters lenkt. Das gleiche Stilmittel wandte der Bildhauer der *Flora Farnese* an, betonte damit aber weniger die Vorder- als die Hinterseite weiblicher Schönheit (Abb. S. 141 unten).

Eine Prunkschale aus dem 4. Jahrhundert v. Chr. (Abb. links) zeigt zwei Frauen und einen Mann mit dem Liebesgott Eros. Entsprechend ihrer Funktion als Grabbeigabe stellt die Malerei auf der Schale wohl die sitzende Verstorbene, ihren Ehemann und eine Verwandte dar. Die hauchdünnen Kleiderstoffe der Frauen sind völlig transparent. Sie umspielen die Körper, verdecken sie aber nicht. Das Gewand des auf seinem Stab lehnenden jungen Mannes dagegen lässt zwar den schönen Oberkörper frei, verbirgt aber den Unterleib.

Die Antikenrezeption um 1800 bescherte der Neuzeit die Rückkehr transparenter Damenkleider, die jetzt allerdings über Hemden oder hautfarbenen Trikots getragen wurden.

Eine Sonderform der enthüllenden Verhüllung stellen Kleidungsstücke dar, die Nacktheit nachbilden. Sie ermöglichen es, Nacktheit ›anzuziehen‹, den eigenen Körper jedoch bedeckt zu halten. Ein bronzener Muskelpanzer aus dem 4. Jahrhundert v. Chr. ist auf der Vorderseite wie der trainierte Oberkörper eines Mannes modelliert (Abb. S. 143 oben). Die Muskulatur, der Bauchnabel und die Brustwarzen sind mit ausgeprägtem Naturalismus nachgeahmt. Der Träger

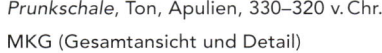

Prunkschale, Ton, Apulien, 330–320 v. Chr., MKG (Gesamtansicht und Detail)

dieses Panzers erscheint beim Kampf nackt wie ein unverwundbarer Heros, ist tatsächlich aber bestens gegen Verletzungen geschützt.

2300 Jahre später kleidet Alba d'Urbano in ihren Projekten *Hautnah* und *Il sarto immortale* (Abb. unten) junge Frauen in Kleider, die mit digital bearbeiteten Abbildungen von Albas eigenem nackten Körper bedruckt wurden. Gerade in einer Zeit, in der die Relevanz des Körpers zugunsten der virtuellen zwischenmenschlichen Kommunikation stark eingeschränkt wird, hält die Künstlerin die Konzentration auf die körperliche Oberfläche, die Haut, »the outmost border, the external shell: the skin that filters, regulates and sometimes determines the entire network of relationships and exchange with the surrounding world, defines the contures of the image which is reproduced on the other person's retina«, für problematisierungsbedürftig. Die eigene Haut abzustreifen, zu Markte zu tragen, sie anderen als schützende Hülle anzubieten – dies alles reflektiert auch künstlerisches Selbstverständnis, wie es seit

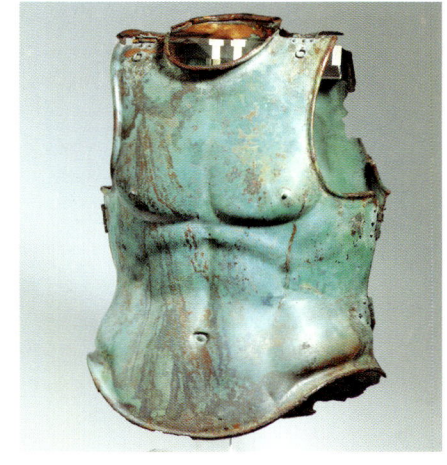

Muskelpanzer, Bronze, Höhe 49 cm, Unteritalien, 4. Jh. v. Chr., MKG

Alba d'Urbano (geb. 1955), Kleid *Il sarto immortale*, 1997–2000, MKG

dem 16. Jahrhundert formuliert wurde. Auch Marsyas wurde, dem Mythos nach, für seine Hybris als Künstler gehäutet. Hinterfragt wird mit diesem Projekt aber auch der gegenwärtige inter- und intrageschlechtliche Diskurs, der den weiblichen Körper erst als das konstituiert, als was er hier gezeigt wird: als erotisch verfügbar, ungeschützt und dazu verdammt, Blicke auf sich zu ziehen und sich ihnen auszuliefern. D'Urbano plakatierte die Abbildungen ihrer Modelle an Litfaßsäulen und Bushaltestellen und stellte damit die Strategien der für Frauen entworfenen Mode und der Werbung eindrucksvoll in Frage. Erotische Phantasie weckt die Mode freilich nicht nur, wenn sie den Körper teilweise unbedeckt lässt, sondern gerade auch dann, wenn sie ihn vollständig unsichtbar macht. Wahrscheinlich ist dieses Phänomen nie mit größerer Kennerschaft beschrieben worden als von Robert Musil. Sein *Mann ohne Eigenschaften* erlebt die kunstvolle Totalverhüllung des weiblichen Körpers am Vorabend des Ersten Weltkriegs als »überfeinerte(s) Übertragen des Begehrens vom Leib auf die Kleidung, von der Umarmung auf die Widerstände oder mit einem Wort vom Ziel auf den Weg«[4]. Nicht die den Körperformen sich anschmiegende, moderne Reformkleidung, sondern die aus mehreren Schichten bestehenden Bastionen der älteren Damenmode entfachen »den Reiz hinausgeschobenen Appetits (...): Der lange Rock, vom Schneider scheinbar an den Boden festgenäht und doch durch ein Wunder wandelnd, schloss zuerst geheime leichte Röcke ein, die bunte Blütenblätter aus Seide waren, deren leise schwankende Bewegungen dann plötzlich in weiße, noch weichere Gewebe übergingen und in ihrem zarten Schaum erst den Körper berührten; und wenn diese Kleidung den Wellen darin glich, dass sie etwas ziehend verlockendes und etwas den Blick abweisendes vereinte, war sie auch ein kunstvolles System von Zwischenhalten und Befestigungen rings um geschickt verteidigter Wunderdinge und bei all ihrer Unnatur ein klug verhangenes Liebestheater, dessen atemberaubende Finsternis bloß von dem matten Licht der Phantasie erhellt wurde.«[5]

Der Reiz des hinausgeschobenen Appetits ist auch Ziel des kunstvoll und langsam zelebrierten Entkleidens während des Striptease.[6] Als Vorgänger dieser erotischen Enthüllungsdarbietungen können der Cancan – bei dem die Tänzerinnen im Paris seit der Mitte des 19. Jahrhunderts die Röcke so weit hoben, dass Unterhosen und Beine sichtbar wurden – sowie eine Tänzerinnentruppe der Weltausstellung in Chicago bezeichnet werde, die 1893 in exotischem Ambiente noch mehr nackte Haut zeigte. In jüngerer Zeit haben Umberto Eco, Roland Barthes und Rolf Dieter Brinkmann das Phänomen Striptease und seine Wirkung zu reflektieren versucht.[7] Für Eco besteht die Natur des Strips darin, dass die sich entblößende Frau unerreichbar ist wie ein Kunstwerk oder ein Ideal. Der Betrachter ist durch eine unüberbrückbare Grenze von dem Körper, auf den sich während des Entkleidens sein Begehren richtet, getrennt. Rolf Dieter Brinkmann löst diese Distanz zwischen sich und der Stripperin im Betrachten-Imaginieren auf. Seine Augen saugen sich fest am haarigen Dreieck zwischen den Beinen der entkleideten Frau auf der Bühne. Aus dem eindringlichen Blick wird in der Phantasie, in der sich Erinnerung und Antizipation mischen, ein Eindringen. Ähnlich wie für den im Rollstuhl sitzenden Journalisten in Alfred Hitchcocks *Fenster zum Hof* (1954) wird das Auge (hier bedeutungsträchtig ›verlängert‹ durch ein Teleobjektiv) zum penetrierenden Organ des zur Unbeweglichkeit und Tatenlosigkeit, zum

144

Oben links: Francis van Bossuit (1635–1692), *Flora*, Elfenbein, 19 x 12 cm, um 1680/90, MKG

Oben rechts: Leonhard Kern zugeschrieben (1588–1662), *Pomona*, Elfenbein, Höhe 15,5 cm, 2. Hälfte 17. Jh., MKG

Unten links: *Venus Kallipygos*, Porzellan, Meißen, um 1880, MKG

Unten rechts: Jacob Gabriel Müller, gen. Mollinario (1721–1780), *Nymphe im Bade*, Blei, Höhe 28,6 cm, um 1760 (?), MKG

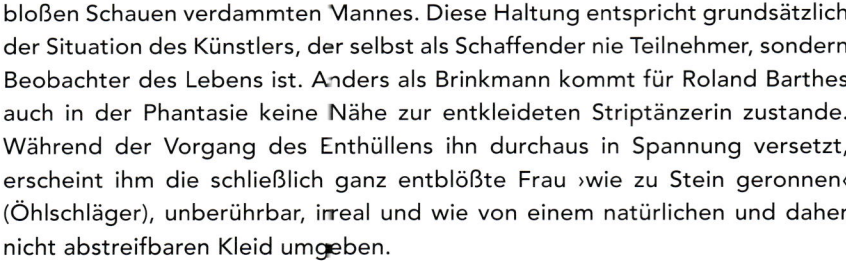

Oben: Franz Anton Bustelli (gest. 1763),
Mädchen und Kavalier am Brunnen, Porzellan,
Nymphenburg, 1756, MKG

Links: Lucas Cranach d. Ä. (1472–1553) (?),
David und Bathseba, Federzeichnung,
20,6 x 16,6 cm, 1. Hälfte 16. Jh., Leipzig,
Museum der bildenden Künste, Graphische
Sammlung

Unten: Umkreis des Giovanni da Bologna,
Kauernde Venus, Bronze, Höhe 9,2 cm,
2. Hälfte 16. Jh., MKG

bloßen Schauen verdammten Mannes. Diese Haltung entspricht grundsätzlich
der Situation des Künstlers, der selbst als Schaffender nie Teilnehmer, sondern
Beobachter des Lebens ist. Anders als Brinkmann kommt für Roland Barthes
auch in der Phantasie keine Nähe zur entkleideten Striptänzerin zustande.
Während der Vorgang des Enthüllens ihn durchaus in Spannung versetzt,
erscheint ihm die schließlich ganz entblößte Frau ›wie zu Stein geronnen‹
(Öhlschläger), unberührbar, irreal und wie von einem natürlichen und daher
nicht abstreifbaren Kleid umgeben.

Nacktheit, die als Attribut eines der zwischenmenschlichen Sphäre entrückten
Zustandes wahrgenommen wird, begegnet uns auch in zahlreichen Kunstwerken. Seit dem Mittelalter ist sie das Signum für ein der heidnischen Vorstel-
lungswelt zugehöriges Artefakt. Zwischen dem 16. und dem 18. Jahrhundert
kann man von der gänzlichen oder teilweisen Nacktheit einer weiblichen Figur
darauf schließen, dass es sich bei der Darstellung nicht um ein Porträt und mit
großer Wahrscheinlichkeit auch nicht um eine historische Figur oder eine Gestalt aus der Bibel oder den Heiligenlegenden, sondern um eine mythologische
Gottheit handelt. In Francis van Bossuits Relief (Abb. S. 145 oben links) etwa

146

Christian Benjamin Rauschner (1725–1793),
Schlafende Nymphe mit Satyren, Wachs,
34,5 x 29,5 cm, um 1760, MKG

lassen weder der Blumenstrauß noch die Blumenkränze oder die Frisur ausschließen, dass es sich um die Darstellung einer Zeitgenossin des Künstlers handelt. Erst die vom Gewand kunstvoll frei gelassene Brust weist die Figur zusammen mit den Attributen als Flora, Göttin des blühenden Getreides und der Blumen, aus. Die Leonhard Kern zugeschriebene zierlich bewegte Statuette (Abb. S. 145 oben rechts) gibt sich durch ihr Gewand und die Haartracht zunächst nur als antike Figur zu erkennen. Der tiefe Ausschnitt des Gewandes, der die Brüste frei lässt, deutet unzweifelhaft an, dass es sich um eine mythologische Darstellung handelt. Der üppige Früchtekorb ist daher nicht als genrehafte Beigabe, sondern als Attribut zu deuten. Die Tatsache, dass dort, wo die Früchte auf der Hüfte aufgestützt werden, auch das Kleid der Figur bis übers Knie hochgerafft wird und so den Schoß in raffinierter Faltenregie betont, legt es nahe, in der kleinen Plastik die Darstellung der Wachstums- und Fruchtbarkeitsgöttin Pomona zu sehen.

Wurden in der Antike Kaiser in idealer Nacktheit dargestellt, so geschah dies, um ihnen übermenschliche Züge zu verleihen.[8] Hier stellt man eine Parallele zur theologischen Deutung der paradiesischen Nacktheit Adams und Evas vor dem Sündenfall dar: »Diese Blöße aber«, so abermals *Zedlers Universallexikon* aus dem Jahr 1740, das die bislang angestellten Deutungen des Phänomens wiedergibt, »(...) war ihnen vor dem Fall keine Schande, sondern das war ihr Ehrenkleid (...). So dass die Nacktheit keine Scham, sondern eine Herrlichkeit war, weil bey derselben die Gleichförmigkeit mit Gott und den heiligen Engeln war.« In der geschilderten Funktion ist der Zustand der Nacktheit ein Erkennungszeichen, das getragen wird wie ein Kostüm oder eine Uniform. Sie signalisiert die Zugehörigkeit des oder der Dargestellten zu einem Bereich jenseits des Irdischen.

Wird dagegen der Akt des Auskleidens dargestellt, so verleiht dies selbst den Göttern genrehafte Züge. In diesem Zusammenhang ist die Rezeptionsgeschichte der so genannten *Venus Kallipygos* (griech. ›mit dem schönen Hintern‹) eindrucksvoll. Dabei handelt es sich um einen ursprünglich hellenistischen Typus, der sich in Form einer römischen Kopie erhalten hat. Das römische Marmorstandbild wurde um die Mitte des 16. Jahrhunderts bei Grabungen in der Domus Aurea entdeckt, gelangte in den Besitz der Farnese und wurde rasch berühmt. Seit dem 16. Jahrhundert entstanden zahlreiche Kopien und Nachschöpfungen in unterschiedlichen Größen und Materialien (Abb. S. 145 unten links). Durch das Lüften ihres Gewandes gibt die Figur den Blick auf ihre Hinterseite von den Beinen bis zur Taille frei. Mit einer Drehung des Oberkörpers versucht sie selbst, einen Blick auf ihr wohlgeformtes Hinterteil zu erhaschen. Die freimütige, einladende und selbstverliebte Geste, mit der die Dargestellte dem Betrachter ihr Gesäß zur Ansicht freigibt, hat Zweifel an der Ikonographie der Figur aufkommen lassen. Statt eine Darstellung der Liebesgöttin vermuten einige Interpreten in dem Standbild die Darstellung einer Liebesdienerin.[9] Spätere Wiederholungen des Typus arbeiten dieser Interpretation in die Hand, indem sie die Dargestellte mit jeweils zeitgenössischer Frisur und Schmuck ausstatten.[10]

Zu den beliebtesten Szenen, die die Darstellung des Enthüllungsvorgangs fordern, gehören die Toilette oder das Bad einer meist weiblichen Person. Im Gegensatz zur ›idealen‹ könnte man diese Nacktheit als ›situativ‹ bezeichnen. Nicht der Status der Dargestellten, sondern die Situation – in der Regel han-

Schnupftabakraspel mit badendem Mädchen,
Elfenbein, Höhe 22,5 cm, Frankreich, 1. Viertel 18. Jh., MKG

delt es sich um die Pflege des Körpers – motiviert die Entkleidung. Eine um die Mitte des 18. Jahrhunderts entstandene Nymphe, die bei der Reinigung dargestellt wird, geht ihrer Toilette versunken nach (Abb. S. 145 unten rechts). Sie präsentiert sich dem Betrachter nicht, sondern konzentriert sich ganz auf ihr Tun. Die *Kauernde Venus* aus dem 16. Jahrhundert dagegen weiß sich bei der Körperpflege beobachtet und duckt sich abwehrend und beschämt (Abb. S. 146 unten). Mit einem Tuch versucht sie, einen Teil ihres Körpers vor den ungebetenen Blicken zu schützen. Der unbekannte Künstler dieser Kleinplastik schuf hier die eindeutige psychologistische Interpretation eines in dieser Hinsicht unentschiedenen frühhellenistischen Vorbilds, das sich in mehreren römischen Kopien erhalten hat.[11]

Die beim Bade ihre Reize offenbarende Frau ist nicht nur Stoff der Mythologie, sondern auch des Alten Testaments. Im zweiten Buch Samuel ist es Bathseba, die von König David bei dieser Gelegenheit heimlich – und folgenreich – mit Blicken verfolgt wird. »Und es begab sich, dass David am Abend aufstand von seinem Lager / und ging auf dem Dach des Palastes / und sah vom Dach ein Weib sich waschen, / und das Weib war sehr schön gestaltet. (...) Und David sandte Boten und ließ sie holen. Und da sie zu ihm hin kam, / schlief er bei ihr. Sie aber reinigte sich von ihrer Unreinheit / und kehrte wieder zu ihrem Haus.« (Abb. S. 146 oben links)

Bezeichnend für das Rokoko ist eine Verlagerung des Motivs der heimlich beobachteten Badenden aus dem mythologischen und biblischen Bereich ins Genre. Franz Anton Bustellis *Mädchen und Kavalier am Brunnen* (Abb. S. 146 oben rechts) aus dem Jahr 1756 hat den bodenlangen Rock nach oben gestreift, um sich Fuß und Wade an einem Brunnen zu säubern. Sie scheint den hinter einem Baum kauernden Kavalier nicht zu bemerken, der aus seinem Versteck heraus das von der zeitgenössischen Mode nicht zugelassene Schauspiel beobachtet. Den Betrachter mahnt Gott Amor dazu, den Genießer nicht zu stören. Wer vor dem kleinen Kunstwerk steht, teilt die heimliche Beobachterposition mit dem Kavalier aus Porzellan. Er ist der Stellvertreter des Betrachters im Bild. Durch seine Präsenz reflektiert der Betrachter sein eigenes Tun. Er sieht nicht nur ein begehrenswertes Objekt, sondern auch seinen eigenen, begehrlichen Blick. Gleichzeitig gibt ihm das die Möglichkeit, sich von dieser Rolle zu distanzieren: Hier ist es der andere Mann, in einem anderen Kunstwerk ein Satyr (Abb. S. 147), der einen unbemerkten Blick auf ein unbedecktes Körperteil zu erhaschen versucht oder den schützenden Vorhang von einer schlafenden Schönheit wegzieht. Nicht er, der Betrachter, sondern sein unautorisierter Stellvertreter im Bild hat die Initiative ergriffen. Jener hat die Dame beim Bade aufgespürt oder die Nymphe im Schlaf enthüllt; er, der Betrachter, nimmt nun passiv und nur im Gefolge des Stellvertreters am Schauspiel teil.

Tatsächlich ist es nicht der im Bild mit dargestellte Beobachter, sondern der Künstler, der sich als Kuppler betätigt. Er offeriert uns einen Blick auf eine Entkleidungsszene, und er kalkuliert unseren Standpunkt ästhetisch und psychologisch. Er führt uns zu einem Schlüsselloch und gestattet uns, unbemerkt an intimen Tätigkeiten teilzunehmen. Gesteigert wird die Komplizenschaft zwischen Künstler und Betrachter noch, wenn das entsprechende Werk in einem kleinen und handlichen Format gestaltet wurde. Ein solches Format verleiht seinem Besitzer noch mehr legitime Macht über das, was er unbemerkt zu sehen wünscht. Der Betrachter hat die Szene nun im wahrsten Sinne des

Michael Johnson, *Boxershorts*, Kampagne für das Modehaus Hennes & Mauritz, Offset, 175 x 118 cm, 1995, MKG

Wortes in der Hand. Das Prinzip des geschilderten Betrachterstandpunkts wird so verstärkt. Size matters! Es nimmt kaum Wunder, dass die ästhetische Strategie des unbeobachteten, aber besitzergreifenden Betrachters bei der Verzierung männlicher Gebrauchsutensilien (Abb. S. 148) gern zum Einsatz kam. Weit mehr Reflexion über unser Tun verlangt der Künstler uns ab, wenn er einen Stellvertreter unserer Schaulust im Bild auftreten lässt. In ihm erkennen wir das heimliche und begehrliche Sehen. Wir sehen uns selbst. Noch empfindlicher werden wir uns unserer eigenen Position gewahr, wenn das beobachtete Objekt uns zu bemerken scheint. Reagiert es mit Scham und Abwehr (Abb. S. 146 unten), finden wir uns in der Rolle des aggressiven Eindringlings in eine intime Sphäre wieder. Wir selbst können uns in dieser Situation an der Macht unseres Standpunktes und an der Schwäche des den Blicken ausgelieferten Objektes berauschen oder uns in eben dieser Position unbehaglich fühlen.

Als Regisseur des Schauspiels der Entkleidung wählt der Künstler für seine Darstellung einen beliebigen Augenblick zwischen vollständiger Ver- und Enthüllung. Er kann dabei den transitorischen Charakter des Enthüllens, der im Bild freilich statisch bleiben muss, in unsere Köpfe verlagern. Der Künstler wird zum Herrn über unsere Phantasie. Es gelingt ihm, dass wir den nächsten Augenblick, das Fortschreiten des Entkleidungsvorgangs, herbeisehnen. Selbst wenn wir uns nicht vom Illusionismus eines Werkes täuschen lassen, ergeht es uns aufgrund unserer erotischen Sehnsüchte wie Zeuxis, der verlangte, den Vorhang von einem Gemälde wegzunehmen. Der erwies sich aber als nur gemalt. Die Verhüllung bleibt Teil des Kunstwerkes. Unser Sehnen bleibt unerfüllt – und so lebendig. Im Falle des lachenden Modells für Herrenunterbekleidung (Abb. S. 149) wird freilich signalisiert, dass sich Künstler, Darsteller und Betrachter über die gewählte Strategie im Klaren, ja, dazu bereit sind, sich über diese ästhetische und psychologische Manipulation zu amüsieren.[12]

Paul Egell (1691–1753) (?), *Ecce Homo*, Elfenbein, Höhe 24,7 cm, nach 1750, MKG

Gekreuzigter Christus, Lindenholz, Höhe 67,7 cm, Süddeutschland, 2. Hälfte 18. Jh., MKG

151

Jacob Jordaens (1593–1678), *Die Frau
des Königs Kandaules*, Öl auf Leinwand,
193 x 157 cm, um 1646, Stockholm, Nationalmuseum

Ein nicht auflösbares Problem erzeugt der Künstler allerdings, wenn er die Sehnsucht auf einen vom Betrachter mit einem Tabu belegten Körper lenkt. Zu diesen Tabus gehört ohne Zweifel der Körper Christi. In der Passionsgeschichte kommt es zweimal zur Entkleidung Jesu. Das erste Mal vor der Verspottung und Dornenkrönung: »(...) nahmen die Kriegsknechte des Landpflegers Jesum zu sich in das Richthaus (...) und zogen ihn aus (...) und legten ihm einen Purpurmantel um« (Matthäus 27, 27). Zu einer zweiten Entkleidungsszene vor der Kreuzigung äußern sich die Evangelisten nicht, sie muss jedoch angenommen werden, da sich die Kriegsknechte die Kleider Christi teilen. In mystischen Texten des 12. und 13. Jahrhunderts dagegen wird die Entblößung unter dem Kreuz szenisch ausgemalt. In der *Vita beate virginis Marie et salvatoris mundi* und in den *Meditationes vitae Christi* des Pseudo-Bonaventura etwa wird beschrieben, wie Maria Magdalena dem nackten Christus ihren Schleier als Lendentuch umlegt. Selbstverständlich ist die Nacktheit Jesu durch die Situation bedingt und als heilsgeschichtliche Aussage zu deuten: Christus beweist in seiner Körperlichkeit seine Natur als Menschensohn und steht gleichzeitig in einem typologischen Verhältnis zur Nacktheit des ersten Menschenpaares in der Genesis. Zudem war ein mittelalterliches Publikum damit vertraut, in der Entblößung eine Demütigung zu erkennen, da Ähnliches auch im ihnen gegenwärtigen Strafsystems praktiziert wurde. Es gibt freilich auch eine Reihe von Darstellungen Christi, die die Aufmerksamkeit des Betrachters durch die oben beschriebene Wahl eines Momentes zwischen Ver- und Enthüllung auch in sinnliche Bereiche lenken. In diesen Fällen ist es für den Betrachter im Grunde nicht möglich, sein eigenes Tun zu reflektieren. Er darf sich seiner Gedanken nicht klar werden; er muss seine möglichen Phantasien in der Zone des Nichtverbalisierbaren arbeiten lassen.[13]

Eine um 1750 vermutlich von Paul Egell geschaffene Elfenbeinstatuette (Abb. S. 150 links) zeigt den verspotteten Christus. Er trägt die Dornenkrone und den purpurnen Spottmantel. Dieser ist hastig um den nackten Körper geschlungen worden. Von einem Schulterband mit Mühe gehalten, scheint er die Blöße Christi nur für wenige Minuten bedecken zu können. Die offenbar geschwächte und an den Händen gebundene Gestalt kann das voraussehbare Abrutschen des Stoffes sicher nicht verhindern. Ein mainfränkischer Künstler schnitzte zur gleichen Zeit die Darstellung Christi am Kreuz (Abb. S. 150 rechts), die die Aufmerksamkeit des Betrachters auf die körperliche Schönheit des schlanken, überaus wohlgeformten und beinahe anmutig bewegten Gekreuzigten lenkt. Um diese Betrachterhaltung zu unterstützen, ist das Lendentuch mit einigem Raffinement gestaltet: Es wird von einem Strick ebenfalls nur unzureichend gehalten und könnte durch seine Drapierung Anlass zu anatomischen Spekulationen geben.

Wenden wir uns abschließend einem Gemälde zu, in dem die erotische und ästhetische Enthüllungsstrategie thematisiert wird. Um 1646 malte Jacob Jordaens eine Szene aus der Geschichte des lydischen Königs Kandaules (Abb. S. 151). Dieser König, so berichtet Herodot, war sehr stolz auf die Schönheit seiner Frau und wünschte, diesen Eindruck auch von anderen bestätigt zu wissen. Daher versteckte er eines Nachts seinen Vertrauten Gyges im Schlafzimmer der Königin, damit dieser heimlich dem Entkleiden der schönen Frau beiwohnen könne. Doch die Königin bemerkte, dass sie zum Objekt männlicher Blickherrschaft gemacht geworden war. Am nächsten Morgen stellte sie Gyges, der durch den Willen ihres Ehemannes in ihren ureigenen, intimen Bereich eingedrungen war, vor die Wahl, dies von nun an rechtmäßig als ihr Ehemann zu tun (wozu er Kandaules töten müsse) oder sein unerlaubtes Wissen mit dem eigenen Tod zu begraben. Gyges entschied sich für die erste Option. Jordaens zeigt uns das Schlafzimmer der Königin als sehr privaten Raum, in dem er vor dem Bett einen Nachttopf platziert. Am äußeren rechten Bildrand erkennt man im Halbdunkel Kandaules mit der Krone und Gyges. In voller Beleuchtung und damit im Zentrum der Aufmerksamkeit steht jedoch die lebensgroße Gestalt der Königin. In einer der *Venus Kallipygos* (Abb. S. 145 unten links) seitenverkehrt nachempfundenen Pose ist sie eben dabei, ihr Kleid abzustreifen und ins Bett zu steigen. Schmuck und Haube scheint sie dabei anbehalten zu wollen. Die Königin wendet sich mit wissendem Lächeln nach dem Betrachter um. Sie hat erkannt, dass wir uns alle wie Gyges unbemerkt wähnen und einen Blick auf die Entkleidung ihres schönen Körpers werfen wollen. Wir fühlen uns ertappt. So suchen wir Verbündete unserer Schau-Lust – und treffen auf den Blick des Kandaules. Er und der Maler selbst sind die Kuppler, die unseren Augen die ersehnte Schönheit darbieten. Es würde nicht erstaunen, wenn der etwa 53-jährige Jordaens dem nachdenklichen Gesicht des Königs seine eigenen Züge verliehen hätte.

1 Die folgenden Überlegungen leisten keinen Beitrag zum Verständnis der erkenntnistheoretischen Dimension des Verhüllens und Enthüllens. Vgl. dagegen die universalistischen Beiträge von Hartmut Böhme, Enthüllen und Verhüllen des Körpers. In: *Paragrana 6* (1997), S. 218–246; Mario Perniola, Between Clothing and Nudity. In: *Fragments for a History of the Human Body*, Teil 2, 1989, S. 236–265. Für den Bereich der bildenden Kunst liegen kaum Untersuchungen zum Problem des Ver- und Enthüllens vor. Die literaturwissenschaftliche Forschung dagegen hat sich intensiver mit dieser Frage beschäftigt, vgl. z. B. die feministisch-diskurstheoretische Betrachtung von Claudia Ölschläger, *Unsägliche Lust des Schauens. Die Konstruktion der Geschlechter im voyeuristischen Text*, Freiburg 1996, und Barbara L. Flaschenriem, Sulpicia and the Rhetoric of Disclosure. In: *Classical Philology*, Bd. 94/1, 1999.

2 Vgl. für die Psychoanalyse die bahnbrechenden Studien von Sigmund Freud, *Wege und Irrwege in der Kinderentwicklung*; ders. *Drei Abhandlungen zur Sexualtheorie*; von Seiten der Soziologie v.a. Norbert Elias, *Über den Prozeß der Zivilisation. Soziogenetische und psychogenetische Untersuchungen*, Frankfurt am Main 1976. In jüngerer Zeit in Auseinandersetzung mit Elias von Hans Peter Dürr, *Der Mythos vom Zivilisationsprozeß*, Bd. 1: *Nacktheit und Scham*, Frankfurt am Main 1988; Bd. 4: *Der erotische Leib*, Frankfurt am Main 1997.

3 Zu den geschilderten Phänomenen vgl. Richard Martin und Harold Koda, *Bare Witness*, Ausst.Kat. New York 1996.

4 Robert Musil, *Der Mann ohne Eigenschaften*, Reinbek bei Hamburg, 1984, S. 282.

5 Ebenda, S. 938.

6 Vgl. Jean Charvil, *Histoire et sociologie du strip-tease*, Paris 1969; Lucinda Jarrett, *Stripping in Time*, London 1997.

7 Umberto Eco, Platon im Striptease-Lokal. In: ders., *Platon im Striptease-Lokal. Parodien und Travestien*, München/Wien 1990 (erstmals 1960); Roland Barthes, Striptease. In: *Mythen des Alltags*, Frankfurt am Main 1964; Rolf Dieter Brinkmann, Strip. In: *Der Film in Worten*, Hamburg 1982.

8 Vgl. Nikolaus Himmelmann, *Ideale Nacktheit in der griechischen Kunst*, Berlin/New York 1990. Himmelmann zitiert in diesem Zusammenhang Aloys Hirt, der in seiner Akademieabhandlung im Jahr 1821 erstmals nach den Gründen für die Darstellung idealer Nacktheit in der Antike fragte und im Hinblick auf die Darstellung nackter Kaiser zu dem Schluss kam: »Nackte Bildung heißt so viel als einen Gott oder Heros machen« (zitiert nach Himmelmann, S. 12).

9 Vgl. u.a. Bertold Hinz, *Aphrodite. Geschichte einer abendländischen Passion*, München/Wien 1998, S. 52. Die Deutung als Aphrodite wurde in der frühen Neuzeit noch nicht hinterfragt. Siehe z.B. das von Angelika Kaufmann geschaffene Bildnis einer Mrs. Smith, das die Porträtierte (von vorn und bekleidet!) in der Armhaltung der so genannten Venus Kallipygos wiedergibt. Vgl. Ausst.Kat. *Von Raffael bis Tiepolo. Italienische Kunst aus der Sammlung des Fürstenhauses Esterházy*, hg. von István Barkóczi, München 1999, Nr. 170. Für diesen Hinweis danke ich Carlos Obergruber-Boerner.

10 Vgl. beispielsweise den Ausst.Kat. *Von allen Seiten gleich schön. Bronzen der Renaissance und des Barock*, Berlin 1995, S. 122–123.

11 Vgl. Wiltrud Neumer-Pfau, *Studien zur Ikonographie und gesellschaftlichen Funktion hellenistischer Aphrodite-Statuen*, Bonn 1982, S. 137ff.

12 Es erstaunt nicht, dass uns die (Selbst-) Entblößung von Männern in so heiterer und damit in gewisser Weise verharmlosender Manier vorgeführt wird. Offensichtlich kann die kommerzielle Enthüllung des begehrenswerten männlichen Körpers nur als Parodie auf die für gewöhnlich von Frauen eingenommene Rolle inszeniert werden.

13 Zu diesem bis in die heutige kunsthistorische Forschung wirksamen Tabu siehe nur die vor allem durch ihre reiche Sammlung an Bildquellen beeindruckende Arbeit von Leo Steinberg, *The Sexuality of Christ in Renaissance Art and in modern Oblivion*, Chicago/London 1983.

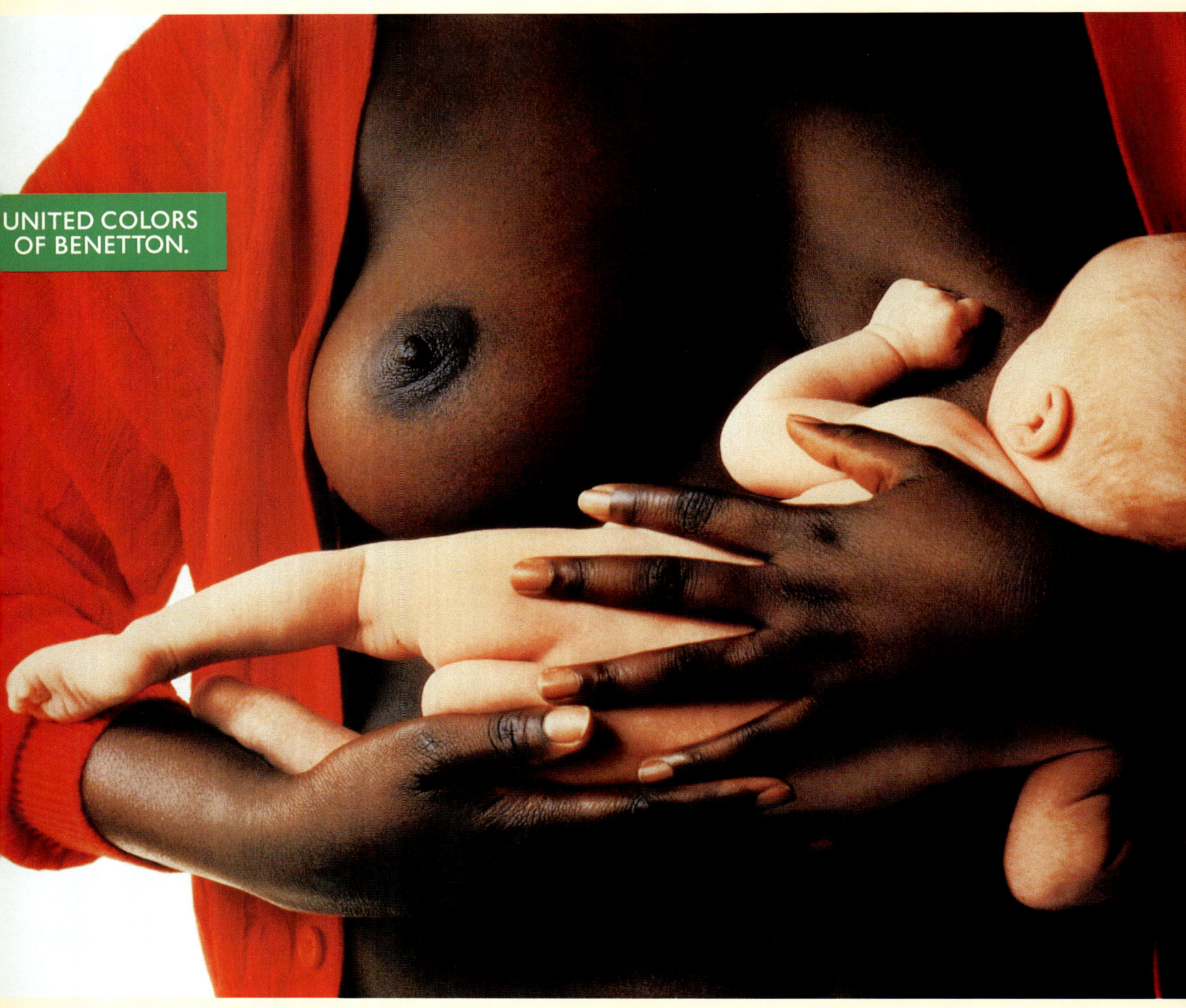

UNITED COLORS OF BENETTON.

Oliviero Toscani (geb. 1942), *Schwarze stillende Frau mit weißem Baby*, Kampagne für den Modekonzern Benetton, Plakat, Offset, zwölfteilig, 276 x 582 cm, 1989, MKG

Schwarz und weiß:
Ein strittiges Plakat

Das Plakat in seiner schieren Größe[1] und seiner reinen, intensiven Farbigkeit ist kaum zu übersehen. Es zeigt den entblößten Oberkörper einer dunkelhäutigen Frau, die ein weißes Baby an ihrer Brust stillt. Am linken Rand weiß auf grün der einzige Schriftzug: UNITED COLORS OF BENETTON. Durch die Beschränkung des Bildausschnitts vom Nabel der Frau bis zu ihren Schultern, auch durch die Rückenansicht des Kindes, wirkt das Bild anonym, steht der Vorgang des Stillens allein im Mittelpunkt. Von der Unterschiedlichkeit der Hautfarben abgesehen, wird so eine der selbstverständlichen menschlichen – mütterlichen – Handlungen gezeigt, die von allen Völkern geachtet wird und für die es wohl in den meisten Kulturen einen künstlerischen Ausdruck gibt. Die Darstellung könnte in diesem Sinne als Aufforderung zu einer völkerverbindenden, weltweiten Humanität gemeint sein, was durchaus im Einklang stünde mit dem globalen ökonomischen Streben von Benetton. Kritikwürdig erscheint dieser Zusammenhang wohl kaum, jedenfalls solange man nicht das System von moderner Warenproduktion, Werbung und Vertrieb grundlegend in Frage stellen will. Bleiben also der Gegensatz von schwarz und weiß und die auffallende Nacktheit der beiden Körper.

Das Plakat löste 1989 weltweit heftige Diskussionen aus, stieß vor allem in Amerika auf Ablehnung. Dort sahen sich vornehmlich Farbige an alte Rollenmuster erinnert: Schwarze Amme nährt weißes Kind ... Zeitgleich wurde im Südafrika der Apartheit das Plakat von der Werbeträgerindustrie boykottiert – weil man es für zu antirassistisch hielt. In Europa ist Benetton eben dafür mehrfach ausgezeichnet worden.[2] Wie konnte aber ein und dasselbe Bildmotiv so unterschiedlich gesehen und verstanden werden?

Spätestens seit Beginn der Neuzeit, als im Zuge europäischer Expansionen die Begegnungen mit Völkern in entfernten Gebieten der Welt zunahmen, wurde aus dem bloßen Merkmal physischer Verschiedenheit ein Synonym für ideologische Differenz. ›Schwarze‹ erhielten das Stigma des Unterentwickelten, Primitiven, die zu dienen und abzuliefern hätten, was ›Weiße‹ wünschten und vorgaben. Dieser Gegensatz hat bis heute zur Herausbildung einer ›ersten‹ und einer ›dritten Welt‹ geführt, zwischen denen das Geben und Nehmen recht einseitig festgeschrieben scheint. Vor diesem Hintergrund wiederum ist die Rollenverteilung auf dem Werbeplakat – Schwarz ernährt Weiß – keineswegs nur ein inneramerikanisches Problem, etwa die bloße Erinnerung eigener Formen von Sklaverei und Apartheit. Wenn heute in den USA, wo das Plakat den meisten Widerstand fand, nur etwa 7% der Weltbevölkerung leben, die aber einen Anteil von mehr als 30% des weltweiten Energiehaushaltes für sich beanspruchen, dann ist leicht zu beantworten, auf wessen Kosten dies abermals geschieht.[3] Diese globale politische Dimension in der Aussage des Plakatmotivs ist dann mehrheitlich wohl auch verstanden worden.

Neben solchen vielschichtigen politischen Bedeutungen enthält das Plakat auch vordergründigere, unmittelbare Botschaften. Zumal auf den westlichen Betrachter wirkt das Motiv der dunklen weiblichen Brust durchaus exotisch, auch erotisch. Denn längst nicht ist es in der europäischen (oder nordamerikanischen) Gesellschaft selbstverständlich für Mütter, ihre Babys in der Öffentlichkeit zu stillen, dabei gar ihre Brüste zu entblößen.[4] Dass nun ausgerechnet eine Farbige in der Welt der Weißen in dieser Haltung gezeigt wird, folgt gleichwohl gängigen Mustern. Zählte es doch über Jahrhunderte zu den vertrauten Erfahrungen, dass das Fremde – vorzugsweise in südlichen Gefilden – den Europäern auch nackt gegenübertrat. Was die Reisenden und Seeleute, die Forscher und Abenteurer dabei zu Gesicht bekamen, entzückte oder erschreckte sie, beflügelte ihre Phantasie oder erregte ihren Abscheu. In jedem Fall betrachteten sie das vorgefundene Fremde – Nackte – vom vertrauten, übergeordneten Standpunkt westlicher Moralität und Vernunft und nicht nach dessen ihm innewohnenden eigenen Begriffen kultureller Normierung. Das Fremde wurde so von Anbeginn missverstanden, und auf eben dieser schiefen Grundlage geriet es zum Exotischen. Aus dieser Perspektive wurde fremde Nacktheit wahlweise verklärt als Sehnsuchtsphantasie paradiesischer Unschuld oder diffamiert als Scham- und Sittenlosigkeit, als Ausdruck ›primitiver‹ Gesinnung. Künstler haben beide Klischees bedient und vielfach ins Bild gesetzt – als Augenzeugen bei fernen Begegnungen oder ›dem Hörensagen nach‹ im heimischen Atelier. Exotismus – verstanden als Aneignung des Fremden und Übersetzung in eigene Sehnsüchte oder Ängste – wurde so zum Sujet künstlerischer Gestaltung, zum Freiraum für andernorts eingeschränkte Möglichkeiten sinnlicher und kreativer Entfaltung.

Bezogen auf das Benetton-Plakat signalisiert der schwarze nackte Körper der Frau exotischen Reiz und sexuelle Verfügbarkeit, die Nacktheit des Kindes steht für Unschuld und Schutzbedürftigkeit. Und erst aus dieser Mischung von vordergründigen, teils provozierenden Klischees und hintersinniger politischer Botschaft gewinnt Oliviero Toscani[5] die Brisanz für seine Benetton-Kampagnen. Erst in dieser Kombination gelingt es ihm, in einem von Bildern überfluteten öffentlichen Raum, mit seinen Plakaten Anstoß zu erregen und Diskurse zu entfachen, nicht über modische Pullover, sondern über Fremdheit und Rassismus, über Nacktheit und Menschenwürde.

Eberhard Hempel

---

1 276 x 582 cm entsprechen dem amerikanischen Billboard-Format, das auch weltweit plakatiert wurde.

2 Benetton erhielt nach eigenen Angaben (www.benetton.com) Auszeichnungen für das Plakat *Black Breastfeeding Woman With White Baby* bzw. für die Kampagne des Jahres 1989 in Österreich, Dänemark, Frankreich, Holland und Italien.

3 Die Europäer, als maßgebliche Verursacher der ungleichen historischen Entwicklung, scheinen immerhin in Energiefragen deutlich mehr Verantwortung übernehmen zu wollen.

4 H.P. Dürr hat in *Der erotische Leib*, 1997, S. 118–144, den Formen ›funktionaler Brustentblößung‹ mehrere Kapitel gewidmet.

5 Oliviero Toscani, geb. 1942, von 1984 bis ins Jahr 2000 als Fotograf und Art Direktor für Benetton tätig.

Werbung

Ulrich Rüter

Sex sells

Nacktheit in der Plakatwerbung: Lifestyle-Träume zwischen Beauty und Bulimie

Die Werbeindustrie verstärkt mit irrealen Körperidealen die latente und manifeste Hypochondrie und Hysterie einer Gesellschaft, für die der eigene Leib etwas weitgehend Fremdes geworden ist.

Julian Nida-Rümelin[1]

Anfang September 2001 berichtete die Stockholmer Tageszeitung *Expressen* von der Verurteilung einer jungen Schwedin: Diese hatte kurz vor Weihnachten vier großformatige Poster des H&M-Konzerns mit schwarzer Farbe übermalt.[2] Die Protestaktion richtete sich gegen die Dessous-Werbung mit dem Model Claudia Schiffer (Abb. unten). »Sie sah aus wie Barbie«, erklärte die bei der Aktion hochschwangere Schwedin, die ihr Handeln trotz hoher Geldstrafe und des Gerichtsverfahrens wegen Sachbeschädigung nicht bereut: »100 000 schwedische Mädchen leiden an schweren Essstörungen, aber trotz aller Proteste macht Hennes & Mauritz weiter Reklame mit diesen Models.« Seit Jahren wird der ›Zielgruppen‹-Konsument in der Adventszeit mit fast nackten Super-Models konfrontiert, die für das erfolgreiche Unternehmen europaweit zumeist auf Großflächen und Leuchtkästen in knappen Dessous posieren. Der Angriff auf die Konsumenten ist perfide inszeniert: Zu einer Zeit, in der er fröstelnd im dicken Wintermantel die Spekulatius- und Lebkuchen-Pölsterchen zu verdecken versucht, wird der Passant mit übernatürlicher Körperlichkeit konfrontiert. Auf die eigene physische Unvollkommenheit wird er alltäglich überlebensgroß durch die idealen Lifestyle-Botschafterinnen hingewiesen. Dass aber selbst der angeblich so perfekte Körper von Claudia Schiffer für die Kampagne zusätzlich digital geschönt und gestreckt und somit zu irrealer Perfektion geformt wurde, löste bei den Betrachtern Staunen und Entsetzen aus und belegt eine weitere Verschärfung des Kultes um den nackten Körper.

»Preiswerte Wäsche an sündhaft teuren Models.«[3] Seit Jahren ist dies das Erfolgsrezept der Anzeigenkampagne von H&M. Posen und kaum verhüllte Nacktheit sorgen für größte Aufmerksamkeit, denn die Teilverhüllung verstärkt die erotische Ausstrahlung der Supermodels und lenkt den Blick automatisch als Kompensation auf die beworbene Ware Unterwäsche. Auffallen um jeden Preis mit möglichst ostentativer Körperlichkeit. Dafür muss nur das richtige Fotomodell gewählt werden, und für die nötige PR ist gesorgt. Längst wird über die alljährlichen Kampagnen auch in seriösen Feuilletons berichtet. Schlüpfrige

Max Vadukul, *Dessous-Kampagne mit Claudia Schiffer*, Plakat, Schweden 2000

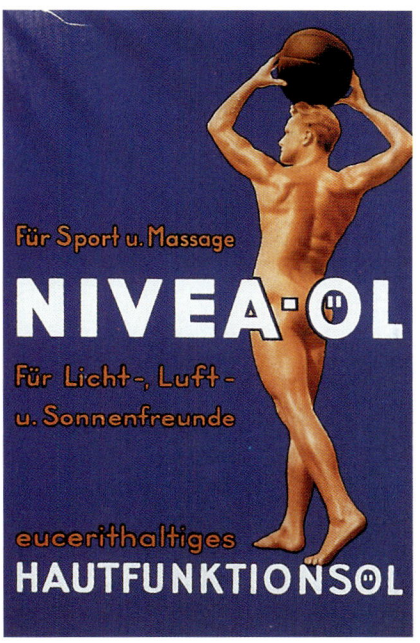

Magnus Reed, *Dessous-Kampagne mit Anna Nicole Smith*, Plakat, 42 x 29,7 cm, Schweden 1993, MKG

Nivea-Öl, Ladenplakat, Hamburg, 1930–33, Beiersdorf AG

Presseberichte zum vollbusigen Model Anna Nicole Smith (Abb. links oben)[4] oder Werbeverpflichtungen mit Claudia Schiffer, Pamela Anderson und Cindy Crawford bescheren dem Konzern immer wieder – neben einem Umsatzzuwachs – einen enormen und kostenlosen PR-Erfolg.

Prototypisch lässt sich an der Wäschekampagne der veränderte Umgang mit Körperlichkeit und auch mit Nacktheit in der Werbung ablesen. Längst hat man sich in den neunziger Jahren an komplette Nacktheit in Werbeanzeigen gewöhnt. Der alltägliche Konsument scheint mündiger geworden zu sein. Um aufzufallen, müssen komplexere optische und psychologische Strategien eingesetzt werden. Nicht mehr das eigentlich beworbene Objekt steht im Mittelpunkt der Werbung, sondern ein Supermodel, das entsprechende Lifestyle-Träume verbildlichen soll. Die real fotografierte menschliche Hülle changiert zwischen ›Kunstkörper‹ und ›Werbekörper‹.[5] Werbung ist ein Spiegel der Gesellschaft. Die beworbenen Produkte sind Stellvertreter für bestimmte Ideale und Leitbilder. Das Image eines Produktes ist mittlerweile wichtiger als der tatsächliche Nutzwert; es dient der Identitätsstiftung eines bestimmten angestrebten Lifestyle. Somit wird insbesondere in der Werbung durch die Vorführung bestimmter Wertvorstellungen das aktuelle vermeintliche Wunsch-Bild des Menschen ablesbar.

Ein Rückblick auf die Geschichte der Werbung im 20. Jahrhundert zeigt die rasanten Veränderungen im Gebrauch des körperlichen Abbildes. Das Präsentieren des menschlichen Körpers als verkaufsförderndem Blickfang ist bewährte Strategie und scheinbar noch heute die naheliegendste Werbeidee. Der Einsatz des nackten Körpers war stets von besonderer Brisanz, hinterfragte er doch gesellschaftliche Freizügigkeit und die zeitgemäße Sexualmoral. Die Bildinszenierungen öffentlicher Nacktheit werden als Spiegelbilder der Gesellschaft gelesen und belegen den Umgang mit Sexismus, Erotik, Pornografie und deren Definitionsverschiebungen.

In der Anzeigen- und Plakatwerbung hatte der Gebrauch des mehr oder weniger nackten Körpers vor allem in der Kosmetik- und Dessouswerbung seine ersten Beispiele. Athletische Männer- und sittsam-keusche Frauen-Posen bestimmen die Abbildungen (Abb. unten). Das jeweils eingesetzte Bild konnte immer schon Träger erotischer Phantasien und Projektionen sein, obwohl bei der Wäschewerbung zunächst Material und Verarbeitung, Preis und Haltbarkeit sowie Körperhygiene und Gesundheitsaspekte die zentralen Werbeargumente sein sollten. Auch mit dem Einsatz der Fotografie, die seit den zwanziger Jahren zunehmend die Zeichnung ablöste, blieben die Darstellungen recht prüde: Ohne Retusche der Geschlechtsmerkmale war eine Annonce kaum denkbar. Die Posen waren in bestimmten Klischees standardisiert: Männer wurden in ihrer Stärke, Frauen in ihrer Verletzlichkeit porträtiert und puppenhaft idealisiert. Körperlichkeit wurde zwar als Blickfang genutzt, Nacktheit musste jedoch vermieden werden, so dass auch Wäschewerbung möglichst jede direkte Erotik kaschierte, aber sie indirekt förderte.

Die entscheidende Umbruchphase beginnt in den späten sechziger Jahren als Ausdruck der so genannten Sexwelle. Der Einbruch der Nacktheit ist am sichtbarsten neben der Bebilderung von Illustrierten (*Stern*, *Quick*, etc.)[6] in der Werbung ablesbar.[7] Die Darstellung und die Berichterstattung von Nacktheit wird mit einiger Verzögerung durch den kommerziellen Gebrauch in der Werbung aufgegriffen. Die Anzeigen für Kosmetik und Miederwaren erscheinen nun

160

Neue Tapeten machen Leute, Plakat der
Deutschen Tapeten-Gemeinschaft, Deutschland, um 1975

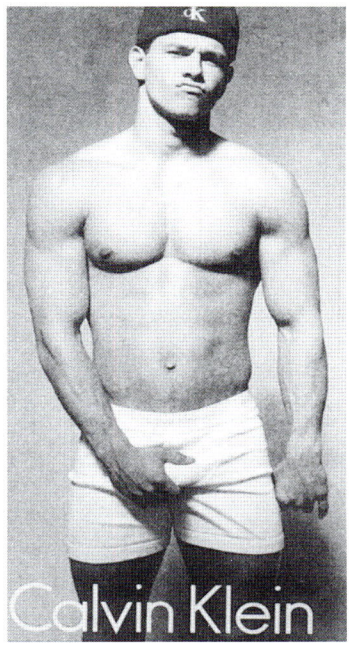

Calvin Klein, Unterhosen-Kampagne mit Mark Wahlberg (Marky Mark), Foto: Bruce Weber

Wie gefällt Ihnen Care, meine Damen?, Werbeplakat für Care-Parfum, um 1984

Ingo Taubhorn, Gleich hier? Aber sicher!, Plakat der Deutschen Aids-Hilfe, 70 x 50,2 cm, 1991, MKG

seitenfüllend und enthüllen fortschreitend den weiblichen Körper. Neben die tradierten Muster der Kosmetik- und Unterwäschewerbung tritt jetzt ein universeller Einsatz des nackten Frauenkörpers für alle Bereiche der Werbung: Schmuck, Autos, Möbel, Alkoholika werden mit mehr oder weniger bekleideten Frauen in eindeutigen Posen beworben. Aufmerksamkeit um jeden Preis – der weibliche Körper ist der zentrale Blickfang fast jeglicher Anzeigenwerbung. In den achtziger Jahren wird zunehmend Kritik laut an der ›Verdinglichung‹ des nackten weiblichen Körpers. Der ›Objektcharakter‹ des entblößten Frauenkörpers gilt als Ausdruck der gesellschaftlichen Machtverhältnisse, in denen die Männer den Körper der Frau als ständig verfügbar und konsumierbar vorgestellt bekommen. Frauenfeindliche Werbung wird als Thema nicht nur von der Frauenbewegung thematisiert, sondern auch unter soziologischen und werbewirtschaftlichen Fragestellungen kritisiert[8], ohne jedoch an der allgegenwärtigen Praxis grundsätzlich etwas verändern zu können. Nackte Männer tauchen in der Werbung der siebziger Jahre kaum auf, nur selten werden tradierte Posen ironisiert wie in der Anzeige der Deutschen Tapeten-Gemeinschaft (Abb. S. 160).

Die achtziger Jahre veränderten den Umgang mit nackter Werbung insofern, als nun auch der Mann entkleidet und Objekt erotischer Verführung wurde.[9] Die Frauenbewegung bilanzierte den Umgang mit Körperklischees, und auch der Mann wurde nun in seinem gesellschaftlichen Rollenbild hinterfragt. Nicht mehr ›stark, reich und mächtig‹ als Macho, sondern Sensibilität und gleichzeitige Attraktivität formten ein neues Männerbild. Wurde zu Beginn der achtziger Jahre noch behauptet, der Mann als Werbemittel sei »assoziationsschwach« und »nahezu unbrauchbar«, da er »wenig Anregungen für das eigene und das andere Geschlecht im Sinne einer positiven Produktbeeinflussung«[10] biete, belegte der einsetzende Boom nackter Männer schnell das Gegenteil.

Die Fotografie hatte hierbei einen entscheidenden Einfluss durch die Verwischung von Kunst- und Werbemarkt. So waren beispielsweise die Fotografien Robert Mapplethorpes dem Kunstbereich zugeordnet. Sie führten zu anfänglicher Zensur und durch vermeintliche Obszönität und Darstellung homosexueller Praktiken zu strafrechtlicher Verfolgung, gleichzeitig erhöhte sich aber in der Öffentlichkeit auch die Akzeptanz des männlichen Aktes. Die Werbung zog daraus ihre Schlüsse: Calvin Klein, Gianni Versace, Ralph Lauren und andere Designer, Mode- und Kosmetikunternehmen stilisierten den männlichen Körper in extravaganten Kampagnen mit bisher nie gewagter Erotik (Abb. S. 161 links). Zur Schau gestellte Selbstverliebtheit wurde nun der offen sichtbare Ausdruck eines neuen Körperbewusstseins. Athletische Pose und trainierter Körper das Muss des neuen Mannes. Starfotografen wie Richard Avedon, Bruce Weber, Herb Ritts oder Steven Meisel adelten die Kampagnen. Makellose Schönheit mit ausgeprägtem Sex-Appeal galt jetzt auch für den Mann als erstes Gebot. Gekauft wurde Männer-Wäsche natürlich weiterhin vor allem von Frauen, die gerne der Verführung einer Übertragung des Markenimage auf den eigenen Partner erlagen. Auch in der Parfümwerbung vollzog sich ein radikaler Wandel: Prominentes Beispiel ist die *Care*-Kampagne (Abb. S. 161 Mitte). 1980 gestartet und zunächst den nackten Mann nur bis zum Nabel oder im Profil zeigend, präsentierten die Plakate ab 1984 den komplett hüllenlosen, zwischen ›Softie‹ und ›Macho‹ changierenden Mann. Die Rollenklischees begannen sich tief greifend zu verändern: Traditionelle ›Mannbarkeitsriten‹ wurden durch androgyne Schönheitsideale ergänzt oder ersetzt. Werbung hat sich längst als eigenständige Form der künstlerischen Gestaltung etabliert und wird entsprechend gewürdigt. Das Misstrauen gegen den »geheimen Verführer«[11] ist einem weit verbreiteten Interesse an der Ästhetik gewichen: Es gibt eigene Festivals für Werbefilme, Anzeigenkampagnen werden prämiert, die Werbung insgesamt wurde längst ästhetisiert. Zwar wird auch heute nach der ›political correctness‹ vieler Werbeideen gefragt, doch von kulturpessimistischer Kapitalismuskritik, wie sie vielfach in den späten siebziger und achtziger Jahren geäußert wurde, ist in den Medien kaum etwas übrig geblieben. Protest setzt meist nur dann ein, wenn die Grenzen des ›guten Geschmacks‹ in Bezug auf Schockwerbung[12] oder Darstellungen von Gewalt und Sex provokant überschritten werden. So wird nur selten die ›dunkle‹ Seite der Nacktheit als Symbol der Vergänglichkeit durch Aufzeigen des Zusammenhangs mit Tod und Gewalt in die Werbung aufgenommen. Prominentestes Bei-

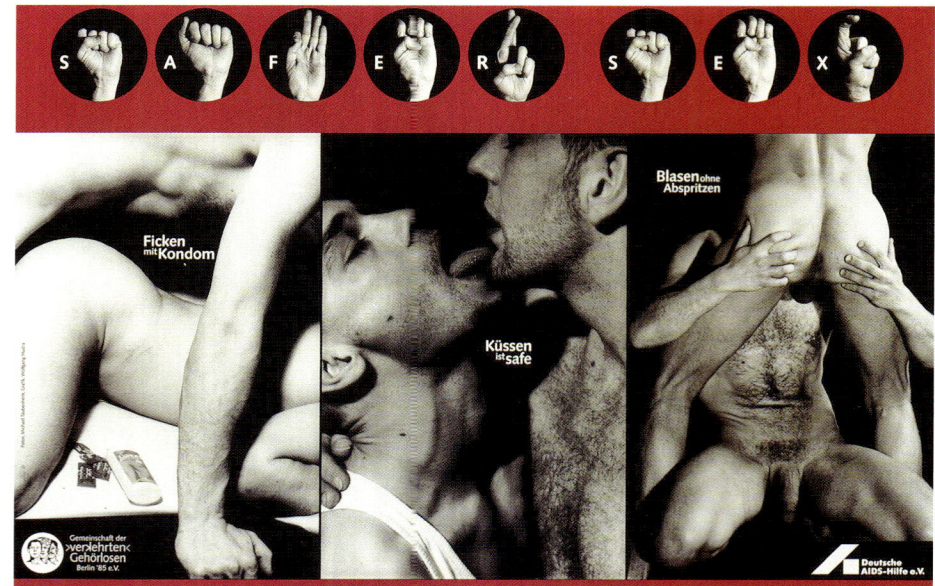

Ingo Taubhorn, *Safer Sex*, Plakat der Deutschen Aids-Hilfe, 59,4 x 84,4 cm, 1995, MKG

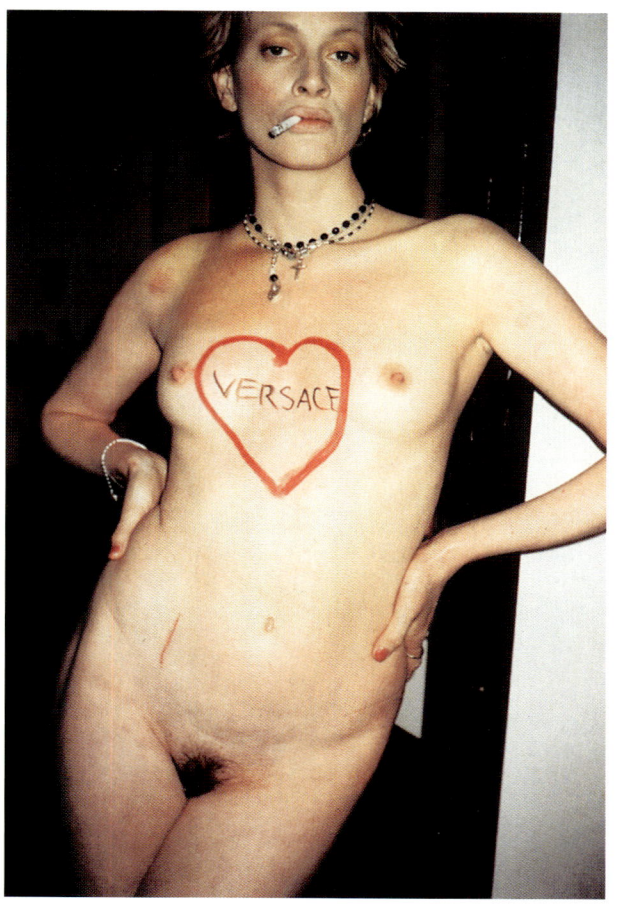

spiel ist die Benetton-Kampagne, die Fotografien aus ihrem ursprünglichen Kontext löste. Die Verbreitung des Aids-Virus führte gegen Ende der achtziger Jahre auch dazu, dass sich Fotografen sozial engagierten und Anti-Aids-Kampagnen erarbeiteten. Die Darstellung erreichte durch das kalkulierte Ansprechen der ›Zielgruppen‹ eine bisher nie dagewesene sexuelle Offenheit. Lust, Sex und Körperlichkeit wurden selbstverständlich in die Bildsprache vieler Plakate integriert (Abb. S. 161 rechts und 162). Der Tabubruch dieser Anzeigen war die konsequente Einforderung nach Aufmerksamkeit.

Die neunziger Jahre sind geprägt von einem umfassenden Hedonismus. Jahr für Jahr wurde verführerischer und erotischer geworben. Die Kampagnen von Palmers und H&M zählen hierbei zu den bekanntesten. Der selbstverständliche Gebrauch digitaler Bildmedien in der Werbung hat die Versprechungen der Werbebotschaften zusätzlich perfektioniert. Ein verändertes, scheinbar unbefangeneres Selbstverständnis der nachwachsenden Frauengeneration ließen die zuvor geäußerte feministische Kritik vielfach als überholt erscheinen. Dessous dürfen nun sexy und lustbetont zur Schau gestellt sein, sexistische und voyeuristische Klischees werden dabei absichtlich benutzt, der ehemals eingeforderte Respekt vor dem menschlichen Körper wird bewusst provokant vorenthalten. Ganz im Gegenteil: Politisch unkorrekt ziehen neue Muster in die Werbung ein: Sex (in allen Varianten), ›Heroin-Chic‹ (Abb. oben links), Schlampen-Ästhetik, ›Cross(un)dressing‹ und Macho-Allüren bestimmen den nackten

Jürgen Teller, *Kristen McMenamy für Versace*, Fotografie, 12,9 x 8,5 cm, 1996, Hamburg, Sammlung F.C. Gundlach

Obsession, Werbung für Parfum von Calvin Klein, Foto: Bruce Weber

63

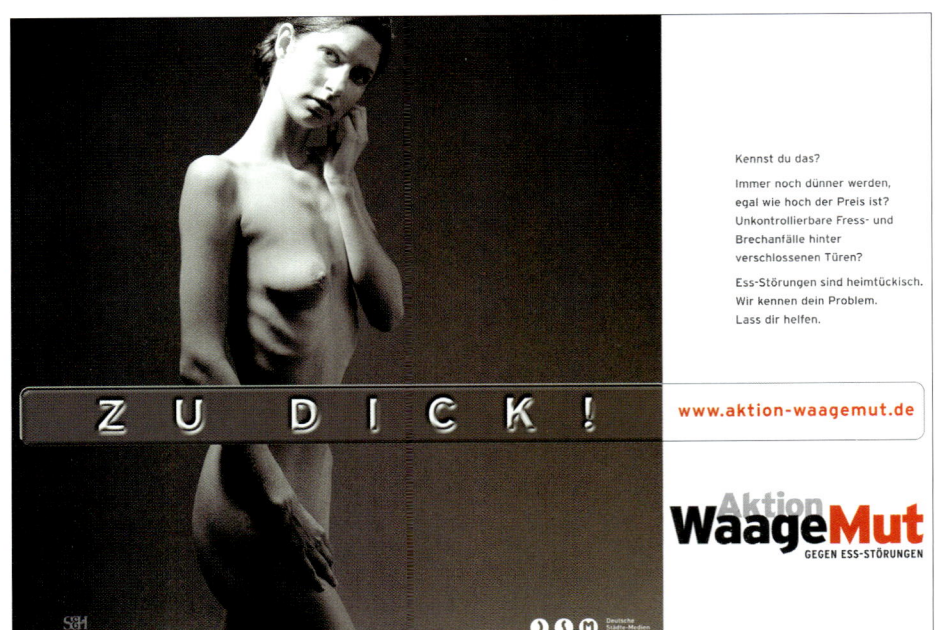

Aktion Waagemut, Plakat, Agentur Sudler & Hennessy, Frankfurt am Main, MKG

The Body Shop, Anzeige/Postkarte des Körperpflegemittel-Unternehmens

Happy, Ausstellungsplakat, 2001, Bern, Museum für Kommunikation

Markt. Die Repräsentationsformen des Körpers haben sich weiter ausdifferenziert. Biologische Definitionen von Geschlecht und Rollenklischees werden hinterfragt.[13] Ganz unverhohlen wird dem Jugendlichkeitswahn gefrönt, pathogener Narzissmus beherrscht die Werbung. Medizinische Körperveränderungen lassen Haut und Fleisch zum Design werden. Die Sehnsucht nach ewiger Jugendlichkeit und Schönheit wird mit immer neuen Versprechungen beworben. Nicht nur Mode- und Kosmetikunternehmen, sondern auch Pharma- und Lebensmittelindustrie vermitteln die neuen Dogmen des möglichen Selbstentwurfs des eigenen Körpers. Models sind die angesehensten Vorbilder. Mehr als die von ihnen vorgeführte Mode sind es ihre Körper selber, die als Markenzeichen gelten.[14]

Mit nackter Haut kann heute alles beworben werden, egal ob in schrill-bunter Direktheit oder in schwarzweißer Kühle mit antiker Stilisierung (Abb. S. 163 rechts). Und kaum etwas scheint so tief zu wirken wie die Oberflächlichkeit der Hochglanzmagazine und Großplakate. Sogar Selbsthilfegruppen, die auf die erschreckenden Auswirkungen eines übertriebenen Körper- und Jugendwahns wie Magersucht und Bulimie als Ausdruck gesellschaftlichen Narzissmus aufmerksam machen, werben mit gleichen Mitteln: dem nackten Körper (Abb. links oben). Festzustellen ist allerdings auch der kritischere Umgang mit überzogenen Körperidealen in der Öffentlichkeit (Abb. links unten). Beispielsweise wirbt eine Schweizer Ausstellung[15] in karikierender Weise mit den Chiffren der H&M-Kampagne: Die normierten Glücksversprechungen werden mit einem ›normalen‹ Claudia-Schiffer-Double hinterfragt (Abb. rechts unten). Und auch die eingangs erwähnte verurteilte schwedische Plakat-Vandalin hat, so war es der Pressemeldung zu entnehmen, für zukünftige ähnliche Kampagnen bereits Farbeimer bereitgestellt.[16]

1 Julian Nida-Rümelin, Der schöne Mensch – Ideal seiner Zeit. In: Susanne Bäumler (Hg.), *Die Kunst zu werben. Das Jahrhundert der Werbung*, München 1996, S. 355.

2 Vgl. dpa-Meldung vom 6.9.2001.

3 Emma Blum, Schneller, hipper, billiger. In: *Brigitte* 16, 27.7.1994, S. 46.

4 So wurden zahllose Leuchtreklame-Aushänge im Herbst 1993 vermutlich zumeist von männlichen Verehrern zerstört, um an das Werbebild Smiths zu gelangen. Vgl. *Gefühlsecht – Graphikdesign der neunziger Jahre* (Hg. Museum für Kunst und Gewerbe Hamburg), Heidelberg 1996. Mittlerweile werden einige Motive der aktuellen Werbekampagnen – sofern dies die Bildrechte zulassen – in den Verkaufsfilialen kostenlos abgegeben.

5 Vgl. Gerhard Johann Lischka (Hg.), *Kunstkörper, Werbekörper*, Köln 2000.

6 Illustrierte gerieten immer wieder durch ›jugendgefährdende‹ Bebilderung in Konflikt mit konservativen Zensurinstanzen.

7 *Quick* und *Stern* kommen eine Vorreiterrolle zu, im Laufe der siebziger Jahre schließen sich fast alle Illustrierten dem Nacktheitstrend an, angefangen mit Boulevard-Blättern wie *Praline* und *Wochenend* bis hin zu *Twen*, *Pardon* und eher linken Publikationen wie *Konkret*.

8 Vgl. Christiane Schmerl, *Frauenfeindliche Werbung. Sexismus als heimlicher Lehrplan*, Berlin 1981; Heide Hering, *Weibsbilder. Zeugnisse zum öffentlichen Ansehen der Frau. Ein hässliches Bilderbuch*, Reinbek 1982. Diese beiden Bücher bieten die umfangreichsten Kompendien sexistischer Werbung.

9 Vgl. v.a. Dietmar Kreutzer, *Kauf mich: Männer in der Werbung*, Berlin 1998.

10 Jörg Nimmergut, *Werben mit Sex*, München 1982, S. 169 und 171.

11 Vgl. Vance Packard, *Die geheimen Verführer: der Griff nach dem Unbewußten in jedermann*, Düsseldorf 1964.

12 Vgl. Dave Saunders, *Best Ads: Shock in Advertising*, London 1996.

13 Vgl. Birgit Richard, Metrosexual. Schwule Crossovers in den Mainstream. In: *Kunstforum international*, Bd. 154, 2001, S. 152–165.

14 Vgl. Gertrud Lehnert, *Mode. Models. Superstars*, Köln 1996.

15 *Happy – Das Versprechen der Werbung*, Ausstellung von September 2001 bis Juli 2002 im Museum für Kommunikation, Bern.

16 Dass Öffentlichkeit und Mediendiskussionen durchaus einen Einfluss auf Plakatkampagnen haben können, zeigte das Auswechseln eines Dessous-Plakates in Schweden. H&M tauschte bereits 1997 für die Weihnachtskollektion Motive mit dem südafrikanischen Top-Model Georgina Grenville gegen das deutlich drallere britische Model Sophie Dahl aus. Vorausgegangen waren zahlreiche Medienberichte über die Magersucht der schwedischen Kronprinzessin Victoria. Vgl. Markus Zydra, Die mageren Jahre sind vorbei. Warum die Modefirma H&M in Schweden die Models austauscht. In: *Süddeutsche Zeitung* 10.12.1997, S. 31.

Tabu

Nils Jockel

Flügel oder Bremse?
Tabus der Nacktheit als Gestaltungs-
gegenstand im Medienzeitalter

Seit der Mensch seine Scham entdeckt hat, beschäftigt ihn sein Feigenblatt. Unter den vielen Tabus, die sein Leben bestimmen, ist Nacktheit das wohl mächtigste. Seit er in der Entwicklung vom Tier zum Menschen eine Sexualität ohne Scham in eine schamhafte Sexualiät gewandelt hat, bestimmen Tabus sein Denken und Handeln – sowohl als Warnung als auch als Reiz. Sie bremsen, und sie beflügeln.

Als könnte der Mensch noch immer nicht von seiner alttestamentarischen Modetorheit Feigenblatt lassen, ist er unablässig mit ihr beschäftigt. Er tastet seine Scham an, erforscht und verrückt ihre Grenzen, wirbt durch ihre verführerische Gestaltung darum, dass andere sie entblößen, oder tut es gar selbst. Derlei Rückkehrversuche in das verlorene Paradies animalischer Unschuld bedeuten für den Einzelnen wie für die Gemeinschaft so große Gefahren, dass sie nur in gesellschaftlich zugestandenen Freiräumen erprobt und in ihren Konsequenzen durchgespielt werden können. So kommt der Kunst, der Werbung und der Mode die Aufgabe zu, sich so lange mit der Existenz gesellschaftlicher Feigenblätter zu beschäftigen, bis ihre Entblößung schließlich von dem Normengefüge der Gesellschaft akzeptiert wird.

Am Anfang aller ästhetischen Bemühungen um Nacktheit und ihre Scham steht Sprachlosigkeit in Wort und Bild. Wenn Sprache die Kleidung der Gedanken ist, dann muss Nacktheit mit wenig Worten auskommen – obwohl wir doch an nichts *mehr* denken als an das, worüber wir *nicht* sprechen. In der Beschreibung dessen, was Nacktheit dem Einzelnen bedeutet, was sie ihn fühlen und fürchten, erkennen und verlangen lässt, zeigt sich die offizielle Sprache oft hilflos. Immerhin steht auch sie unter der Macht der Tabus. Kaum verwunderlich also, dass sie sich ausgerechnet des schlichten, exotischen Wortes ›Tabu‹

Sprachlosigkeit und das schöne Wort Tabu

bedient, das James Cook 1777 von einer Südseereise nach England mitgebracht hat, um damit all jene Themen zu markieren, die auszusprechen der Sprache so verwehrt ist wie der Gemeinschaft, die nicht mit ihnen umgehen darf. Als ›heilige Scheu‹ hat Sigmund Freud den Sinn des Begriffs Tabu beschrieben, der im Polynesischen ›heilig‹ und ›unrein‹ zugleich bedeutet. Verliert der Mensch die Scheu, stößt er womöglich Türen auf, hinter denen Katastrophen lauern.

Die Sprache erzählt unausgesprochen von den Tabus derer, die sich ihrer bedienen. Als die Illustrierten es in den sechziger Jahren denkbar und möglich erscheinen ließen, dass Frauen sich in der Öffentlichkeit – wie Männer – mit entblößter Brust zeigen, ohne kollektive Diskriminierung fürchten zu müssen, hatte die Sprache dafür die bis heute gebräuchliche Bezeichnung ›oben ohne‹ parat. Hinter der unbeholfenen Formulierung lauerte noch das alte Tabu. Der Hinweis auf das, was nun an Verhüllung fehlte, war wichtiger als die Nennung dessen, was – befreit von Kleidungszwängen und Erwartungen – da war: der natürliche Busen. ›Busenfrei‹ sollte es nicht heißen. Ein wenig zeigt sich in dem Begriff ›oben ohne‹ die enttäuschte Haltung von Männern, die in der emanzipierten Form weiblicher Selbstentblößung einen »törichten Versuch« sehen, »den Männern zuerst die Lösung zu zeigen und dann das Rätsel« (Luitgard Im). Natürlich spiegelt die Sprache, die sich mit der Emanzipation des nackten weiblichen Oberkörpers schwer tat, nur den schwierigen Prozess, in dem sich die Gemeinschaft an die Verschiebung der Schamgrenzen gewöhnt. An der Befreiung des Busens, die zur Mitte der sechziger Jahre durch Modeschöpfer ihren Anfang nahm, zeigt sich, dass Enttabuisierungen sich selten schleichend und im Verborgenen entwickeln. Die Gemeinschaft braucht sichtbare Vorbilder – oft aus Kunst und Kultur –, an denen sie ihre Widerstände und Ängste

Rudi Gernreich (1922–1985), *Monokini*, getragen von Peggy Moffitt, 1964
Foto: William Claxton

Niki de Saint Phalle, *Sie – eine Kathedrale*, 1966, Stockholm, Moderna Museet

wachrufen, reflektieren und abreagieren kann, um sie womöglich schließlich zu überwinden und einem Tabu seine Verbindlichkeit zu nehmen.

So ein Katalysator war für die ›Oben ohne‹-Bewegung der Wiener Modeschöpfer Rudi Gernreich. Als er 1964 den ›Monokini‹ (Abb. S. 169), einen schwarzen ›Oben-ohne‹-Badeanzug mit zwei dünnen Trägern nach dem Vorbild selbst gestrickter Kinderbadehosen aus der österreichischen Zwischenkriegszeit, kreierte und einer schockierten Weltöffentlichkeit vorstellte, brach er damit ein Tabu und schwor einen Skandal herauf, der sogar den Papst zu moralischer Entrüstung veranlasste.

Nach Gernreichs Vorstellungen sollte weibliche Nacktheit nicht länger durch raffinierte Verhüllungen aus der Formenwelt amerikanischer Busenwunder sexualisiert werden. Der herrschenden Doppelmoral in Dessous- und Bademoden, die letztlich nur Nacktheit verhüllten, um sie durch männliche Phantasien enthüllen zu lassen, stellte er ein Konzept entgegen, das in seiner funktionalen Schlichtheit und seiner minimalistischen Natürlichkeit eine ›Transparent-Welle‹

Transparenz gegen Doppelmoral

in Bewegung setzte. Wenn Gernreichs ›Monokini‹-Entwurf vor allem die Medien beschäftigte und allenfalls an mondänen Badestränden der Côte d'Azur zur Anwendung kam, so gaben doch immerhin Couturiers wie Mary Quant, Courrèges, Paco Rabanne und Yves Saint Laurent mit ihren vielen Entwürfen aus durchbrochenen und durchsichtigen Materialien der Dessous- und Kleiderindustrie und ihren Kundinnen genügend Inspiration, um den weiblichen Umgang mit der Verhüllung ihres Busens bis in die achtziger Jahre hinein grundlegend zu wandeln.

Dabei hatte der ›Oben ohne‹-Tabubruch die Weiblichkeit erst halb entblößt. Was sich in den sechziger Jahren als sinnfälliger Ausdruck einer neuen Sex-Welle gab, erscheint aus heutiger Sicht geradezu arglos. Beseelt von dem Wunsch, die Geschlechter zumindest oberkörperlich gleich zu behandeln (wie Rudi Gernreichs ›unisex‹ von 1968), wurde das ›oben‹ des weiblichen Körpers zu einem kleinen Paradies kultiviert, das darauf vertrauen musste, dass von ›unten‹ – aus den Tiefen der Geschlechtlichkeit – keine Gefahr drohte, die man nicht wenigstens mit der Anti-Baby-Pille beherrschen konnte.

In eben diese Tiefen wies etwa zu gleicher Zeit Niki de Saint Phalle mit ihren entfesselt tanzenden, grell bunt bemalten Skulpturen, die mit kleinen Köpfen, prallen Brüsten und dicken Bäuchen als ›Nana‹ (Urmutter) dem Publikum ihr Geschlecht weit öffneten (Abb. links). Für das Moderna Museet in Stockholm schuf die französische Künstlerin 1967 eine riesige, auf dem Rücken liegende Skulptur, *Sie – eine Kathedrale*, deren Inneres der Besucher durch die Vulva betrat und von dort in ›Liebesecken‹ gelangte, die Jean Tinguely gestaltet hatte. Dank der großen Aufmerksamkeit, die die Nanas in den Medien erhielten, hatte die Kunst den Blick der breiten Öffentlichkeit erstmalig zum Unterleib geführt und in jene verborgenen, archaischen Regionen vorstoßen lassen, die die so genannte zivilisierte Welt lange tabuisiert und verdrängt hatte.

Die junge Generation der sechziger Jahre sah in der Befreiung von sexuellen Tabus eine wesentliche Kraft, um die gesellschaftlichen Verhältnisse zu überwinden, die sie als autoritär, verkrustet und ungerecht empfand. Je offener und öffentlicher sie ihre Vorstellungen neuer Geschlechterbeziehungen und sexuellen Verhaltens lebte, je mehr sie damit Aufmerksamkeit in den Medien und Widerspruch in der Öffentlichkeit erhielt, desto mehr sah sie sich im Anliegen und der Notwendigkeit ihrer ›sexuellen Revolution‹ bestätigt. Provokation war ein Wert an sich.

Die von der neuen Bewegung und ihren Symbolfiguren wie den Mitgliedern der Berliner ›Kommune 1‹ fast täglich begangenen Tabubrüche wurden von der Presse und dem Publikum begierig aufgenommen. Bilder von nackten Kommunarden, riesigen Matratzenlagern und scheinbar freier Liebe waren nicht nur unterhaltsam. Dass die provozierenden Bilder und Aussagen der selbst

Anonym, *Nackte Kommunarden an der Wand*, Berlin, 1968

171

ernannten Revolutionäre so große Verbreitung fanden, lässt auch auf die kollektiven Bedürfnisse schließen, die die erstarrte Wohlstandsgesellschaft der sechziger Jahre hatte, sich ihrer mit den Tabubrüchen wachgerufenen Ängste,

Der Körper als Material

Widerstände und wohlmöglich auch Sehnsüchte bewusst zu werden. So fehlt heute in kaum einem Rückblick auf die Aufbrüche der sechziger Jahre beispielsweise jenes berühmte Foto, auf dem die Mitglieder der ›Kommune 1‹ nackt, mit ausgebreiteten Armen und gespreizten Beinen an der Wand stehen (Abb. S. 171).

Die Vorstellung, alle unterdrückten Triebe müssten der Privatsphäre entzogen und in aller Öffentlichkeit exzessiv ausgelebt werden, setzten in radikalster Form Wiener Aktionskünstler wie Otto Mühl, Hermann Nitsch und Günter Brus um. Sie begriffen den Körper mit allen seinen Funktionen, Reaktionen und Ausscheidungen als künstlerisches Material, mit dem unterdrückte Triebstrukturen wie extreme Aggressions- und Destruktionsneigungen bis hin zum Tötungstrieb offengelegt und abgebaut werden sollten. »Meine Vokabeln sind Scheiße, Urin, Sperma, Sexualität, Sodomie. All das verwende ich ganz bewusst und setze es als Attacke ein, um moralische Tabus anzugreifen. Mir geht es darum, das aufzuheben, was die Sexualität einengt.«

Mit der allgemeinen Etablierung der Massenmedien in der gesellschaftlichen Praxis geriet die Aktionskunst zu Beginn der siebziger Jahre zunehmend in einen Widerspruch. Sie war einerseits auf die Dokumentationen ihrer Kunst durch die reproduzierenden Medien wie Fotos, Filme und Beschreibungen angewiesen. Zum anderen verlor damit der kultische Charakter ihrer Aktionen an Authentizität. Die Aktionskunst geriet in Konkurrenz zu den Massenmedien. Diese waren gerade im Begriff, die Scheidung von öffentlicher und privater Sphäre zu verwischen, die ein Grundpfeiler jener bürgerlichen Gesellschaft war, die die Künstler- und Studentenrevolutionäre der sechziger Jahre zu überwinden suchten.

Deutlich zeigte sich jetzt, dass es ein ›reines‹ oder ›natürliches‹ Körperbild fernab von Gesellschaft und Medien nicht gibt, nie gegeben hat. Es ist somit auch nicht zurückzuerlangen, weil das Individuum eine Begrifflichkeit von Nacktheit aus sich selbst heraus nicht schaffen kann. So wollten die Pop Artisten dieser Zeit, im Bewusstsein, dass die Künstler mit dem Aufkommen der billigen Farbfilme ohnehin das Monopol auf die Darstellung des nackten Körpers verloren hatten, nicht länger dem nackten Körper in seinem vermeintlichen Urzustand nachspüren. Sie wandten sich der medialen Reproduktion und Interpretation des menschlichen Körpers in Werbung, Kitsch und Comics zu und entdeckten ihn als ein Medium der Gesellschaft, an dem sich deren Normen und Ideale, Ansprüche und Regeln abbilden.

Während im Verlauf der siebziger Jahre – insbesondere nach der Lockerung des Sexualstrafrechts – Filme, Zeitschriften und Bücher über Sexualität aufklärten, mit Nacktheit warben, sie zuweilen banalisierten, vor allem aber kommerzialisierten, gingen die Künste dazu über, Nacktheit auf neuartige und sehr vielfältige Weise für ihre Zwecke einzusetzen. Dabei standen ihnen nun weit mehr Mittel und Sujets zur Verfügung als je zuvor. Sie nutzten die – trotz der weitgehend aufgehobenen Verbote – noch immer bestehenden Tabus, weil sich an ihnen die Gesellschaft in ihren kollektiven Ängsten, ihren Normen und ihren Machtstrukturen vorführen ließ und die Künste ihr anderes Denken,

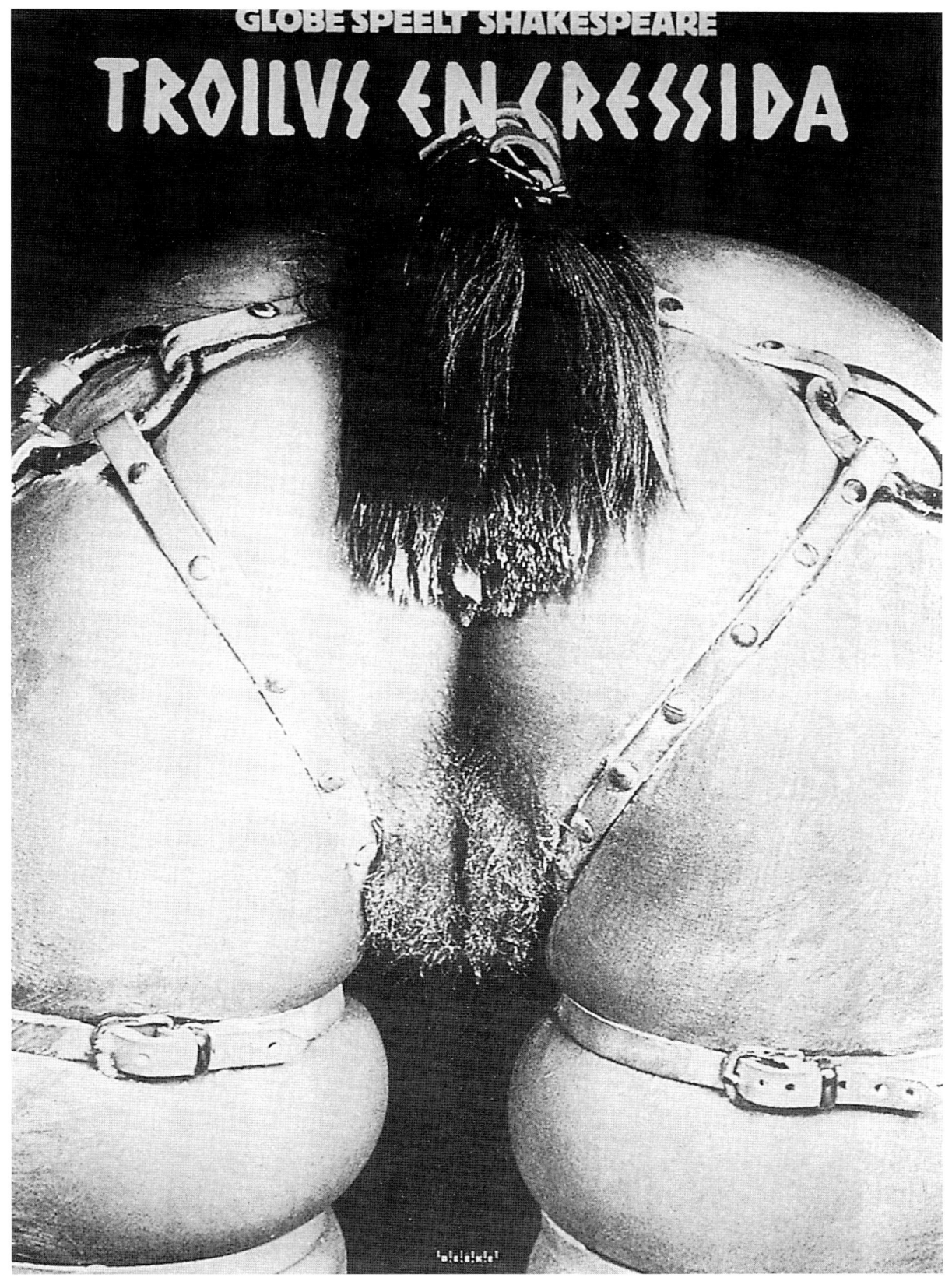

173

Anthon Beeke (geb. 1940), *Troilus en Cressida*,
Plakat, Offset

ihre Visionen dagegenhalten konnten. Wieder einmal zeigte sich: Die Kunst leidet unter Verboten, doch Tabus geben ihr Nahrung. Weil sie subtil, vielgestaltig und unausgesprochen wirken, sind sie Bremsen für jeden gesellschaftlichen Wandel. Doch gerade weil diese Widerstände die Künste herausfordern und weil sie der Unausgesprochenheit von Tabus Gestalt zu geben verstehen, verleihen sie ihnen Flügel.

Die Entwicklung, die Fotografie, Mode, Werbung und Plakatkunst seit dem Beginn des Medienzeitalters zu Beginn der siebziger Jahre nahmen, belegt, dass die Inszenierung von Nacktheit in Verbindung mit wohl kalkulierten

Der Körper als mediales Bild der Gesellschaft

Tabubrüchen nun längst nicht mehr emanzipatorischen, sondern vor allem rhetorischen Zielen folgt. Bei der Entblößung von Nacktheit dient der Tabubruch im medialen Zeitalter nicht mehr der Wiedergewinnung vermeintlicher Natürlichkeit, sondern der Inszenierung, mit dem Ziel, höchste Aufmerksamkeit für sehr unterschiedliche Inhalte zu erreichen. Die gestalterischen Mittel, die dabei eingesetzt werden, sind auffällig häufig die des Zitates und des extremen Ausschnittes.

1994 wurde für die Modekollektion Otto Kern im Rahmen einer Kampagne, die biblische Motive zitierte, eine Anzeige entworfen, die das berühmten Abendmahlsgemälde von Leonardo da Vinci von 1495–97 fotografisch nachstellte und dabei die Jünger als Jeans tragende Frauen mit nacktem Oberkörper zeigte (Abb. unten links). Dazu war die Zeile gesetzt: »Wir wünschen mit Jesus, dass Männer die Frauen respektieren lernen.« Die Empörung, die die Anzeige vor allem bei Gläubigen hervorrief, richtete sich gegen ihren mehrfachen Tabubruch. Er bestand darin, dass die Anzeige

Horst Wackerbarth (geb. 1950), Motiv einer Werbekampagne für Otto Kern

Holger Matthies (geb. 1940), *Wir brüsten uns nicht*, Plakat für die Schlossfestspiele Ettlingen, Offset, 84 x 54,4 cm, 1998, MKG

1. die Jesusgestalt mit den entblößten Brüsten von Frauen konfrontiert,
2. ein zentrales christliches Motiv durch einen banalen Modeartikel profanisiert,
3. eine Modekollektion mit einer ›politisch korrekten‹ Forderung an die Seite einer göttlichen Instanz setzt,
4. eine Ikone der Kunstgeschichte zu werblichen Zwecken missbraucht,
5. sich durch ihre offensichtliche Ironie kaum angreifbar macht.

Nach massiven Protesten wurde die Werbung später als entschärfte, aber nicht weniger ironische Version wieder aufgenommen, in der die Frauen Bärte tragen und die Brust verhüllt ist.

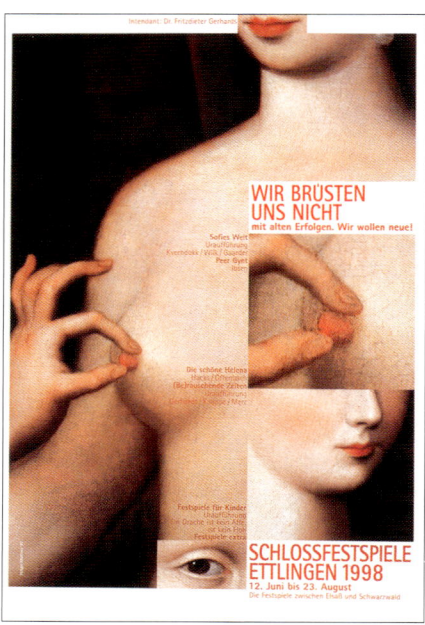

Während im Falle der Otto-Kern-Anzeige durch die tabubrechende Umgestaltung eines im christlichen Abendland kollektiv verankerten Motives die erwünschte Aufmerksamkeit erreicht wurde, hat der Plakatkünstler Holger Matthies 1998 einen ähnlichen, wenn auch lokal begrenzten Skandal sogar mit einem unveränderten Zitat eines bekannten Gemäldes ausgelöst (Abb. S. 174 rechts). Für ein Plakat, das die Ettlinger Schlossfestspiele bewerben sollte, komponierte er vier Ausschnitte aus dem Gemälde *Gabrielle d'Estrées und ihre Schwester* der Schule von Fontainebleau (Ende 16. Jahrhundert, im Besitz des Louvre), das die Schwestern mit nackter Brust darstellt. Zwei dieser Ausschnitte zeigen Daumen und Zeigefinger der einen Schwester, die die Brustwarze der anderen betastet – wohl um deren Schwangerschaft, also die Entstehung von ›etwas Neuem‹ zu prüfen. Dazu lautete die Überschrift: »Wir brüsten uns nicht mit alten Erfolgen. Wir wollen neue!« Die massiven Proteste, vor allem aus der Bevölkerung, die gegen das Plakat vorgebracht und dankbar von der Presse aufgenommen wurden, machten es – ganz im Sinne werblicher Strategien – zu einem Kommunikationsanlass und somit weit bekannter, als die bloße Plakatierung dies hätte bewirken können. Die Tatsache, dass das Gemälde aus der Sammlung des Louvre erst dann als anstößig empfunden wird, wenn es – in Form eines Plakates – in den Öffentlichen Raum gerät, beweist einmal mehr, wie sehr die Tabuisierung von Nacktheit von dem Kontext abhängt, in dem sie inszeniert wird.

Besonders groß ist die Wahrscheinlichkeit, dass dargestellte Nacktheit Tabus verletzt, immer dann, wenn Geschlechtsteile in Ausschnitten gezeigt und gar noch in scheinbar unpassende Zusammenhänge gestellt werden. Der niederländische Plakatkünstler Anthon Beeke hat 1994 für die Theaterproduktion des Shakespeare-Dramas *Troilus und Cressida* durch die Theatergruppe ›Toneelgroep Amsterdam‹ ein Plakat entworfen, das provozierender kaum sein kann (Abb. S. 173). Gezeigt wird unter dem in antikischer Anmutung gesetzten Titel des Stückes ein nacktes weibliches Hinterteil, das sich in gebückter Haltung dem Betrachter so entgegengestreckt, dass in der Bildmitte die Vagina bloß gelegt ist. Gesteigert wird der gänzlich unverstellte Blick in die weibliche Scham noch durch ein Zaumzeug, das zusammen mit einem über dem Hintern herabhängenden Pferdeschweif sternförmig auf die Vagina zuläuft.

Verwirrend ist das Plakat auf den ersten Blick wegen seiner alle Tabus brechenden Drastik. Es weckt Assoziationen an antike Schlachten, Leidenschaft, Fesselung und Unterdrückung. Doch die Bezüge zu dem von Homers *Ilias* inspirierten Stoff sind sehr viel konkreter und anspielungsreicher. Das Drama erzählt, wie Helden und Idealisten für eine Unwürdige verbluten. Während der

Das Geschlecht vor Augen

Belagerung Trojas durch die Griechen wird der Trojaner Troilus von seiner liebeshungrigen und verführerischen Geliebten Cressida mit dem Griechen Doimedes betrogen und muss mitansehen, wie sein Bruder Hektor im Zweikampf mit dem Griechen Ajax heimtückisch getötet und am Rossschweif seines Mörders um Trojas Mauern geschleift wird. Während die Griechen triumphieren und schon mit dem Ende des Krieges rechnen, feuert der betrogene Troilus zu neuem Kampfe an.

Das Motiv des nackten Frauenhinterns, der zugleich das gezäumte Hinterteil eines Pferdes sein könnte, versetzt den Betrachter in die Blickperspektive des

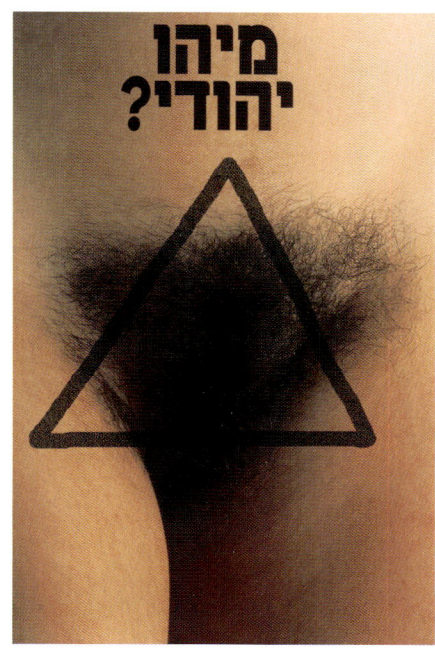

Yossi Lemel (geb. 1957), *Wer ist jüdisch?*, Plakat, Offset, 100 x 70 cm, 1995, MKG

175

ehemals liebestollen, nun enttäuschten und auf Rache sinnenden Troilus. In dem Motiv ist das Bild der untreuen Cressida, die sich in ihrem Liebeshunger einem Feind Trojas hingegeben hat, verknüpft mit dem des Pferdes, an dessen Schweif der Feind den eigenen Bruder durch den Dreck gezogen hat. Doch nun ist der Bruder vom Schweif getrennt, wie Troilus sich von Cressida abgewandt hat, um erneut gegen die Griechen zu kämpfen.

Dass die Aufmerksamkeit, die das Plakat erlangt hat, eher auf den Tabubruch als auf seine raffinierte Bildsprache zurückzuführen ist, ist unerheblich, weil beides zusammengehört. Es ist die Kongruenz zwischen dem inszenierten Tabubruch des Plakates und der im Theaterstoff behandelten Entfesselung von Gewalt und Leidenschaft, die es so überzeugend macht.

Der israelische Grafiker Yossi Lemel entwarf 1995 ein Plakat, das in ähnlicher Weise die Blicke auf sich zieht (Abb. S. 175). Über ein fotografiertes weibliches Schamdreieck ist ein weiteres Dreieck gezeichnet, so dass im Auge des Betrachters das Bild des Davidssterns entsteht. Darüber steht in hebräischer Schrift die Frage geschrieben: »Wer ist jüdisch?« Sowohl nach jüdischem Recht als auch nach israelischer Gesetzgebung gelten nur Kinder jüdischer Mütter als jüdisch und erhalten das Bürgerrecht. Diese von Kritikern für mehr oder weniger rassistisch gehaltene Regelung ist für viele Menschen, die sich als Juden fühlen, aber nicht als solche anerkannt werden, von großer Bedeutung. Sie berührt ihre nackte Existenz. Eben diese macht Lemel zum Plakatmotiv, indem er die weibliche Scham entblößt, um damit die fragwürdige Regelung zu entblößen, das Geschlecht zum Kriterium für die Zugehörigkeit zum Judentum zu machen.

Oliviero Toscani, *United Colors of Benetton*, nicht realisierte Werbekampagne, Plakat, Offset, um 1993, MKG

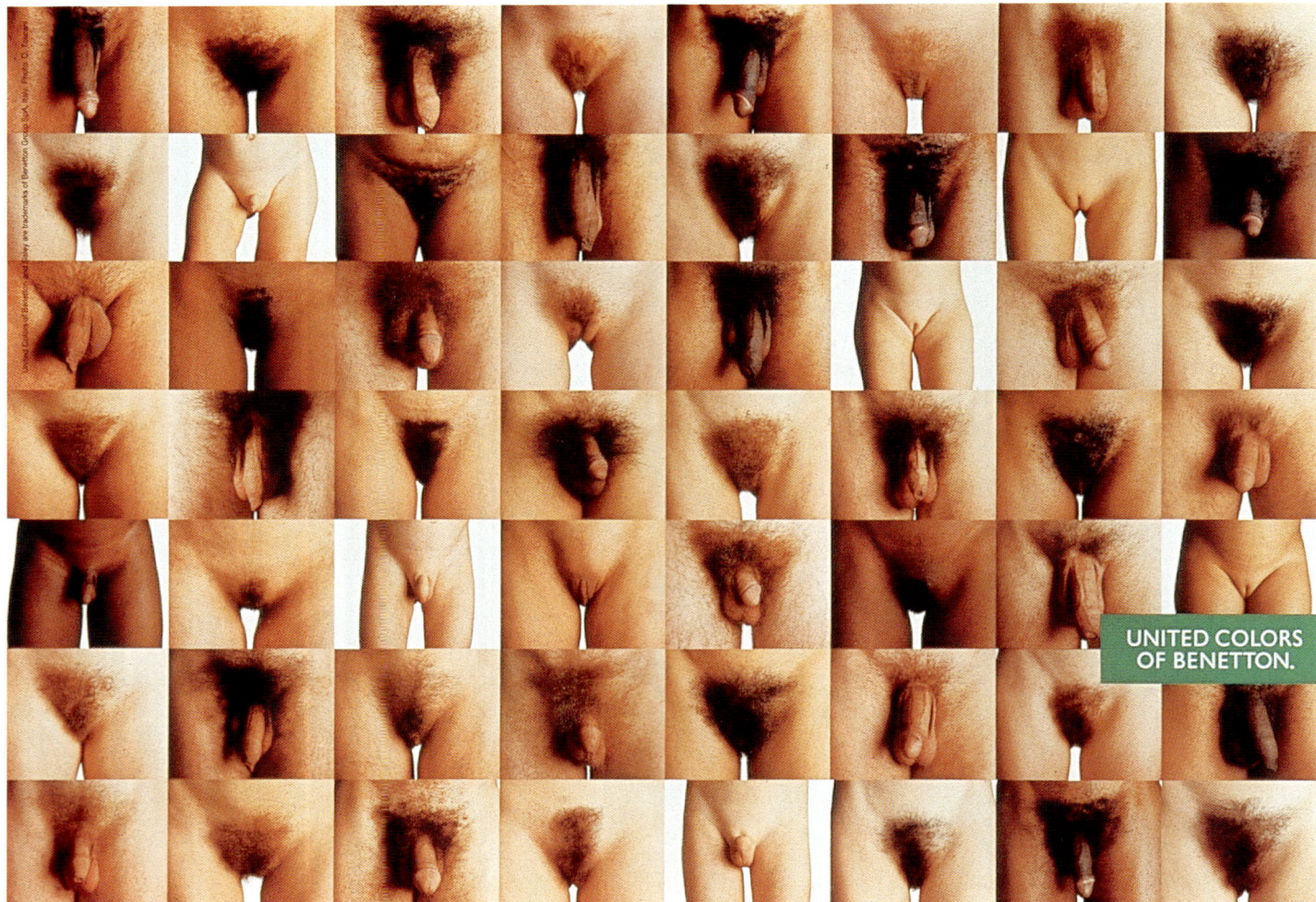

176

Auch im Falle dieses Plakates ist die ›schamlose‹ Darstellung weiblicher Geschlechtsteile ein rhetorisches Mittel. Doch sie ist zugleich auch inhaltlich begründet, weil sie mit der gestalterischen Verbindung von weiblichem Schamdreieck und Davidstern die Irrationalität der Gesetzgebung sinnfällig macht. Während die Tabubrüche der Plakate von Beeke und Lemel dem kommunizierten Gegenstand angemessen erscheinen, wurde der Werbekampagne von Oliviero Toscani für die Modekollektion von Benetton der Vorwurf gemacht, sie bediente sich einer Vielzahl von Tabubrüchen, um über die Aufmerksamkeit, die diese hervorrufen, keineswegs aufklärerischen Ziele zu verfolgen, sondern allein die Marke noch bekannter zu machen.

Unter den Benetton-Plakaten, die Nacktheit zum Motiv machen, ist zweifellos das (in Deutschland nicht veröffentlichte) am radikalsten, das 56 Unterleiber von vorwiegend jungen Menschen aller Hautfarbe über- und nebeneinander gruppiert, als handele es sich um eine bunte Schmetterlingssammlung (Abb. links). Weibliche und männliche Geschlechtsteile wechseln einander horizontal und vertikal ab. Alle Unterleiber sind gleichmäßig-sachlich ausgeleuchtet.

Fragmentierung

Am rechten Bildrand des Großflächenplakates steht die bekannte Wortmarke ›United Colors of Benetton‹. Getreu der Devise von Toscani: »Aufgabe der Werbung ist es, das Niveau der Firmenkultur widerzuspiegeln, die Qualität des Denkens in einem Unternehmen nach außen sichtbar zu machen«, ist die werbliche Aussage des Plakates ebenso banal wie eingängig. Sie demonstriert nicht das Können eines weltweit tätigen Bekleidungskonzerns, sondern sie inszeniert eine Art Multirassenharmonie, die ebenso realitätsfern wie wünschenswert ist, in jedem Fall aber der jungen Käufergruppe die ›Welt-ohne-Grenzen‹-Motive des Konzerns glaubwürdig erscheinen lassen soll.

Die scheinbare Unbekümmertheit, mit der Werbung und Mode den nackten Körper mittlerweile fragmentiert und auf seine moralisch empfindlichste Stelle – seine entblößte Scham – reduziert, markiert den vorläufigen Höhepunkt seiner Enttabuisierung. Sie belegt, dass im Medienzeitalter, in dem Informationen möglichst rasch und global an eine große Masse von Menschen vermittelt werden, sich Nacktheit vor allem dann als dienlich erweist, wenn sie, aller Individualität und aller mythischen Kontexte entledigt, als ›Rohmaterial‹ einsetzbar ist. So lässt sich die Kraft der ihr eigenen Tabus bestmöglich nutzen, um über den Widerspruch, zu dem sie mit dem jeweiligen Gegenstand stehen, größtmögliche Aufmerksamkeit zu erreichen.

Zweifellos haben die Tabus der Nacktheit der Bilderwut des Medienzeitalters Flügel verliehen. Vielfältig, wenn auch kurzlebig, sind die aufreizenden Bildschöpfungen, die Tabus inszenatorisch raffiniert einbeziehen. Von anhaltender Wirkung werden im Umgang mit Nacktheit wohl nur die künstlerischen Leistungen sein, die mit Tabubrüchen den Menschen zu sich selbst statt in seine mediale Selbstauflösung führen.

Etappen der Entblößung

1925

Die Amerikanerin Josephine Baker erlangt weltweite Berühmtheit durch ihren Auftritt in der *Revue Negre*: Lediglich mit einem Bananenröckchen bekleidet, löst die Tänzerin Tumult und Begeisterung des Pariser Publikum aus.

1933

Erste Nacktszene der Filmgeschichte: In der deutsch-tschechischen Produktion *Extase* geht Eva Marie Kiesler nackt baden und wird als Hedy Lamarr berühmt.

1946

Der französische Ingenieur Louis Réard entwickelt den Bikini.

Das Melodram *Die Sünderin* löst einen der größten Skandale der deutschen Filmgeschichte aus. Die Bilder der nackten Brust Hildegard Knefs passieren dennoch die ›Freiwillige Selbstkontrolle der Filmwirtschaft‹ ungeschnitten.

1953

Die Erstausgabe des *Playboy* veröffentlicht Aktphotos von Marilyn Monroe.

1956

Im Kinofilm *Liane, das Mädchen aus dem Urwald* klettert die 15-jährige Hauptdarstellerin nur durch ihre langen Haare in ihrer Nacktheit bedeckt durch den Urwald und provoziert den Protest der Kirchen.

1960

Die Antibabypille kommt auf den amerikanischen Markt und löst eine sexuelle Revolution aus. Sie wird den medialen Umgang mit Nacktheit grundlegend verändern.

1961

Erster Skandal des deutschen Fernsehens: In Fritz Kortners *Lysistrata*-Inszenierung ist Romy Schneiders Brustwarze für einen kurzen Moment entblößt zu sehen.

1962

Beate Uhse eröffnet in Deutschland den ersten Sexshop der Welt.

1963

Ingmar Bergmanns *Das Schweigen* erschüttert das europäische Kino mit der Darstellung von Geschlechtsverkehr. In Deutschland wird der Film mehrfach beschlagnahmt.

Yvonne Rainer und Steve Paxton inszenieren in der Judson Church mit der Choreographie *Word Words* den ersten nackten Tanz nach dem Krieg; eine gesetzliche Verordnung verlangte jedoch die Bedeckung des Schambereichs.

Erster Kunstskandal im Nachkriegsdeutschland: Das Gemälde *Die große Nacht im Eimer* von Georg Baselitz zeigt ein onanierendes Kind mit überdimensionalem Penis. Das Bild wird beschlagnahmt.

1964

Rudi Gernreich entwickelt den Oben-ohne-Badeanzug: *Monokini*-Trägerinnen werden am Strand verhaftet.

1965

Mary Quant erfindet den Minirock.

1966

Die französische Künstlerin Niki de Saint Phalle provoziert mit der Skulptur *Sie – eine Kathedrale*: Eine durch die Vulva begehbare Urmutter (*Nana*) führt den Besucher des Stockholmer Moderna Museet in von Jean Tinguely eingerichtete *Liebesecken*.

Der französische Modeschöpfer Yves Saint Laurent entwirft für das Modehaus Dior die *See-through blouse*. Die transparente Bluse verursacht in den USA einen Skandal.

1967

Der staatlich beauftragte Aufklärungsfilm *Helga* wird mit weltweit etwa 40 Millionen Besuchern zu einem der größten Auslandserfolge der deutschen Kinogeschichte.

Die Kommunarden, Mitglieder der Berliner ›Kommune 1‹, lassen sich fotografieren: nackt, von hinten, mit erhobenen Händen an einer kahlen Wand.

1968

Auf den Westdeutschen Kurzfilmtagen in Oberhausen provoziert Hellmuth Costards *Besonders wertvoll* mit detailgenauen Aufnahmen eines sprechenden Penis. Die Festivalleitung nimmt den Film aus Angst vor behördlichen Sanktionen aus dem Programm.

John Lennon veröffentlicht *Unfinished Music No. 1: Two Virgins*. Das Album wird zum Skandal, da auf dem Cover John Lennon und seine Frau Yoko Ono nackt abgebildet sind: Es darf nur noch in Papiertüten verkauft werden.

1969

500 000 Menschen treffen sich zum größten Rock-Festival der Geschichte im amerikanischen Woodstock: Der Anblick freier Liebe und nackter Brüste erregt die Gemüter des puritanischen Amerika.

Der *Stern* macht das freizügig-experimentelle Leben der Kommunarden um Rainer Langhans und Uschi Obermaier zur Titelstory.

1970

Leonie Stöhr trägt für ein Kleiderquiz in der ZDF-Show *Wünsch Dir was* eine transparente Bluse. Die Nation ist empört.

1971

Andy Warhols Theaterstück *Pork* wird in London uraufgeführt: Nackte Laiendarsteller diskutieren sexuelle Praktiken und setzen diese auf der Bühne um.

Yves Saint Laurent posiert nackt in der Werbekampagne für sein Parfüm *pour Homme*.

1972

Bernardo Bertoluccis *Der letzte Tango in Paris* schockiert das Kinopublikum mit der Reduzierung zwischenmenschlicher Beziehungen auf reine Körperlichkeit und Lustempfindung. In Italien wird der Film als pornografisch verboten.

1974

Deutsche Strafrechtsreform liberalisiert die mediale Darstellung von Sexualität: grundsätzliche Freigabe der Pornografie für Erwachsene.

1975

Die *Rolling Stones* auf Konzerttour: Ein aufblasbarer Phallus als Bühnenrequisit erregt die Gemüter lokaler Polizeibehörden. Unter Androhung von Inhaftierung bei Zuwiderhandlung wird die Benutzung des Phallus in einigen Städten untersagt.

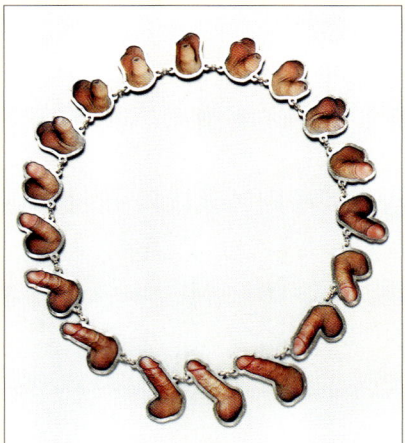

Gijs Bakker, Halskette *Johnny Awakes*, Silber, Fotografie, Plexiglas, Amsterdam 1998

1978

Die Journalistin und Frauenrechtlerin Alice Schwarzer verklagt den *Stern* wegen sexistischer Titelblätter. Auslöser ist die Abbildung einer Helmut-Newton-Fotografie von Grace Jones auf dem Cover der Illustrierten. Die Klage wird abgewiesen.

1979

Die Musikerin Nina Hagen inszeniert in der österreichischen Fernseh-Talkshow *Club 2* eine Masturbationsszene.

1981

Die Firma *Frederick's of Hollywood* bringt den *Tanga* auf den amerikanischen Markt.

1982

Der Nacktauftritt des österreichischen Pianisten Friedrich Gulda wird im deutschen Fernsehen ausgestrahlt.

1984

Geburtsstunde des werbefinanzierten Privatfernsehen in Deutschland: RTLplus und Sat.1 gehen auf Sendung. Sex- und Erotikfilme erzielen hohe Einschaltquoten.

1990

Die Oben-ohne-Spielshow *Tutti Frutti* wird erstmals ausgestrahlt.

Biennale Venedig: Der amerikanische Künstler Jeff Koons thematisiert in der Installation *Made in Heaven* den Geschlechtsverkehr mit seiner als Pornodarstellerin *Cicciolina* berühmt gewordenen Ehefrau Ilona Staller. Die Darstellungen provozieren einen harschen Pornografievorwurf der Medienkritik.

1991

Die im achten Monat schwangere Demi Moore posiert nackt auf dem Titelblatt des Lifestyle-Magazins *Vanity Fair*.

1992

Die britische Modedesignerin Vivienne Westwood verrät den vor dem Buckingham Palace versammelten Fotografen durch das Anheben ihres Rocks, was sie bei der Verleihung des *Order of the British Empire* unter ihrem Tweedkostüm trug: Nichts!

1995

Eine New Yorker Polizistin entblößt sich im *Playboy*. Sie wird wegen »Peinlichkeit und Schande« aus dem Korps entlassen.

Mit der Darstellung eines erigierten Penis gerät das TV-Erotikmagazin *liebe sünde* in Pornografieverdacht. 26 Sendungen werden durch die Staatsanwaltschaft beschlagnahmt.

1999

Stanley Kubrick zieht Hollywood aus: In *Eyes Wide Shut* begegnen sich die Ikonen der amerikanischen Filmindustrie, Tom Cruise und Nicole Kidman, in ihren sexuellen Obsessionen. Für das amerikanische Kinopublikum werden etliche Einstellungen digital zensiert.

Naked News, ein Nachrichtendienst mit nackten ModeratorInnen, geht online. Durchschnittlich 4 Millionen Zuschauer monatlich zieht der digitale Nachrichtensender an.

Indizierung der Dezemberausgabe der deutschen *Vogue*: In der Fotoreportage *Märchenspiel* lichtet der renommierte dänische Fotograf Torkil Gudnason seine fünf und sieben Jahre alten Töchter in aufreizenden *Lolita*-Posen ab und wird der Kinderpornografie beschuldigt.

2000

Der von Kritikern als pornografischer Roadmovie gefeierte Kunstfilm *Baise-Moi (Fick mich)* provoziert in seinem Herkunftsland Frankreich einen Skandal: Die dargestellten Sexszenen sind echt. Der französische Staatsrat setzt *Baise-Moi* auf den Index und verbannt ihn in die Pornokinos.

100 Tage Kameraüberwachung: In der RTL II-Reality-Soap *Big Brother* sind die Kandidaten selbst in Dusche und Toilette dem Voyeurismus eines Millionenpublikums ausgesetzt.

Verfassungsbeschwerde des *Nacktläufers von Freiburg* gegen das letztinstanzliche Urteil des OLG Karlsruhe, das ihm nacktes Joggen in der Öffentlichkeit untersagt.

2001

Trotz drastischer Darstellung von Nacktheit und Sexualität gewinnt Patrice Chéreaus *Intimacy* den *Goldenen Bären* als Bester Film der Berlinale.

Der Versuch des amerikanischen Performancekünstlers und Fotografen Spencer Tunick, 300 splitternackte Menschen auf dem Times Square zu fotografieren, wird von der New Yorker Polizei vereitelt. Bevor Spencer Tunick auf den Auslöser seiner Kamera drücken kann, wird er verhaftet.

Razzia in der Londoner Saatchi Gallery: Scotland Yard droht mit der Beschlagnahmung zweier Fotografien von Tierney Gearon. Die beanstandeten Bilder zeigen die vier und sechs Jahre alten Kinder der Fotografin nackt beim Spielen. Der Vorwurf lautet auf Kinderpornografie.

Zusammengestellt von
Alexis von Dziembowski

Grenzen

Alexis von Dziembowski

Kunst und Pornografie

Pornography names an argument, not a thing.
Walter Kendrick[1]

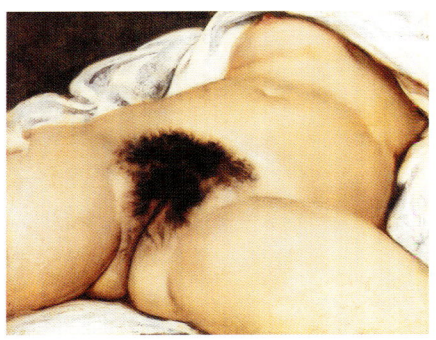

Gustave Courbet (1819–1877), *L'origine du monde*, Öl auf Leinwand, 46 x 55 cm, 1866, Paris, Musée d'Orsay

Die weibliche Scham als *Ursprung der Welt – L'origine du monde*, so der Titel des im Auftrag eines türkischen Diplomaten 1866 entstandenen Gemäldes Gustave Courbets (Abb. links) – erregte die Gemüter seiner Zeitgenossen. Und noch heute provoziert das Bild Irritation und Schamgefühl. Das Gesicht der Dargestellten liegt außerhalb des Bildausschnittes. Die Anonymität der Porträtierten drängt den Betrachter in die Rolle des Voyeurs. Courbets Werk berührt hier einen Grenzbereich künstlerischer Auseinandersetzung mit Sexualität und Nacktheit: Kann Kunst pornografisch sein?

Etymologisch stammt der Pornografiebegriff aus dem Griechischen und verbindet die Termini ›porneia‹ (die Hure, Unzucht, Hurerei) und ›graphos‹ (Beschreibung). Diese Begriffskombination wird erstmals in gelehrten Abhandlungen über das Phänomen der Prostitution verwendet. Populärwissenschaftliche Bedeutung errang der Begriff in der Mitte des 18. Jahrhunderts mit der Entdeckung Pompejis: Die freigelegten Fresken bacchischer Ausschweifungen (Abb. rechts) wurden schon von den Zeitgenossen als »die guten Sitten bedrohend« empfunden und in einen geheimen Raum des Museo Borbonico verfrachtet. In *Webster's Dictionary* von 1864 werden die pompejanischen Darstellungen sexueller Obszönitäten als charakteristischer Ausdruck des Pornografiebegriffs beschrieben. Nahezu 200 Jahre sind die anstößigen Artefakte der Öffentlichkeit entzogen gewesen. Gegen den vehementen Protest der römisch-katholischen Kirche sind sie seit April 2000 wieder zugänglich. Kinder bedürfen jedoch der schriftlichen Einwilligung ihrer Eltern.

Die Dynamik sich wandelnder Moralvorstellungen offenbart sich auch im Rückblick auf das Berlin des Jahres 1913: In der ausgehenden Kaiserzeit entzündete sich an den Schaufensterauslagen der Berliner Geschäfte ein ›Kulturkampf‹. Erotisch empfundene Venusbüsten wurden aus Friseursalons entfernt. Die Berliner Polizei konfiszierte in den Schaufenstern der Hauptstadt ausgelegte Reproduktionen von Rubens und Tizian, da die dargestellte Nacktheit die öffentliche Moral zu unterlaufen drohe. In Reichstag und preußischem Abgeordnetenhaus stritten die Parteien über Nacktheit in der Kunst: Wenn man die Postkartenreproduktion einer Tizian-Venus unter dem Pornografievorwurf verbot, musste man dann nicht in der Konsequenz auch das Original aus den öffentlichen Gemäldesammlungen entfernen? Der oberste Gerichtshof entschied schließlich, dass die Darstellung von Nacktheit auf Postkarten nicht grundsätzlich als unzüchtig qualifiziert werden dürfe.

Es ist augenscheinlich, dass die Definition dessen, was als pornografisch empfunden wird, dem Wandel gesellschaftlicher Wertmaßstäbe unterworfen ist. Gleichzeitig ist der räumliche Betrachtungszusammenhang maßgeblich für die Beurteilung von Nacktheit: Der Einfluss der räumlichen Bezüge auf die Bewertung eines Kunstwerkes bewirkt unterschiedliche Assoziationen inner- und außerhalb des Museumskontextes. Die Darstellung von Nacktheit und Sexualität kann innerhalb des Museumskontextes ihren (etwa konzeptionellen, intellektuellen bzw. kultischen) Bedeutungs- und Funktionszusammenhang verlieren, soweit das Kunstwerk nicht spezifisch für den Museumsbereich konzipiert ist. Gleichzeitig wird der Betrachter durch die Erhebung des Ausstellungsobjekts auf das sinnbildliche Podest kultureller Bedeutung in seiner Wahrnehmung korrumpiert: Der Besucher stellt die Autorität institutionalisierter Kulturhoheit nicht in Frage und überlässt die Frage, was Kunst ist, getrost dem Museum.

Jeff Koons fordert die derart sozial bestimmte Wahrnehmung des Betrachters heraus: Der Künstler thematisiert in der Serie *Made in Heaven* den Geschlechtsverkehr mit seiner als Pornodarstellerin ›Cicciolina‹ berühmt gewordenen Ehefrau Ilona Staller.[2] Koons banal realitätsgetreue Darstellung vaginaler, analer und oraler Sexualpraktiken in Malerei, Fotografie und Plastik nutzt die Museumsbühne, um den Exhibitionismus unseres Medienzeitalters persiflierend zu versinnbildlichen. Gleichzeitig stellt Koons unsere ›Kulturdemut‹ in Frage, indem sein Werk das Banale medialer Darstellung von Sexualität in den Kulturkontext erhebt.

Michelangelos *David* (vgl. Abb. S. 84, 2. von rechts) hat außerhalb des Museumskontextes wiederholt Kontroversen provoziert: Während sich im Florenz des 16. Jahrhunderts niemand an der Nacktheit der auf der Piazza della Signoria aufgestellten Originalplastik störte, wurde 1939 eine Kopie auf einem Friedhof in Kalifornien mit einem Feigenblatt zensiert. Die Fahrtroute eines Schulbusses musste geändert werden, um einer zehnjährigen Amerikanerin, die sich durch die Nacktheit der Skulptur sexuell belästigt fühlte, den Anblick des *David* zu ersparen. In einem australischen Geschäft wurde 1969 eine Posterreproduktion von der Sittenpolizei beschlagnahmt und der Geschäftsführer auf Obszönität verklagt.

Ein Blick auf den oft von der Willkür behördlicher Kulturhoheit geprägten Kampf zwischen Zensur und freier künstlerischen Entfaltung veranschaulicht, dass das Verhältnis zwischen Kunst und Pornografie bis heute von erheblicher Rechtsunsicherheit geprägt ist. Der deutsche Gesetzgeber hat jedoch bewusst vermieden, eine Definition der Pornografie anhand konkretisierter Begriffsattribute zu normieren. Vielmehr wurde der Rechtsprechung die Auslegung des Pornografiebegriffes anhand des gesellschaftlichen Diskurses überlassen, um der Dynamik des gesellschaftlichen Umgangs mit Nacktheit Rechnung zu tragen.

Der Gesetzgeber hat lediglich zwischen ›harter‹ und ›weicher Pornografie‹ unterschieden. Unter den Begriff der ›harten Pornografie‹ subsumiert das Gesetz Darstellungen, die den sexuellen Missbrauch von Kindern, Sodomie oder so genannte Gewaltpornografie zum Gegenstand haben. Während die ›harte Pornografie‹ einem uneingeschränkten Verbot unterliegt, ist die ›weiche Pornografie‹ seit der Strafrechtsreform von 1974 für Erwachsene freigegeben. Die Kriterien der ›weichen Pornografie‹ wurden im Wesentlichen durch den Bundesgerichtshof entwickelt, der sich 1968 mit der Frage auseinanderzusetzen hatte, ob John Clelands 1749 veröffentlichter Roman *Memoiren der Fanny Hill* als ›unzüchtige‹ Schrift im Sinne des Strafgesetzbuches zu qualifizieren ist: Nach Auffassung der Richter sei eine Darstellung dann als ›pornografisch‹ einzuordnen, wenn sie in ihrer Gesamttendenz überwiegend auf die sexuelle Stimulierung des Betrachters abzielt und dabei sexuelle Handlungen in grob aufdringlicher anreißerischer Weise darbietet.

Die Darstellung von Sexualität muss also zunächst das Ziel verfolgen, den Betrachter zu stimulieren. Wesentliches Auslegungskriterium ist dabei der Kontext der Darstellung. So wird der Schilderung von Sexualität in Aufklärungsbüchern und medizinischen Abhandlungen keine Stimulierungstendenz vorzuwerfen sein. Der *Schulmädchenreport* dagegen wäre wohl als ›Wolf im Schafspelz‹ zu entlarven: Die Bezeichnung als ›Report‹ oder ›Reportage‹ kann den Stimulierungszweck des Formates nicht verbergen.

Ithyphallischer Merkur, Fresko, Pompeji, um 60 v. Chr.
Der überdimensional gestaltete Phallus war in der griechisch-römischen Welt ein Glückssymbol.

183

Insbesondere wird das Fehlen zwischenmenschlicher Beziehungen, die Degradierung der Geschlechtspartner auf rein physiologische und damit aus-
tauschbare Reiz-Reaktions-Wesen das Stimulierungsmotiv der Darstellung
vermuten lassen. Gleichzeitig kann gerade die Reduzierung der menschlichen
Beziehungen auf die Sexualität in der künstlerischen Darstellung gesell-
schaftskritisch motiviert sein. Karikaturen sexuellen Inhalts im Stile Robert
Crumbs (*Fritz the Cat*) etwa werden als Satire zu verstehen sein, die nicht die
Erregung des Betrachters bezwecken, sondern in ihrer vulgär drastischen Bildsprache unser Sexualitätsverständnis provozieren wollen. Im Stimulierungs-
kriterium offenbart sich die kulturelle Prägung unseres abendländischen Se-
xualitätsverständnisses durch romantischen Liebesmythos und christliche
Morallehre. Die strikte Trennung von Liebe und Sexualität, die uns die abend-
ländische Prägung verbietet, ist etwa in der japanischen Kultur selbstverständlich. Das Fehlen zwischenmenschlicher Bezüge in der Darstellung von
Sexualität ist denn auch in Japan kein Pornografiekriterium.

Dagegen wird die in Japan tabuisierte Darstellung von Schamhaaren nicht unter das die Pornografie hierzulande typisierende Kriterium der grob anreiße-
rischen Darstellung von Geschlechtsteilen fallen. Es genügt nicht alleine die
Darstellung der Genitalien, sie muss vielmehr wiederum die Stimulierung des
Betrachters herausfordern bzw. die Darsteller degradieren. Dies wird regel-
mäßig bei einer durch herausfordernde Stellungen und anstößig betonten Hervorhebung der Geschlechtsmerkmale gekennzeichneten Abbildung der Fall
sein. Der Bundesgerichtshof hat 1978 in einem Verfahren gegen die englische

Francisco de Goya y Lucientes (1746–1828),
Die nackte Maya, Öl auf Leinwand, 97 x 190
cm, um 1798, Madrid, Museo del Prado
Die spanische Inquisition konfiszierte 1813
Goyas *Nackte Maya* als obszöne Arbeit.

Zeitschrift *Mayfair* festgestellt, dass letzteres Kriterium jedenfalls dann nicht erfüllt sei, wenn die Geschlechtsorgane nicht wesentliches Thema der Abbildung sind, hinter dem die Darstellung des ganzen Körpers zurücktritt.

Wann die Darstellung von Nacktheit und Sexualität anstößig wird oder eine Degradierung der Geschlechtspartner beinhaltet, ist wiederum durch das subjektive Empfinden und die kulturelle Prägung des Betrachters bestimmt. So wird die Verschleierung im Islam als Schutz der Frau vor der Degradierung zum Objekt sexueller Begierde empfunden. In Schweden ist der Umgang mit der Darstellung von Sexualität dagegen freizügiger gestaltet: »Solange die Leute nett zu einander sind, handelt es sich nicht um Pornografie.«[3]

Das Beispiel der japanischen Shunga (Abb. S. 186) offenbart, dass die von der Rechtsprechung im ›Fanny-Hill-Urteil‹ entwickelten Auslegungskriterien die Abgrenzung der Pornografie zur Kunst nicht abschließend klären können. Die japanischen Hochzeitsbücher, die den Jungvermählten in der Hochzeitsnacht unter das Kopfkissen gelegt wurden, sind in ihrer expliziten erotischen Darstellung, die neben der Aufklärung gerade auch die Stimulierung bezweckt, als pornografisch zu qualifizieren – ungeachtet der hohen Anerkennung ihres künstlerischen Wertes.

Die Diskussion im Spannungsfeld zwischen Pornografie und Kunst hat in der Serie *Nudes* des Becher-Schülers Thomas Ruff einen neuen Aspekt bekommen. Ruff entwickelt in der digitalen Bearbeitung pornografischen Bildmaterials aus dem Internet eine Ikonographie sexueller Erregung. In der Verfremdung der Vorlage durch Unschärfen kehrt sich die Bildsprache Gerhard Richters in ihr konzeptionelles Spiegelbild. Die Fotografie eifert der Malerei nach. Die Frage, wann Kunst die Schwelle zur Pornografie überschreitet, dreht sich hier um: Pornografie wird Kunst.

Dass Kunst und Pornografie sich grundsätzlich nicht ausschließen müssen, bestätigte auch 1990 das Bundesverfassungsgericht in seiner ›Josephine-Mutzenbacher-Entscheidung‹.[4] Die Frage einer Strafbarkeit bzw. Indizierung

Egon Schiele (1890–1918), *Liegender weiblicher Akt*, Bleistift und Deckfarben auf Papier, 30,4 x 47,2 cm, 1914, Wien, Graphische Sammlung Albertina
1912 verbrachte Schiele 24 Tage in Untersuchungshaft, weil er Mädchen aus der Nachbarschaft nackt gezeichnet hatte. Er wurde vom Pornografievorwurf freigesprochen.

Isoda Koryusay (tätig 1764–88), *Eine Art Schreibunterricht*, Farbholzschnitt (aus der Serie *Wirrungen auf sexuellen Pfaden*, Nr. 12), 2. Hälfte 18. Jh., MKG

muss sich danach im Ausgleich zwischen Kunstfreiheit und Jugendschutz beantworten.

Der Gesetzgeber hat bezweckt, dass sich eine solche Abwägung der gesellschaftlichen Debatte stellt. Gleichzeitig wird sich die Bewertung eines Kunstwerkes auch nicht flüchtigen, durch aktuelle Geschehnisse und spezifisches Medieninteresse geprägten Stimmungen und Sensibilitäten entziehen können. Diese Erfahrung musste die britische Künstlerin Tierney Gearon im Frühjahr 2001 machen. Die durch die in den Medien geführte Debatte zur Bekämpfung der Kinderpornografie aufgeheizte Stimmung entlud sich in einer Razzia in der Londoner Saatchi Gallery: Scotland Yard drohte mit der Beschlagnahmung zweier Fotografien Tierney Gearons. Die beanstandeten Bilder zeigen die vier und sechs Jahre alten Kinder der ehemaligen Modefotografin nackt beim Spielen. Der Vorwurf lautete auf Kinderpornografie. Unvorstellbar dagegen, dass die Sittenwächter demnächst Bronzinos Allegorie von Venus und Cupido (Abb. rechts) aus der Londoner National Gallery entfernen, obwohl der inzestuöse Kuss zwischen Liebesgöttin und Sohn, die frivole Berührung ihrer Brust eine Gleichbehandlung nahe legen könnten. Das Beispiel Bronzinos verdeutlicht, dass eine Reduzierung der Kritik auf die vordergründige Bildthematik von Nacktheit und Sexualität die Komplexität eines Kunstwerkes missachtet.

Die Auseinandersetzung mit Jake und Dinos Chapman veranschaulicht, dass die räumlich-konzeptionelle Präsentation von Kunst wesentlich zu deren Verständnis beitragen kann. Das britische Brüderpaar inszeniert in *Chapmanworld* eine libidinöse Kommerzialisierungsutopie: In den Skulpturen mutierter Kinder ersetzen Geschlechtsteile die Sinnesorgane. An Stelle des Mundes klaffen Anus und Vagina, die Nasen der miteinander verwachsenen, vielfach kopulierenden Kinder sind durch erigierte Penisse ersetzt. Das Gesicht, Spiegel und Zentrum menschlicher Identität und zwischenmenschlicher Kommunikation, wird auf ein sexuelles Organ reduziert. Die Installation entwirft die pervertierte Vision einer künstlichen Wirklichkeit, die in der zunehmenden Verbreitung der kosmetischen Chirurgie bereits heute angedeutet ist. Die Konditionierung des

187

Agnolo Bronzino, eigentlich Angelo di Cosimo di Mariano Tori
(1503–1572), *Venus bei der Toilette mit Cupido, der Zeit und dem Neid,*
Öl auf Holz, 146,1 x 116,2 cm, 1540er Jahre, London, National Gallery

menschlichen Körpers auf ein durch die Medien erschaffenes Schönheitsideal konzentriert sich auf die sexuellen Signalzonen. Brust- und Penisvergrößerung, das Aufspritzen der Lippen und das Fettabsaugen in den ›Problemzonen‹ wird durch die mediale Begleitung in Fernseh- und Illustriertenreportagen ein selbstverständliches Phänomen, das schleichend unser Bild vom Menschen verändert – und unsere Empfindsamkeiten an neue Maßstäbe gewöhnt. Befinden wir uns bereits in einer Entwicklung, die eine kosmetische Indikation gentechnischer Eingriffe ermöglichen und gutheißen wird?

Die Inszenierung von *Chapmanworld* droht jedoch eine Medienaufmerksamkeit zu provozieren, in deren Lichte das Werk als weiterer Beitrag zur Sexualisierung unserer Körperkultur wahrgenommen wird und nicht etwa als deren Kommentierung. Der Rahmen der Präsentation, die Erläuterung der konzeptionellen Absichten in Begleittexten kann hier Missverständnissen vorbeugen. Zensur wird oftmals von den Galerien selbst vorweggenommen. So nahm die Londoner Hayward Gallery 1996 die Fotografie eines dreijährigen Mädchens mit unbedeckter Scham aus ihrer Mapplethorpe-Retrospektive, um erst gar nicht in die Nähe der Kinderpornografie-Kontroverse zu geraten. Das Detroit Institute of Art sagte 1999 eine Ausstellung über religiös und sexuell orientierte Kunst ab, aus Angst, das Museumspublikum mit Arbeiten wie Tracey Emins *menstruation ritual* zu verstören.

Die Sensibilitäten sind begründet. Der Umgang mit der künstlerischen Freiheit jedoch sollte ebenso sensibel gestaltet sein. So kann der Kontext der Präsentation dem Voyeurismus vorbeugen und gleichzeitig die originäre Wirkkraft des Kunstwerks schützen.

1   Walter Kendrick, ehemals Professor für englische Literatur an der Fordham University New York, ist Autor des Buches *The Secret Museum: Pornography in Modern Culture*.

2   Für Darstellungen aus der Serie *Made in Heaven* erteilt der Künstler Jeff Koons keine Abbildungserlaubnis mehr. Die Ehe von Koons und Staller wurde mittlerweile geschieden.

3   Erik Wallander, stellvertretender Direktor der staatlichen Filmprüfungsstelle SBB, Stockholm.

4   Verfahren über die Aufnahme des 1906 veröffentlichten Romans von Felix Salten in die Liste jugendgefährdender Schriften.

Zu den Herausgebern und Autoren

Athina Chadzis, geb. 1967, studierte Kunstgeschichte und Anglistik in Hamburg. Promotion 2001. Mehrere Publikationen zu expressionistischem Maskentanz und zu Künstlern des Jugendstil. Arbeitet als freie wissenschaftliche Mitarbeiterin für das Museum für Kunst und Gewerbe Hamburg und im Kunsthandel. Mitorganisatorin der Ausstellung ›NACKT – Die Ästhetik der Blöße‹.

Hannelore Dreves, geb. 1954, studierte Mittlere und Neuere Geschichte und Japanologie in Hamburg. Mehrere Japan-Aufenthalte, u.a. als Lektorin für Deutsche Sprache und Kulturgeschichte. Promotion 1990. Freie wissenschaftliche Mitarbeiterin am Museum für Kunst und Gewerbe Hamburg.

Alexis von Dziembowski, geb. 1971, arbeitete nach seinem Jurastudium für eine internationale Finanzdienstleistungsgesellschaft in den Bereichen Wirtschaftsprüfung und Risikomanagement. Für Vorbereitungsarbeiten zur Ausstellung ›NACKT – Die Ästhetik der Blöße‹ war er für das Museum für Kunst und Gewerbe Hamburg tätig.

Martin Faass, geb. 1963, studierte Kunstgeschichte und Germanistik in Marburg und Berlin. Promotion 1998. Von 1996 bis 2001 Kurator mehrerer Ausstellungsprojekte und seit April 2001 wissenschaftlicher Assistent am Museum für Kunst und Gewerbe Hamburg.

Mechthild Fend, geb. 1960, studierte Kunstgeschichte, Geschichte und Erziehungswissenschaften in Köln und Hamburg. Promotion 1998. Mehrere Forschungsstipendien, seit September 2001 wissenschaftliche Mitarbeit am Max-Planck-Institut für Wissenschaftsgeschichte, Berlin. Aktuelles Forschungsprojekt zur Geschichte und Repräsentation der Haut in Frankreich 1750–1900.

Sabine Fendt, geborene Bark, geb. 1956, studierte Pharmazie und Kunstgeschichte in Hamburg. Lange Zeit freie Mitarbeiterin des Museums für Kunst und Gewerbe Hamburg. 1993 Promotion über den Sündenfall in der deutschen Renaissance. Für die Ausstellung ›NACKT – Die Ästhetik der Blöße‹ war sie als wissenschaftliche Mitarbeiterin tätig.

Eberhard Hempel, geb. 1950, studierte Kunstgeschichte und Ethnologie in Hamburg. Tätigkeit als Museumspädagoge an Hamburger Museen. Leitung und Mitarbeit verschiedener Ausstellungsprojekte in Hamburg. Vorträge und Veröffentlichungen über architektur-, kunst- und kulturgeschichtliche Themen.

Andreas Hoffmann, geb. 1971, studierte Klassische Archäologie, Latein und Alte Geschichte in Hamburg, Berlin und Heidelberg. Promotion 2000. Mitarbeiter der Ausstellung ›Gott und Götter im Alten Ägypten‹ im Museum für Kunst und Gewerbe Hamburg. Dort seit April 2001 wissenschaftlicher Assistent und kommissarischer Leiter der Antikensammlung.

Wilhelm Hornbostel, geb. 1943, studierte in Köln, Bonn und Marburg Klassische Archäologie, Kunstgeschichte und Alte Sprachen. Promotion 1969. Bis 1973 war er als Universitätsassistent in Giessen und Hamburg tätig. Anschließend Leiter der Antikensammlung im Museum für Kunst und Gewerbe Hamburg und seit 1988 dessen Direktor.

Nils Jockel, geb. 1951, studierte in Hamburg Psychologie und Kunsterziehung. Leitet im Museum für Kunst und Gewerbe Hamburg das Forum K (Museumspädagogik und populäre Sonderausstellungen). Veröffentlichungen über Theater und Tanz, Design und Malerei des 16.–18. Jahrhunderts. Leiter der Ausstellung ›NACKT – Die Ästhetik der Blöße‹.

David Klemm, geb. 1960, studierte Kunstgeschichte in Hamburg. Promotion 1992. Seit 1993 wissenschaftlicher Mitarbeiter des Museums für Kunst und Gewerbe Hamburg und der Hamburger Kunsthalle. Forschung und zahlreiche Publikationen zur Kunst des 17. und 18. Jahrhunderts, zur Graphik – insbesondere italienische Zeichnungen, Karikaturen und Plakate – und zur Architektur.

Carlos Obergruber-Boerner, geb. 1964, studierte Kunstgeschichte, Klassische Archäologie und Anglistik in Hamburg. Freier wissenschaftlicher Mitarbeiter im Museum für Kunst und Gewerbe Hamburg und Mitorganisator der Ausstellung ›NACKT – Die Ästhetik der Blöße‹. Publikationen und Rezensionen zur Kunst der Renaissance in Italien, sowie zum deutschen Kunsthandwerk. Gegenwärtig Promotion an der Humboldt Universität zu Berlin.

Claudia Gabriele Philipp, geb. 1951, studierte Kunstgeschichte, Germanistik und Psychologie in Tübingen und Marburg. 1987 Promotion über August Sanders Projekt ›Menschen des 20. Jh.‹. Lehraufträge, Veröffentlichungen und Vorträge zur Fotografie des 19. und 20. Jahrhunderts. Leiterin der Sammlung Fotografie im Museum für Kunst und Gewerbe Hamburg.

Ulrich Rüter, geb. 1965, studierte Kunstgeschichte und Germanistik in Hamburg und Wien. Veröffentlichungen zur Geschichte der Fotografie. Tätig als Freier Mitarbeiter des Museums für Kunst und Gewerbe Hamburg. Gegenwärtig Promotion zur deutschen Farbfotografie um 1960 an der Universität Hamburg.

Michaela Völkel, geb. 1963, studierte Kunstgeschichte, Geschichte und Germanistik in Augsburg, Berlin und Marburg. Promotion 1999. Sie arbeitete als Museumspädagogin und Dozentin in Berlin und von 1999 bis 2001 als Museumsassistentin im Museum für Kunst und Gewerbe in Hamburg. Publikationen zur Kunsttheorie, zur Architektur des 18. Jahrhunderts und zur Funktion von Graphik in der frühen Neuzeit.

Literatur

Adam, Hans Christian, *Die erotische Daguerreotypie – eine mediengeschichtliche Bestandsaufnahme*, Prag 1998

Andritzky, Michael, und Thomas Rautenberg (Hg.), *»Wir sind nackt und nennen uns Du.« Von Lichtfreunden und Sonnenkämpfern. Eine Geschichte der Freikörperkultur*, Giessen 1989

Bammes, Gottfried, *Das zeichnerische Aktstudium*, Leipzig 1968

Bark, Sabine, *Auf der Suche nach dem verlorenen Paradies. Das Thema des Sündenfalls in der altdeutschen Kunst (1495–1545)*, Hamburg 1994

Benthien, Claudia, *Haut. Literaturgeschichte – Körperbilder – Grenzdiskurse*, Reinbek 1999

Benthien, Claudia, und Wulf Christoph (Hg.), *Körperteile. Eine kulturelle Anatomie*, Reinbek 2001

Beurdeley, Michel, *Erotic Art of Japan, The Pillow Poem*, Hongkong o.J.

Böhme, Hartmut, Enthüllen und Verhüllen des Körpers. In: *Paragrana* 6, S. 218–246, 1997

Bologne, Jean-Claude, *Nacktheit und Prüderie. Eine Geschichte des Schamgefühls*, Weimar 2001

Buchholz, Kai, Rita Latocha, Hilke Peckmann und Klaus Wolbert (Hg.), *Die Lebensreform. Entwürfe zur Neugestaltung von Leben und Kunst um 1900*, 2 Bände, Hildesheim 2001

Bußmann, H., und R. Hof (Hg.), *Genus. Zur Geschlechterdifferenz in den Kulturwissenschaften*, München 1983

Clark, Kenneth, *Das Nackte in der Kunst*, Köln 1958

Comfort, Alex (Hg.), *Weltgeschichte der erotischen Kunst, Der Osten*, Bd. 1, Hamburg 1969

Denzler, Georg, *Die verbotene Lust. 2000 Jahre christliche Sexualmoral*, München 1988

Döbler, Hannsferdinand, *Eros und Sexus*, München 2000 (erstmals 1971)

Döring, Jürgen, *Gefühlsecht. Graphikdesign der 90er Jahre*, Hamburg 1996

Dover, K. J., *Homosexualität in der griechischen Antike*, München 1983

Duerr, Hans Peter, *Der Mythos vom Zivilisationsprozess-Nacktheit und Scham*, Frankfurt am Main 1988

Erlach, D., M. Reitleitner und K. Vocelka (Hg.), *Privatisierung der Triebe. Sexualität in der frühen Neuzeit*, Frankfurt am Main 1994

Evans, Tom und Mary Anne, *Shunga, The Art of Love in Japan*, New York o.J.

Ewing, William A. (Hg.), *Das Jahrhundert des Körpers. Figürliches Fotografieren*, Berlin 2000

Faber, M., Von der Aktfotografie zur Nacktfotografie. In: *Das Aktfoto. Ansichten vom Körper im fotografischen Zeitalter*, München 1985

Fend, Mechthild, *›Femme fatale‹ und ›Homme fragile‹ bei Gustave Moreau*, Hamburg 1988

Foster, Alasdair, *Behold the Man. The Male Nude in Photography*, Edinburgh, 1988

Frecot, Janos, Johann Friedrich Geist und Diethart Krebs, *Fidus. 1868–1948. Zur ästhetischen Praxis bürgerlicher Fluchtbewegungen*, München 1972

Gernig, Kerstin (Hg.) *Nacktheit. Ästhetische Inszenierungen im Kulturvergleich*, Köln/Weimar/Wien 2002

Grisko, Michael (Hg.), *Freikörperkultur und Lebenswelt. Studien zur Vor- und Frühgeschichte der Freikörperkultur in Deutschland*, Kassel 1999

Gsell, Monika, *Die Bedeutung der Baubo. Kulturgeschichtliche Studien zur Repräsentation des weiblichen Genitales*, Frankfurt am Main 2001

Hamburger Kunsthalle (Hg.), *Eva und die Zukunft. Das Bild der Frau seit der Französischen Revolution*, Hamburg 1986

Hering, Heide, *Weibsbilder. Zeugnisse zum öffentlichen Ansehen der Frau – Ein hässliches Bilderbuch*, Reinbek 1982

Hersey, George L., *Verführung nach Maß. Ideal und Tyrannei des perfekten Körpers*, Berlin (dt.) 1998

Herzog, Karl, *Die Gestalt des Menschen in der Kunst und im Spiegel der Wissenschaft*, Darmstadt 1990

Himmelmann-Wildschütz, Nicolaus, *Ideale Nacktheit*, Opladen 1985

Himmelmann-Wildschütz, Nikolaus, *Ideale Nacktheit in der griechischen Kunst*, Berlin/New York 1990

Hinz, Berthold, *Aphrodite. Die Geschichte einer abendländischen Passion*, München/Wien 1998

Hoffmann, Detlef, Der nackte Mensch. Zur aktuellen Diskussion über ein altes Thema. In: *Kritische Berichte. Zeitschrift für Kunst- und Kulturwissenschaften*, 17. Jg., Nr. 3, Marburg 1989

Honegger, Claudia, *Die Ordnung der Geschlechter. Die Wissenschaften vom Menschen und das Weib*, Frankfurt am Main/New York 1991

Hunt, Lynn (Hg.), *Die Erfindung der Pornographie. Obszönität und die Ursprünge der Moderne*, Frankfurt am Main 1994

Kahn, Volker (Hg.), *Von allen Seiten schön. Bronzen der Renaissance und des Barock*, Berlin 1995

Kelperi, Evangelia, *Die nackte Frau in der Kunst. Von der Antike bis zur Renaissance*, München 2000

Kemp, Martin, und Marina Wallace (Hg.), *Spectacular Bodies. The Art and Science of the Human Body from Leonardo to Now*, Ausst. Kat. Berkely, Los Angeles, London 2000

Kendrick, Walter, *The Secret Museum: Pornography in Modern Culture*, New York 1996

Knigge, Volkhard, Die Nackten: das Nackte: der Akt. Psychoanalytische Bemerkungen über Imaginäres und Symbolisches am Nackten. In: *Kritische Berichte. Zeitschrift für Kunst- und Kulturwissenschaft*, 17. Jg., Nr. 3, Marburg 1989

Köhler, Michael, und Gisela Barche (Hg.), *Das Aktfoto*, Hamburg 1986

Kunsthalle Bremen (Hg.), *Der Nackte Mensch. Aspekte der Aktdarstellung in der Kunst*, Bremen 1979

Lane, Richard, *Shunga Books of the Ukiyo-E-Schools*, Bd. 2–5, Tokyo 1974–79

Laqueur, Thomas, *Auf den Leib geschrieben. Die Inszenierung der Geschlechter von der Antike bis Freud*, München 1996 (Harvard 1990)

Lesoualc'h, Theo, und J.-M. Lo Duca (Hg.), *Welt des Eros. Eine Sammlung wissenschaftlicher Werke in Wort und Bild. Die Erotik im Fernen Osten, Persien, Indien, Japan*, Wiesbaden 1967

Liebelt, Udo, *Nackt in der Kunst des 20. Jahrhunderts: Gemälde, Skulpturen, druckgraphische Werke, Videofilme und Performances*, Hannover 1984

Lischka, Gerhard Johann (Hg.), *Kunstkörper, Werbekörper*, Köln 2000

Lo Duca, J.-M. (Hg.), *Die Erotik im fernen Osten*, Paris (dt. Wiesbaden) 1967

Lucie-Smith, E., *The Male Nude – A Modern View*, Oxford 1985

Marhenke, Dorit, und Ekkehard May, *Shunga. Erotic Art in Japan*, Heidelberg 1995

Martin, Richard, und Harold Koda, *Bare Witness*, New York 1996

Museum für Kunst und Gewerbe (Hg.), *Erotik im alten Japan. Liebesspiele in Farbholzschnitten*, Hamburg 1996

Museum für Kunst und Gewerbe (Hg.), *Götter, Gräber & Grotesken. Tonfiguren aus dem Alltagsleben im römischen Ägypten*, Hamburg 1991

Nead, Lynda, *The Female Nude. Art, Obscenity and Sexuality*, London/New York 1992

Neumer-Pfau, Wiltrud, *Studien zur Ikonographie und gesellschaftlichen Funktion hellenistischer Aphrodite-Statuen*, Bonn 1982

Nida-Rümelin, Julian, Der schöne Mensch – Ideal seiner Zeit. In: Bäumler, Susanne (Hg.), *Die Kunst zu werben. Das Jahrhundert der Werbung*, München 1996

Nimmergut, Jörg, *Werben mit Sex*, München 1982

Nürnberg 1300–1550. Kunst der Gotik und Renaissance, Ausst. Kat. Germanisches Nationalmuseum Nürnberg, Nürnberg 1986

Ölschläger, Claudia, *Unsägliche Lust des Schauens. Die Konstruktion der Geschlechter im voyeuristischen Text*, Freiburg 1996

Perniola, Mario, Between Clothing and Nudity. In: *Fragments for a History of the Human Body*, Teil 2, 1989

Poeschke, Joachim, *Die Skulptur der Renaissance in Italien*, München 1990

Prange, Peter, und Raimund Wünsche, *Das Feige(n)blatt*, München 2000

Pudor, Heinrich, *Nackt-Kultur*, 3 Bde, Berlin 1906

Pygmalions Werkstatt, Ausst. Kat. Lenbachhaus München, München 2001

Randow, Gero von (Hg.), *Wieviel Körper braucht der Mensch? Standpunkte zur Debatte*, Hamburg 2001

Sanders, Gill, *The Nude. A new perspective*, London 1989

Saunders, Dave, *Best Ads: Shock in Advertising*, London 1996

Schmerl, Christiane, *Frauenfeindliche Werbung. Sexismus als heimlicher Lehrplan*, Berlin 1981

Schmidt-Linsenhoff, Viktoria, ›Körperseele‹, Freilichtakt und Neue Sinnlichkeit. Kulturgeschichtliche Aspekte der Aktfotografie in der Weimarer Republik. In: *Fotogeschichte. Beiträge zur Geschichte und Ästhetik der Fotografie*, 1. Jg., Nr. 1, Frankfurt am Main 1981

Sennet, Richard, *Verfall und Ende des öffentlichen Lebens. Die Tyrannei der Intimität*, Frankfurt am Main 1991

Smith, Alison, *The Victorian Nude. Sexuality, morality and art*, Manchester/New York 1996

Spielmann, Heinz, *Die japanische Photographie. Geschichte – Themen – Strukturen*, Köln 1984

Stähli, Adrian, *Die Verweigerung der Lüste. Erotische Gruppen in der antiken Plastik*, Berlin 1991

Steinberg, Leo, *The Sexuality of Christ in Renaissance Art and in Modern Oblivion*, New York 1983

Stewart, A., *Art, Desire and the Body in Ancient Greece*, Cambridge 1997

Ungewitter, Richard, *Nackt. Eine kritische Studie*, Stuttgart 1909

Walters, Margaret, *Der männliche Akt. Ideal und Verdrängung in der europäischen Kunstgeschichte*, Wien 1986[3]

Fotonachweis

Albertina, Wien, Graphische Sammlung: 21r., 185; Beiersdorf25 AG, Hamburg: 159; Benetton Group S.p.A.: 100, 66 l., 154/155; Berlinische Galerie, Fidusarchiv: 129, 130; Collection Friederike Pezold, Wien: 93; Bildarchiv Preussischer Kulturbesitz, Berlin: 83 u.; Jonathan Borofsky: 103; British Museum, London: 85 u.r.; Casa Buonarroti, Florenz: 106 o.; Galleria Borghese, Rom: 108 l.; Galleria dell' Accademia, Florenz: 75 3. v.l.; Glyptothek, München: 71; Guggenheim-Museum, New York: 111 u.; Herzog Anton Ulrich-Museum, Braunschweig: 107; Kestner Museum, Hannover: 18 u.; Kunstsammlung Nordrhein-Westfalen: 92 u.; Hamburger Kunsthalle: 21 l., 38, 106 u., 109; Kloster Wienhausen bei Celle: 28 r.; Yossi Lemel: 175; Kunsthaus Zürich: 86 u.; Luksch, Maria, Privatbesitz: 16 o.l.; Marlborough Fine Art Ltd.: 111 u.; Musée d'Art Moderne, Petit Palais, Genf: 36; Musée d'Orsay, Paris: 182; Musée du Louvre, Paris: 87 o.l., 141 o.r.; Museo del Prado, Madrid: 184; Museo Nationale, Florenz: 84 2.v.l; Museum der bildenden Künste, Graphische Sammlung, Leipzig: 146 o.l.; Museum der bildenden Künste, Leipzig: 32; Museum für Kommunikation, Bern: 165 r.; Museum für Kunsthandwerk, Grassi Museum, Leipzig: 40 r.; Museum für Kunst und Gewerbe Hamburg (MKG): 2, 15, 17, 23, 28 l., 37, 40 l., 41, 43, 47 o.r., 50, 52 l., 54 u.r., 59, 61, 62, 63, 64, 70, 73, 74, 76, 77, 80, 81, 82, 86 o., 87 r.u., 90, 94, 95, 96 o., 97, 101, 102, 104, 105, 108 r., 111 r.o. und r.M., 115, 117, 118, 120 l., 121 r., 122, 123, 128, 131, 134, 135, 138, 141 o.l. und u., 142, 143 o., 145, 146 r.o. und r.u., 147, 148, 149, 150, 154, 159 o., 162, 164, 173, 174 u.r., 176, 179, 186; Museum für Kunst und Kulturgeschichte, Lübeck: 28 M.; Museum Martin von Wagner der Universität, Würzburg: 85 u.M.; National Gallery, London: 187; Nationalmuseum Athen: 83 o.r.; Nationalmuseum Stockholm: 151; Neue Pinakothek, München: 132; Olympia, Archäologisches Museum: 83 o.l.; Réunion des Musées Nationaux, Paris: 60; Sammlung Nottebaum, Berlin: 87 o.r.; San Lorenzo el Real, El Escorial: 30; Santa Maria sopra Minerva, Rom: 29; Max Scheler: 49; Ingo Taubhorn: 161 r.; Universität München: 84 l.; Vatikan, Sixtinische Kapelle, Rom, Foto: Takashi Okamura: 26

Fotografen und Fotokünstler:
Nobuyoshi Araki: 104 u., 121 r.; Anthon Beeke: 173; Andreas Bitesnich: 96 u.; Marsha Burns: 85 u.r.; William Claxton: 169; Gerhilde Skoberne, Courtesy of Galerie Becher, Frankfurt am Main: 143; Mechthild Fend: 66 r.; Franco Fontana: 92 o.; Guerrilla Girls, New York: 58; Greg Gorman, Los Angeles: 54 u.r.; Hans Hammarskiöld: 170; Robert Mapplethorpe Foundation, New York: 53 u.r.; Helmut Newton: 54 o.l, o.r. und u.l.; Raoul Hausmann, Nachlass Raoul Hausmann: 51; Holger Matthies: 174 l.; Man Ray: 52 o.M. und o.r.; Leni Riefenstahl: 48 o.l. und o.r.; Jürgen Teller 163 l.; Bruce Weber 161 l., 163 r.; Ruiko Yoshida: 97 u.r.; sowie weitere Inhaber von Rechten, die nicht zu ermitteln waren.

Abbildungen in Publikationen:
Le Corbusier, *Der Modulor*, 1951: 22 o.; Karl Herzog, *Die Gestalt des Menschen in der Kunst und im Spiegel der Wissenschaft*, Darmstadt 1990: 16 o.r., 22 o.l., 22 m.; Ulrich Pohlmann, *Wilhelm von Gloeden. Sehnsucht nach Arkadien*, Berlin 1987: 47 u.l.; Leni Riefenstahl, *Schönheit im olympischen Kampf*, München 1988: 48 o.; William A. Ewing, *The Photographic Art of Hoyningen-Huene*, New York 1986: 48 u.l.; Jack Woody, *George Platt-Lynes. Photographs 1931–1955*, Pasadena/Kalifornien 1981: 48 u.r.; Andreas Haus, *Raoul Hausmann*, München 1979: 51; *Man Ray, Photograph*, München 1982: 52 o.M.; *Man Ray Photographies 1920–1934*, Paris: 53; Robert Mapplethorpe, *Lady Lisa Lyon*, München 1983: 52 r.; Helmut Newton, *Work*, Köln 2000: 54 o.; Helmut Newton, *Portraits*, München 1987[2]: 54 u.l.

Die Umschlag-Vorderseite zeigt Ausschnitte aus folgenden Kunstwerken (von links nach rechts):
1. Reihe: Francis van Bossuit, *Flora* (s. S. 145 o.l.); Veit Lang, *Hl. Sebastian* (s. S. 111 M.); Eikoh Hosoe, *Embrace*, Japan 1971; Erich Heckel, *Stehende mit aufgestütztem Kinn* (s. S. 77 l.); Hideki Fuji, *Akt*, Japan 1977.
2. Reihe: Albert J. Vinckenbrinck, *Adam und Eva*; Franz Grainer, *Rückenakt*, Deutschland, 1920er Jahre; *Adam und Eva nach dem Sündenfall* (s. S. 138); Lucien Clergue, *Nus de la Mer*, Frankreich 1956; *Hercules, Antaeus und Nereus*, Frankreich, um 1750.
3. Reihe: Christoph Gottfried Jüchtzer, *Die Drei Grazien* (s. S. 74 u.); Imogen Cunningham, *Two Sisters*, USA 1928; Albert J. Vinckenbrinck, *Adam und Eva*; Heinz Hajek-Halke, *Heimat der Matrosen* (s. S. 97 u.l.).
4. Reihe: Karin Szekéssy, *Weiblicher Akt*, Deutschland 1970; Rutger ten Broeke, *Frau auf Sofa*, Niederlande 1983; Ruiko Yoshida, *One Holiday of a Japanese Masseuse*, Japan 1978; Rainer Laitzgen, *Torso*, Hamburg 1984.
5. Reihe: Herbert List, *Marmorstatue aus Antikythera*, Athen 1937; Michel Erhart, *Segnendes Christuskind* (s. S. 28 l.); James Page Croft, *Akt*, England, vor 1898; Martha Hoepfner, *Bewegung*, Berlin 1940; Heinrich Zille, *Aktstudie*, Berlin 1900/03.